COLOMBIA

ECUADOR
Quito · Otavalo
Riobamba + *Cotopaxi* 5897 m
Ingapirca · Latacunga
Guayaquil · Achupallas
Tumbes · Cuenca
Caxas · Nambija
Piura · Huancabamba
Cochabamba · Chachapoyas
Huanchaco · Leymebamba
Chan Chan · Cajamarca
Trujillo
PERÚ
Barranca · Vilcabamba
Lima ★ · Machu Picchu
· Ollantaytambo
Nazca · Cuzco
Puerto Inca · Picotani
Puno · *Lago Titicaca*
· Isla del Sol
· La Paz
Oruro · Cochabamba
Copacabana · ★ Sucre
BOLIVIA
Uyuni

AMÉRICA

B R A S I L

D E L   S U R

ARGENTINA

Santiago ★

CHILE

★   Capital de Estado actual

■   Ruinas incas

—   Camino inca

0 ————— millas ————— 800
0 ————— kilómetros ————— 1.200

Las fronteras representadas son las actuales.

POR EL CAMINO
DEL INCA

POR EL CAMINO DEL INCA

Odisea de una mujer en el corazón de los Andes

Karin Muller

ADVENTURE PRESS

NATIONAL GEOGRAPHIC

National Geographic Society fue fundada en 1888 y es una de las organiza-
ciones científicas y educativas sin fines de lucro más grandes del mundo.
Llega a más de 285 millones de personas en todo el mundo cada mes a
través de su publicación oficial, NATIONAL GEOGRAPHIC, y sus otras cuatro
revistas, el canal National Geographic, documentales televisivos, programas
de radio, películas, libros, videos y DVDs, mapas y medios interactivos.
National Geographic ha financiado más de 8,000 proyectos de investigación
científica y colabora con un programa de educación para combatir el analfa-
betismo geográfico.

Si desea más información, llame al 1-800-NGS LINE (647-5463) o escriba a
la siguiente dirección: National Geographic Society 1145 17th Street N.W.
Washington, D.C. 20036-4688 U.S.A.

Visítenos en www.nationalgeographic.com/books

Si desea información sobre descuentos especiales por compras al por mayor,
por favor comuníquese con el sector de ventas especiales de libros de National
Geographic: ngspecsales@ngs.org

SUMARIO

CAPÍTULO I

LA DELGADA LÍNEA ROJA

E L MAPA ES MI PERDICIÓN. Cuando llega el momento de cambiar de casa, me subo de puntillas a la cama para despegarlo del techo. Aliso con cuidado los bordes engrosados por varias capas de cinta adhesiva amarilleada y lo guardo plegado. Por un tiempo, hasta me olvido de que existe. Pero un buen día, en mi nueva casa, rodeada de montones de utensilios de cocina y de material de acampada, abro una caja y me lo encuentro. Se me ocurre meterlo en mi viejo manual de toxicología, para perderlo de vista durante unos años. Al final voy a buscar más cinta adhesiva, me subo a la cama y lo pego en el techo. Por última vez.

Hace doce años, en un impulso repentino, me senté y tracé sobre ese mapa veintiuna rutas históricas: la ruta de la Seda, la de la Sal, la de Birmania, la senda de Ho Chi Minh... Usé un rotulador rojo de punta fina, cuya tinta indeleble atravesó el papel y manchó la mesa. En aquel momento me molestó la perspectiva de tener que convivir con las consecuencias de un acto tan tonto.

Desde entonces, cada vez que me acuesto por la noche dejo que mis pensamientos vagabundeen por esos caminos. Mis ojos siempre acaban por deslizarse hacia una línea que recorre la espina dorsal de los Andes, el segundo sistema montañoso más alto del mundo. Empieza en la frontera de Colombia, un poco más al sur del punto donde América Central se desgaja como el asa de una tetera de la masa continental original. El camino describe una amplia curva hacia el sur y el este, a través de Ecuador y Perú. Al oeste lo flanquea el litoral yermo, tan seco en algunos sitios que la sola idea de que caiga agua del cielo es materia de mitos y cuentos de hadas. Al este se extiende la impenetrable y oscura Amazonia, cuyos largos tentáculos ascienden serpenteantes por las laderas de los Andes hasta caer derrotados por el aire tenue y el frío despiadado. Mi línea roja avanza errante entre las rugosidades de los picos nevados hasta las sagradas aguas azules del lago Titicaca, cuna de antiguas civilizaciones, cuyo nombre mismo evoca el sonido de exóticos tambores. Desde allí cae como una flecha hacia el fondo del mundo, pasando por Bolivia, Argentina y Chile. Es el Camino del Inca. Busco valles ocultos y aldeas olvidadas a la sombra de las montañas hasta quedarme dormida.

Y sueño.

Sueño con vicuñas que fluyen como oro líquido por las praderas andinas, haciendo resonar los cascos sobre la tierra helada mientras intentan huir de la cadena humana que se estrecha a su alrededor. Son el vellocino de oro de los Andes, pues su lana de tacto etéreo es la más fina del mundo. En tiempos de los incas era enviada como tributo anual a Cuzco, donde las vestales del Sol la hilaban y tejían en exquisitas prendas que el emperador lucía un solo día y luego quemaba ritualmente.

Sueño con los «caballitos», las barcas de junco que todavía surcan las aguas costeras del norte de Perú y que hacen honor a su nombre por las cabriolas que describen entre las olas. La grácil curva de sus proas alargadas no ha cambiado en los últimos 1.500 años.

Me despierto. Estoy en viaje de negocios, demasiado agotada para recordar en qué ciudad me encuentro o el color de mi último coche de alquiler. Todavía siento en la boca el sabor del aire tenue de la montaña y el tacto esponjoso del musgo bajo mis pies. La habitación donde estoy, con sus paredes de color beige y sus anónimos muebles tapizados con motivos florales, no es real. Me debato para encontrar el camino de regreso al paisaje de mis sueños, pero no lo consigo.

Un día entro por azar en una librería de viajes. Sé que no lo debería hacer. Sé perfectamente cómo acabará todo. Pero no me puedo controlar. Es como cuando me enamoro.

Digo al dependiente que busco un mapa laminado de América del Sur y rotuladores de los que se borran con la mano. Sólo tiene mapas de papel normal, lo cual en el fondo es un alivio. Me llevo uno a casa y uso tinta indeleble. Me subo de puntillas a la cama, arranco el planisferio y pego en su lugar el mapa de los Andes. Me acuesto y lo contemplo. Siento encerrado en el pecho un secreto que late caliente y con fuerza.

Voy a marcharme.

Las semanas siguientes son reales sólo a medias. Acudo a reuniones. Muevo papeles por el despacho. Pero en cuanto llego a casa me pongo a trabajar como una loca. Me quedo levantada hasta tarde estudiando el Camino del Inca, puliendo mi español y quitándome a base de ejercicio varios meses de caramelos y cafés. Preparo un fichero de varios metros de largo con vocabulario quechua y pego las fichas a la nevera, al espejo del cuarto de estar y a la pared de enfrente del váter. Meto las tarjetas en bolsas herméticas de plástico y las cuelgo de los bordes de la piscina cuando voy a nadar al polideportivo municipal. La bicicleta ocupa un lugar permanente en mi cuarto de estar.

Empiezo a descuidar las tareas diarias. Lo primero que se termina es la leche, después las verduras, la carne y el queso. Voy agotando las reservas de guisos enlatados y ostras ahumadas. Paso tres días comiendo solamente arroz blanco con aceite de oliva y sopa de cebolla de sobre. A las dos de la madrugada entro en la cocina, veo los armarios vacíos y me meto en el coche para ir a comprar algo. En la cola de la caja, practico las oclusivas glotales del quechua. Los demás creen que tengo hipo. Me apetece tanto comer verduras, que en el camino de vuelta rebusco en las bolsas de la compra, saco un brécol y me pongo a mordisquear los bordes. Unos semáforos después me doy cuenta de que ya he llegado al tallo. A mi lado hay un BMW. El conductor me mira fijamente. Cada uno de sus músculos faciales expresan la convicción de que estoy loca. Me da igual. Yo tengo un sueño.

Guardo la compra y caigo rendida. Por la mañana encuentro champú en el congelador y salchichas en el cajón del escritorio.

Las listas de lo que tengo que hacer se vuelven cada vez más largas, los días se hacen cada vez más cortos y el material empieza a formar montañas en el suelo del cuarto de estar. Filtro solar, jeringuillas, pastillas de yodo, pilas y ropa adecuada para todos los climas, desde el desierto abrasador hasta las cumbres nevadas del segundo sistema montañoso más alto del mundo. Poco a poco pongo en orden mi vida corriente y me alejo de ella: otorgo unos poderes a mi madre, hago testamento y confecciono listas de correo para despedirme de todo el mundo por e-mail. Compro y envuelvo regalos de Navidad, en previsión de otras fiestas navideñas lejos de casa.

Todos sospechan que está pasando algo. Los amigos que me visitan encuentran el frigorífico lleno de rollos de fotos. Mis vecinos descubren las enmarañadas bolas en que se han convertido mis medias después de compartir la secadora con los cierres de Velcro de mis bolsas de viaje. Sin darme cuenta guardo las barritas de manteca de cacao y tengo que presentarme en la oficina con el pintalabios de las fiestas.

Cada semana leo un palmo de libros sobre los incas. Descubro *The Conquest of the Incas*. Las paredes de mi habitación se disuelven en una historia épica que abarca todo un continente. De pronto cobran vida los topónimos que jalonan el Camino del Inca, perdido hace siglos: Cuzco, el lugar donde una oscura tribu repelió el ataque de sus belicosos vecinos e inició la larga marcha que la llevaría a forjar el imperio más poderoso del hemisferio sur. Quito, donde un Inca murió prematuramente, dejando dos hijos que ambicionaban un imperio en el que sólo había lugar para un monarca. Los cinco sangrientos años de guerra civil finalizaron con la victoria del hijo del norte, curtido en la batalla. Tumbes, el lugar de donde una heterogénea banda de 160 españoles partió a la conquista de un reino de diez millones de habitantes. Cajamarca, donde el Inca recién coronado disfrutó de un baño de multitudes, sin sospechar que en menos de 24 horas iba a estar cautivo de los españoles, con sus guerreros muertos y su imperio en ruinas. Durante nueve meses el Camino del Inca fue un río de plata y oro, por el que fluía desde todos los rincones del imperio el rescate más fabuloso del mundo enviado para comprar la libertad del rey-dios. Una vez cobrado el rescate, el Inca fue juzgado, sentenciado y...

Suena el teléfono. De National Geographic. «Ha obtenido la subvención», me informa una voz impersonal.

«¿Yo?»

«La suya ha sido una de las propuestas mejor recibidas.» *¿Por qué yo? ¿No habrán visto mi currículum? ¡Ni siquiera reúno las condiciones!* «Seguramente la llamarán esta tarde de la televisión.» *Me están confundiendo con otra persona.* Había solicitado la subvención de National Geographic con muy pocas esperanzas, intentando acomodar mi propuesta un poco a la fuerza entre proyectos de antropología, montañismo, ecología y arqueología. Me pregunto en qué categoría la habrán clasificado. En la de vagabundos, probablemente.

«¿Cuándo viajará su equipo a Ecuador?», me pregunta la voz.

¿Equipo? Soy yo sola con una mochila. Y salgo en cualquier momento.

«El uno de septiembre estaremos listos», respondo con voz firme.

La División de Televisión de National Geographic Society me asigna a tiempo parcial un cámara, para que me ayude en la documentación del viaje. Se llama John Armstrong. Habla español, no parece reacio a hacer autostop y, por su aspecto, juraría que puede cargar un elefante de modestas dimensiones hasta lo más alto de un abrupto paso de montaña. Tiene 46 años y el pelo gris, y es vegetariano. No come carne, ni queso, ni huevos ni leche. Me pide un itinerario detallado que indique dónde estaremos cada día. También me lo pide National Geographic. De pronto, mi delgada línea roja ha dejado de ser suficiente.

El corazón, el alma de mi viaje es la exploración de lo desconocido. Seis meses sin programa ni calendario, aprovechando cada oportunidad que salga a mi encuentro: acompañar a los campesinos en las labores del campo, atravesar las altiplanicies siguiendo una caravana de llamas, participar en festivales y asistir a bodas, nacimientos y rituales sagrados.

A los de National Geographic la idea les atrae y les espanta a la vez. «¿Qué piensa hacer el día 17?», me pregunta alguien. «No tengo ni idea», respondo sinceramente. Empieza a cundir el pánico. Me voy a casa y reescribo mi proyecto, sustituyendo todos los «podría hacer» por otros tantos «haré». ¿Conozco ya a la familia que va a celebrar la boda mencionada en la página dos? «Por supuesto», miento, convencida de que en algún lugar a lo largo de los 5.000 kilómetros de pueblos y sendas en las montañas veré nacimientos, muertes y todo lo que hay entremedias.

En vano intento explicar el concepto del «viaje heroico», donde el «héroe» no tiene nada que ver con el moderno Indiana Jones de Hollywood, sino con el protagonista de infinidad de antiguos mitos de todo el mundo, desde la tradición china hasta la iroquesa. Muchos de esos héroes son gente de lo más corriente. A algunos hay que engatusarlos para que emprendan el viaje. Otros parten por voluntad propia. No son los más fuertes, ni los más valientes, ni tampoco los más meritorios. Pero todos viajan hacia lo desconocido. El suyo es un viaje interior, un desplazamiento por un paisaje ignoto, una odisea personal por un territorio sin cartografiar. Encontrarán dragones reales e imaginarios, dentro y fuera de sí mismos; hallarán refugio entre extraños; sentirán que sus fuerzas flaquean y tendrán miedo, pero seguirán adelante. En algún momento tendrán que trascenderse y buscar más allá de sí mismos. Cuando regresen con un nuevo conocimiento, de sí mismos, del mundo y del hecho en sí de viajar, lo compartirán con quienes se han quedado en casa. Esa fase final es lo que los convierte en héroes. «Cualquiera puede ser un héroe –explico–. No hace falta viajar por medio mundo. Empezar un trabajo nuevo es un acto heroico, o tener un hijo...»

«¿No estará embarazada?», me preguntan los de National Geographic.

Pero al final se arriesgan y me dejan ir.

Me acomodo en el asiento del avión y cierro los ojos. Cuando despierte, mi otra vida, la real, por fin habrá comenzado.

CAPÍTULO 2

EN LOS CONFINES
SEPTENTRIONALES DEL IMPERIO

NOTAS DE CAMPO: El doctor me hizo sentar, me aporreó la cabeza con una cobaya hasta matar al pobre animalito y después lo abrió para ver qué enfermedades tenía yo.

AQUELLA DELGADA LÍNEA ROJA que tracé en el mapa había sido una simplificación. En realidad no hubo un solo Camino del Inca, sino varios. El más famoso, el Camino Alto, discurría a lo largo de la espina dorsal de los Andes, desde el norte de Ecuador hasta Argentina y Chile, 5.000 kilómetros más al sur. Un segundo camino avanzaba más o menos al mismo ritmo por la costa. Entremedias había cientos de conexiones, atajos, rutas importantes y desvíos. El resultado era una red de 25.000 kilómetros tendida sobre el imperio como una telaraña, para facilitar la conquista de nuevos territorios, la administración y la recaudación de impuestos.

Los caminos del Inca eran el sistema nervioso que aseguraba el buen funcionamiento del gobierno. Al final fue también el conducto por donde se coló un virus (un pequeño grupo de conquistadores españoles) que penetró hasta el corazón del imperio y le cercenó la cabeza.

Mi plan era seguir el Camino Alto como vía principal de mi viaje al sur, en dirección a Chile. De vez en cuando me apartaría del *Capac Ngan* («Camino Hermoso») para aventurarme por los múltiples desvíos en busca de los restos de un imperio conquistado hace 500 años. Mi recorrido empezaba en Otavalo, en los confines septentrionales del imperio incaico.

Otavalo fue antaño un asentamiento muy importante a lo largo del Camino del Inca. Fue allí donde la voraz máquina de guerra de los incas se topó con la igualmente violenta pero desesperada resistencia de los indios otavalo, que consiguieron frenar al menos temporalmente la expansión del imperio, cien años antes de la llegada de los conquistadores. Los ecos de su sangriento combate todavía resuenan en el paisaje: el *Yawar Cocha*, o Lago de Sangre, es el lugar donde los incas arrojaron los cadáveres de siete mil guerreros derrotados, que tiñeron las aguas de rojo. También resuenan en la gente. Los indios otavalo están tan poco dispuestos a plegarse a la influencia moderna como lo estuvieron a aceptar el dominio incaico. Las camisetas desaliñadas y los cafés con terrazas que aprovechan el incipiente negocio turístico no son para ellos. Aquí y allá, en las monótonas calles de Otavalo vislumbré brillantes destellos de color, esquivos como mariposas. Los indios otavalo eran más hermosos todavía que sus intrincados tejidos y sus flautas de caña labrada. Las mujeres lucían largas faldas negras, blusas blancas con volantes, y vueltas y más vueltas de collares de cuentas doradas. Su porte era orgulloso y sus pasos, diminutos, pero regateaban con determinación y reían larga y ruidosamente cuando estaban entre ellas. Parecían descendientes de feroces guerreros del desierto y de elegantes cortesanas españolas en traje de fiesta.

Me decepcionó la falta de exotismo de la actual Otavalo: grises edificios de líneas rectas alineados sobre calles aún más grises y una polvorienta plaza mayor rodeada de cafés para turistas. Sólo gradualmente la ciudad comenzó a revelar su verdadera naturaleza en sutiles anomalías: ancianas vendedoras de huevos cocidos cargando su mercancía en cestas tejidas a mano, panochas de maíz andino con granos grandes como canicas y talleres de reparación de neumáticos en cada esquina. Las aceras parecían ligeramente roídas, como si de vez en cuando las ratas de la ciudad se desesperaran hasta el punto de comer cemento.

Tardé medio día en levantar los ojos por encima del primer piso y ver los Andes. Grandes. Sobrecogedores. En un instante Otavalo quedó reducida a una mota sin importancia a la sombra de sus cumbres vertiginosas.

Había llegado.

Avanzada la tarde, me topé con una muchedumbre dispuesta en cuatro o cinco círculos concéntricos en torno a una voz chillona y melodramática. Las indias, habitualmente reservadas, se ponían de puntillas y estiraban el cuello para ver. Me abrí paso como pude, hasta distinguir a un hombre de pelo largo y pantalones holgados que describía con gran entusiasmo y convincente pantomima las enfermedades locales que sus píldoras mágicas podían curar. «¿Usted tiene gases?», le preguntó a un indio viejo que bebía sus palabras en primera fila. «¿Se escuchan sus pedos en todo Otavalo y –¡fiuuuuu!– los lleva el viento hasta Quito?» El público rugió de risa cuando el viejo hizo un gesto de solemne afirmación. «¿Usted come y come –e hizo la imitación sonora de un cerdo en el comedero–, pero no tiene fuerzas para trabajar?» El vendedor echó los hombros hacia adelante y avanzó con paso vacilante antes de dejarse caer de rodillas. «¿Tiene problemas para orinar? ¿Diarrea y vómitos?» El hombre siguió añadiendo síntomas a la lista, cada uno más truculento que el anterior. Cuando hubo agotado el repertorio de padecimientos humanos, sacó una carpeta e hizo circular fotografías repulsivamente realistas de órganos enfermos. El golpe de gracia fue un dibujo particularmente vívido de unos intestinos con aspecto de haber sido arrastrados por un camión.

Diagnosticado el problema («¡No se preocupen! ¡No voy a abandonarlos en este momento de necesidad!»), se dispuso a proporcionar la cura. Exprimió un limón, filtró el zumo con los dientes y le añadió un poco de miel («¡Azúcar no, porque disuelve el hígado!») y unas gotas de colorante alimentario («¡Cuidado! ¡Atrás!»). La mezcla grumosa adquirió un color rojo bombero que dejó al público unánimemente boquiabierto. Con gran solemnidad, el vendedor se metió una mano en la manga y sacó un trozo grueso de áloe. Mientras lo pelaba, no dejaba de entonar una ininterrumpida letanía de curas y consejos para la salud: «¡Eviten el calcio! Debilita los huesos y produce os-te-o-po-ro-sis. ¿Saben lo que es? ¡Cáncer de los huesos!».

Cuando tuvo en la mano un buen puñado de pulpa pringosa de áloe, se la pasó por el pelo mugriento. «¡Un champú formidable! ¡La solución instantánea para la calvicie! ¡Y si ustedes quieren, pueden hacer que les crezca un señor bigote donde no tienen más que pelusilla!»

Exprimió el resto del áloe hasta que el jugo le chorreó de los dedos a la jarra color rojo sangre y se dispuso a añadir el ingrediente mágico, que confería a la poción su fabuloso poder: «Píldoras de medicina natural traídas de la lejana Quito». Con exquisito cuidado abrió dos cápsulas («¡NO vayan a comerse lo de fuera! ¡Es MUY venenoso!») y tiró por encima del hombro los envoltorios, como con disgusto. El polvo gris cayó en cascada sobre la pócima. El vendedor lo revolvió y se quedó completamente inmóvil. El silencio se podía oír.

«¿Quién va a ser el primero?», preguntó con voz atronadora, levantando la jarra como una ofrenda a los dioses. De inmediato se desencadenó un pandemónium, con manos que se tendían y cientos de cuerpos que empujaban. El vendedor tendió a su vez los brazos hacia el público, del que entresacó a dos mujeres que se habían abierto paso entre codazos y chillidos, y las situó junto a la mesa, como a concursantes en un programa de televisión. Las dos recibieron un vaso sucio de líquido cuajado. Se lo bebieron.

La muchedumbre contuvo la respiración. Las mujeres sonrieron, con los labios manchados de rojo. Gritos y aclamaciones. El vendedor siguió distribuyendo el resto de la poción a sorbitos entre el público. «Soy un hombre pobre sin más que lo puesto, PERO mi misión en la vida es curar a los débiles, a los enfermos, a los indefensos...», salmodiaba. La jarra estaba casi vacía. «Un limón, una hoja de áloe y ESTO», añadió en el momento justo. Las píldoras mágicas hicieron su aparición y el vendedor aceleró el ritmo del discurso. Cada una costaba dos mil sucres en Quito, pero él estaba dispuesto a ofrecer un paquete de ocho píldoras, Y TAMBIÉN la receta de la pócima, Y TAMBIÉN un libro sobre enfermedades y curas milagrosas, por el irrisorio precio de diez mil sucres (unos dos dólares). Una pérdida de al menos seis mil sucres por venta, pero nadie estaba llevando la cuenta. Le arrancaban los paquetes de las manos. Para ser una persona incapaz de calcular sus beneficios, era sorprendentemente rápido dando la vuelta. Más de cincuenta clientes se alejaron leyendo entre dientes la receta que figuraba en la portada del panfleto. Los vendedores de limones del mercado iban a llevarse una grata sorpresa.

Volví a mi habitación y me dispuse a esperar con incomodidad a que llamaran a la puerta. La idea de conocer al doctor Juan Domingo Jaramillo me entusiasmaba tan poco como una cita a ciegas. Era amigo de un amigo de un amigo y me lo habían recomendado como experto en la historia de Otavalo, como el hombre que supuestamente sabía *exactamente* lo que necesitábamos. Yo ya me veía empujada de aquí para allá, escuchando los discursos de una serie interminable de personas importantes, sin aprender absolutamente nada.

No podía estar más equivocada. Juan irrumpió en mi habitación del hotel como si acabara de atravesar la India en un tren de tercera clase. Descamisado y con los vaqueros gastados, tenía mejillas redondas de ardilla, sonrisa contagiosa y una barba de una semana. «A tu disposición», me dijo, estrechando con sus dos manos mi mano tendida y antes de darme dos sonoros besos. Me cayó bien desde el primer momento.

«Si estás a punto de emprender viaje, tal vez quieras recibir la bendición de un chamán o consultar a un vidente que te diga lo que te vas a encontrar en el camino», me sugirió mientras tomábamos un café.

La idea no dejaba de ser interesante. ¿Pero de dónde sacaba yo un chamán?

Pareció dudar. «Taitaichuro es un *yachac*, un curandero, muy conocido en todo Ecuador. Pero antes –añadió, eligiendo con sumo cuidado las palabras–, puede que te convenga hacerte una limpieza con un cuy.»

Un cuy es una cobaya. «¿Cómo se hace para limpiar a una persona con un roedor peludo?», pregunté con suspicacia.

«Ya lo verás», me respondió con un brillo en los ojos.

EN LA CLÍNICA HABÍA UN MÉDICO de formación occidental y que estaba solo en su moderna consulta ocupándose del papeleo, y un curandero cuya clientela aguardaba turno alineada a lo largo de las paredes, se extendía por las escaleras y llegaba hasta el vestíbulo en estoico silencio.

El curandero de los cuises, el doctor Álvarez, era el extremo opuesto de Juan: alto y severo, con rasgos afilados y una voz solemne, propensa a endilgar discursos. Me plantó con firmeza en una silla y de una bolsa sacó una cobaya que se retorcía miserablemente. Yo estaba igual. «¿Por qué no dejamos que pase antes otra persona?», me apresuré a decir. Juan se echó a reír. Con gran gentileza, el doctor Álvarez llamó al siguiente de la fila.

Le cedí el asiento a una india entrada en años que se sentó cabizbaja como si estuviera contemplando su propia tumba. El médico empezó a golpearla con una cobaya, primero en la espalda y después en los brazos, las piernas y la cabeza, produciendo un ruido de chapoteo. El animalito chillaba quejumbrosamente, como una bicicleta que necesita aceite. Al cabo de varios minutos, el doctor se detuvo abruptamente y colocó la cobaya sobre un cubo lleno de agua. Con una hoja de afeitar abrió al animal de la barbilla a la cola. El curandero le examinó la musculatura y le abrió el abdomen para estudiar los órganos internos.

«Usted tiene mal los pulmones –dijo solemnemente a la paciente–. Tose por las mañanas y escupe flemas. Tiene las piernas y los brazos rígidos por la artritis. A veces, cuando se levanta, le duelen las rodillas.» La mujer tenía 69 años. «Ha tenido algún problema de corazón.» Padecía jaquecas, sobre todo con los cambios de tiempo. Tenía la vejiga inflamada y orinaba con mucha frecuencia. A cada comentario del curandero, ella asentía con la cabeza y él sonreía, complacido de que su paciente le diera la razón delante de un público. Dejó caer el cadáver en el cubo y prescribió el tratamiento: zumo de limón, miel y un masaje terapéutico. Entonces, para mi asombro, la mujer se puso de pie, se quitó toda la ropa menos las medias y se echó en la camilla de los masajes.

Mientras la amasaba, golpeteaba y contorsionaba en las más diversas formas, el doctor nos iba explicando. «El don de la curación con cuy es hereditario. Mis dos tíos y mi abuelo tenían esta bendición. Yo fui a estudiar a un hospital y presencié disecciones de cadáveres humanos para convencerme de que los diagramas eran correctos –en una de las paredes había una lámina Schering Plough del cuerpo humano–. Soy un hombre escéptico, pero he observado muchas similitudes entre las cobayas y las personas. Hay otras formas de curar. El tabaco, el alcohol... y las hierbas», añadió, señalando unas hojas secas y polvorientas amontonadas en un rincón.

«¿Alguna vez envía a un paciente al médico convencional?»

«Hay ciertas enfermedades del cuerpo que no podemos curar. Yo les digo que vayan –hizo una pausa–. Pero casi nunca van.»

«¿Por qué cobayas?»

Con el codo empujó al cadáver que sobrenadaba en el cubo. «Los cuises son capaces de copular quince minutos después de dar a luz —dijo—. Son los reproductores más rápidos del mundo.» Me quedé mirando al animalito despellejado que flotaba en el agua sanguinolenta. No puede decirse que la información me hiciera sentir mejor. Aun así, aquello era mucho mejor que la vieja costumbre inca de sacrificar llamas, hasta diez mil de una sentada, para propiciar a los dioses y adivinar el futuro observando las entrañas humeantes. Por aquel entonces no había mucho donde escoger, aparte de las cobayas y los camélidos autóctonos semejantes a venados. La mayoría de los animales domésticos que hoy pueblan el paisaje andino (gallinas, ovejas, caballos, burros, cerdos, perros, gatos, conejos, vacas y mulas) son consecuencia de la conquista española.

Obedientemente, la paciente se tragó el brebaje de miel y zumo de limón, se puso la ropa y se marchó.

Entonces llegó mi turno.

La cobaya, pequeña y parda, fue aporreada rítmicamente sobre mi espalda, brazos y piernas. Se orinó en mi regazo mientras lanzaba patéticos chillidos sincronizados con los golpes. El curandero la estrelló contra mi cráneo una docena de veces, las suficientes para darnos jaqueca a las dos. Yo también empecé a chillar.

Entonces apareció la hoja de afeitar. «¡Alto! —se me escapó—. ¿No podría examinarla por fuera? ¿Comprobar sus constantes vitales?» Con una carcajada, el doctor la dejó caer al suelo y allí se quedó, rígida e inmóvil. «Ya está muerta —dijo. Tenía razón—. El cuerpo del animal ha absorbido todas sus enfermedades.»

Sin embargo, no le había pegado con tanta fuerza. ¿Se habría muerto de miedo?

La abrió con la hoja de afeitar. En el omóplato izquierdo de la cobaya había una especie de tumor grande. «¿Qué es eso?», pregunté.

El curandero hizo un ademán, como quitándole importancia, y dijo: «A veces los cuises ya vienen con enfermedades propias».

Me quedé esperando el diagnóstico, convencida de ser una paciente mucho más difícil que su clientela habitual. Yo conocía mi cuerpo y no había crecido en las hostiles alturas andinas. Los padecimientos habituales (artritis, bronquitis y parásitos) no necesariamente se aplicaban a mi caso.

«Tiene el corazón fuerte», dijo mientras manipulaba el órgano del tamaño de una canica. Algún trastorno de estómago, pulmones algo débiles. Con un masaje iba a quedar como nueva. El cadáver cayó al cubo y se hundió en el agua.

«Pero si yo estoy bien», dije atropelladamente. Juan se partía de risa. El doctor me dio una toalla apenas más grande que un pañuelo y me pidió que me desnudara.

Tras una serie de enérgicos palmoteos, fricciones y amasamientos, y después de que el curandero me retorciera las extremidades y me hiciera chasquear las vértebras, me condujo hasta la puerta, oliendo levemente a aceite de oliva y sintiendo todavía el regusto del zumo de limón. Con el cuerpo limpio y listo para recibir la bendición ritual, ya podía visitar a Taitaichuro, uno de los médicos del espíritu que ejercen en Otavalo.

Pese a tener un doctorado en psicología, Juan cree a pies juntillas en las artes chamánicas. En su opinión, el curanderismo es parte integrante de la vida andina, lo mismo que la ciencia lo es del mundo occidental. Según me dijo, los curanderos no pretenden sustituir a la medicina moderna, sino que curan un conjunto diferente de enfermedades. Tratan padecimientos producidos por causas sobrenaturales: malos aires, espíritus intranquilos y encantamientos. Algunos de estos males vienen por sí solos, pero otros son el resultado de la acción de los *maleros*, curanderos corruptos que practican en secreto las malas artes. Los curanderos también tratan las enfermedades de Dios, entre ellas la pérdida del juicio, originadas en el mundo cristiano. Pero lo más importante de todo es que los curanderos no trabajan por dinero sino por hacer el bien.

Llegamos a un patio sembrado de basura junto a un establo de muros desconchados en los suburbios de la ciudad. Taitaichuro era un indio diminuto de rasgos orientales y el andar cansino de alguien demasiado orgulloso para usar bastón.

«¡Soy el curandero más grande de Ecuador! –exclamó a modo de saludo–. Puedo invocar al sol, la luna y los espíritus –e hizo chasquear los dedos– tal como ustedes llaman a un perro. Puedo predecir su futuro y el de sus hijos.»

Tras una pausa de efecto, añadió: «El año pasado hice una curación colectiva ante dos mil espectadores y cobré un millón de sucres. Usted –apuntó hacia mí un dedo artrítico– va a pagarme el doble», y se alejó marcando con fuerza cada paso.

Dos millones de sucres. Cuatrocientos dólares por una ceremonia de una hora. Me había dejado anonadada.

«A veces se pone difícil», me susurró Juan con su indoblegable sonrisa.

Añadió que la tarifa vigente era más o menos la décima parte.

El Curandero Más Grande del Norte de Ecuador terminó de orinar en su patio, se arregló los pantalones y volvió a reunirse con nosotros. Con todo respeto, me puse a regatear. A trancas y barrancas, el precio fue cayendo hasta quedar atascado en cien dólares. Taitaichuro nos hizo señas de que pasáramos a su casa.

El sótano era una nave sin pavimentar, con el suelo sembrado de aperos de labranza y estiércol de pollo. En el centro de la estancia había una mesa con una impresionante pila de figurillas de esqueletos, pétalos de rosa medio podridos y otros restos de la actividad hechiceril. De la pared colgaba una imagen de hojalata de la luna y el sol, un crucifijo, dos pieles de leopardo y varias fotos ampliadas del curandero en traje ceremonial de gala. Taitaichuro se plantó delante de sus propias imágenes y alzó los brazos como un profeta a punto de dirigirse a un rebaño de fieles.

Al final, el precio de la ceremonia quedó en sesenta dólares más el coste del material. Quedamos en celebrarla al cabo de dos días. Taitaichuro nos acompañó fuera y cerró la puerta con candado y mucho celo, por si se nos ocurría regresar para robarle los cabos de vela.

«Es muy "metálico" –dijo Juan en el coche, cavilando mientras volvíamos al centro–. No piensa más que en el dinero. No está bien que un curandero sea así –duras palabras en boca de un hombre tan gentil–. Además, anda metido en política.»

Al parecer, Taitaichuro tenía mucha influencia sobre los indios de la región, hasta el punto de que la Iglesia católica le estaba pagando por echarle conjuros a todo el que se atreviera a abandonar la grey. «No está bien», dijo Juan una vez más, y se quedó mirando la carretera con ojos contrariados.

Esa noche Juan se presentó en mi húmedo y triste hostal con aquel brillo tan familiar en los ojos y una nueva aventura en la manga. «Ya verás», me dijo.

Veinte minutos después llegábamos a un edificio bajo y alargado, encaramado a la solitaria cima de un monte a cierta distancia de la ciudad. A su alrededor había una corona de camionetas herrumbradas, como resaca dejada por la marea. El suelo del estacionamiento estaba plagado de botellas vacías de cerveza y plumas ensangrentadas. Hombres de aspecto maligno se amontonaban en torno a la taquilla.

Dentro había un patio alfombrado de rojo, rodeado de un graderío. Todas las sillas estaban clavadas al suelo para que los espectadores no se las llevaran a las filas de delante ni las lanzaran a la arena. Varios cientos de hombres conversaban entre dientes, mientras manipulaban fajos de billetes grandes como ladrillos. El lento vaivén de un reloj presidía la arena. Íbamos a ver una riña de gallos.

«Tienen que pesar exactamente lo mismo para poder pelear»,

me dijo Juan, empujándome hacia las balanzas. Un hombre canoso acariciaba la cabeza a su gallo como hubiese hecho con un bebé recién nacido. El ave no se parecía en nada a esos pollos como de algodón que alegran los envases de huevos o los rótulos de ciertos restaurantes de comida rápida. Allí, los animales eran máquinas de guerra: cuellos largos y fibrosos, alas apretadas, cuerpos aerodinámicos y colas iridiscentes que latían con agresiva energía. Solamente del vientre para abajo guardaban una vaga similitud con sus primos del corral. Por la parte de abajo los habían desplumado, dejando al descubierto la carne de gallina que en los supermercados se vende para el caldo.

«Es un torneo muy importante. Van a pelear aves de Perú, Ecuador, Colombia y hasta de Argentina», me dijo Juan. Al sonido de una campanilla, los hombres se dirigieron en silencio a sus asientos. El hermano de Juan, que tenía abonos para la temporada, me condujo a una codiciada localidad de primera fila. Yo era la única mujer en la sala.

Todo el mundo se retiró de la arena, excepto dos árbitros, el presentador y los cuidadores de las aves, que las manipulaban con cariño y les acariciaban las plumas, mientras Juan me susurraba las reglas al oído.

«Están apostando», me explicó, señalando al resto del público con la barbilla. Poco a poco comencé a distinguir los sutiles movimientos, dignos del parqué de la Bolsa: un dedo que se levantaba, un gesto rápido y seco de asentimiento, la ondulación de un meñique. «Las apuestas más fuertes son dinero de la droga. Hasta cinco millones de sucres», me susurró Juan. La nariz me empezó a picar. Me senté encima de las manos.

En el patio, cada una de las aves había delimitado un territorio de un par de metros cuadrados y se dedicaba a patrullarlo. Picoteaban en el suelo con fingida indiferencia, pero sus miradas se cruzaban como los hilos de la mira de un cañón. De vez en cuando lanzaban o recibían una amenaza, pero se cuidaban mucho de no superar la línea invisible que marcaba el límite del territorio del otro.

Los hombres tenían otros planes. Recogieron a sus animales y los empujaron cada uno contra su rival, como si los gallos no fueran más que espadas y hubiesen sido ellos los que habían venido a pelear. Una vez trabadas las miradas, se apoderó de los gallos el instinto territorial. Las plumas del cuello se les erizaron como melenas de león. Ajustado el reloj, los soltaron. Los animales se abalanzaron uno contra otro como armas recién cargadas, saltando en el último segundo con un poderoso impulso de alas, para describir un amplio arco con las patas desnudas y hundir los espolones en el pecho del adversario. En silencio, cada hombre del público se inclinaba hacia adelante apoyado en los codos, como un lobo estudiando a su presa.

El combate terminó enseguida. Uno de los gallos cayó boca abajo, aleteando espasmódicamente. Su cuidador lo agarró por las patas y se alejó sin el menor indicio de la ternura que habíamos presenciado unos minutos antes. Del pico del gallo fluía la sangre. De pronto comprendí porqué era roja la alfombra.

Se estaba preparando el siguiente encuentro. «Ecuador va de negro y Perú de blanco», dijo Juan. Por detrás de las patas de los gallos sobresalían unas piezas afiladas. «¿Hojas de afeitar?», pregunté.

Juan sacudió la cabeza. Con el codo llamó la atención de su hermano, que estaba sentado a su lado, y éste abrió un estuche de terciopelo donde tenía guardada una púa de carey de aspecto maligno. «Las hojas de afeitar son para los gallos que no saben pelear. Con esto –apoyó levemente el dedo índice en la punta de la púa–, el gallo tiene que saber saltar y perforar el corazón o la cabeza», dijo señalándose una de las sienes.

«¿Por qué carey?», pregunté yo.

«Es más ligero y no hace tanto daño como el acero. La pelea dura más.»

El reloj marcaba siete minutos. Tanto Ecuador como Perú estaban visiblemente cansados. Las manchas oscuras del pecho, allí donde el rival les había arrancado las plumas, se estaban extendiendo. Como atletas agotados pero decididos a no abandonar, hicieron acopio de energías, y el combate pareció arreciar. Una ronda de aplausos se difundió como una ola entre la muchedumbre. Las apuestas se duplicaron y volvieron a duplicarse.

Cuando se cumplieron doce minutos, los gallos estaban tan exhaustos que podían hacer muy poco, excepto apoyarse en el adversario y jadear. Segundos antes de que sonara el timbre, uno de ellos dio un salto desganado. Hubo un destello de espolones y Ecuador quedó tendido en el suelo, con una mancha húmeda que se ensanchaba a su alrededor en la alfombra. Los hombres invadieron la arena y grandes rollos de billetes cambiaron de manos. Nadie contó el dinero.

«¿Cómo enseñan a los gallos a usar esos espolones artificiales?», pregunté, fascinada a mi pesar.

«No se les puede enseñar –me dijo el hermano de Juan–. La habilidad es hereditaria, pero sólo la transmite la gallina. Un gallo campeón puede costar veinte mil dólares, pero por una gallina se paga hasta el triple, porque sus huevos saben pelear.»

Una hora después, el patio empezaba a oler a muerte y los hombres, a sudor agrio. Nos fuimos antes de que empezara la siguiente ronda, atravesando la alfombra que la sangre había vuelto húmeda y esponjosa. Me pregunté cómo sería la ceremonia del día siguiente con Taitaichuro. ¿Cuántas criaturas peludas o emplumadas más tenían que morir antes de que empezara oficialmente mi viaje?

El Curandero Más Grande del Norte de Ecuador llegó tarde. Pasamos la mañana pateando basura en su patio, mientras John, mi cámara, probaba diferentes formas de acomodar su metro ochenta y cinco de estatura en la letrina exterior de metro y medio de alto.

Finalmente apareció Taitaichuro, desatrancó la puerta de la nave y de inmediato se puso a salmodiar. «¡Espere!», le dije, mientras buscaba velas en las estanterías e intentaba no pisar los montones de excrementos secos dispersos por el suelo. Taitaichuro se apresuró a pedir más dinero por el aplazamiento. *Si de verdad puede cobrar doscientos dólares por una ceremonia de una hora, ¿por qué no pone electricidad?*, me pregunté amargamente.

Al final conseguí reunir dos docenas de velas que iluminaban un poco el desorden de la mesa. Taitaichuro cogió una taza mugrienta, llena hasta la mitad de aguardiente de maíz, se la bebió, volvió a llenarla y me la pasó. Mientras salmodiaba y tocaba una campanilla, me echó un puñado de pétalos de rosa en la cabeza. Volvió a beber. Se metió en la boca un sorbo de agua de colonia y me la escupió en una oreja. Bebió de nuevo. Esta vez el agua de colonia me dio justo en un ojo. Sentí como si se me hubiese clavado una de aquellas púas de carey. Taitaichuro encendió un cigarrillo, aspiró profundamente y me echó todo el humo en la cara. Invocó a los dioses y volvió a beber. Cogió un huevo, lo sacudió en torno a mi cabeza y llamó en quechua a su hijo pequeño. El niño vino enseguida con un puñado de hojas verdes. Taitaichuro metió una mano por debajo de mi blusa y me frotó la espalda, el pecho, los brazos y la cara. Hubo unos segundos de desfase entre la realidad y la interpretación de lo que estaba sucediendo: aquella planta era una ortiga. Tenía la espalda y el vientre ardiendo. Un fuego me subía por el cuello. Los pocos pensamientos amables que alguna vez pude albergar hacia aquel hombre se estaban evaporando rápidamente. Me echó otra bocanada de humo en la cara. «Ya está», me dijo, y se marchó. La ceremonia completa había durado menos de diez minutos.

Salí tras él y le pregunté qué había pasado con la hora acordada. Me pidió más dinero. Le recordé su promesa de llevarnos a ver el árbol sagrado que estaba en el monte, detrás de su casa.

A regañadientes, el yachac aceptó subir la pendiente. Llamó a su hija y se alejó con su andar pesado y cansino.

«¿Por qué no se ha puesto el traje de ceremonia?», le pregunté cuando le dimos alcance. Todavía llevaba su chaqueta de nailon brillante, con el escudo de un equipo de fútbol bordado en la espalda.

«No puedo cambiarme. Estoy en trance», dijo.

Se quedó callado por un momento y al final me ofreció volver a casa y ponerse el traje de ceremonia si le duplicábamos los honorarios.

Subimos trabajosamente la pendiente, y el yachac se paraba de vez en cuando para invocar su propio nombre y aporrear el suelo con las manos como si estuviera borracho. Cuando llegamos, ordenó a su hija que cavara un hoyo al pie del árbol sagrado, donde dejó caer unas bolsitas de quinoa, trigo y arroz. «Para nutrir a la Madre Tierra, para devolverle sus alimentos...», entonó brevemente en español y en quechua. Después dijo: «Ya está», y nos despidió con un ademán.

Cuando nos metimos en el coche para volver a la ciudad, Juan estaba silencioso. «¿Has visto la calavera que había en la mesa?», me preguntó a mitad de camino. Yo no le había prestado atención. Mi madre tenía varias curiosidades como aquélla dispersas por la casa, recuerdo de sus años de estudiante de medicina.

«Había una foto de un muchacho en uno de los huecos de los ojos –prosiguió Juan en voz baja–. Es la maldición de la muerte. Magia negra. Es un malero.» Taitaichuro, insistió, estaba recurriendo a las malas artes para invocar a los dioses y fulminar con una mortífera venganza al pobre chico. Por un momento se quedó callado. Después le cruzó la cara una expresión de profundo alivio. «Gracias a Dios le has dado una buena propina.»

CAPÍTULO 3

LA GUERRA DEL PUEBLO

NOTAS DE CAMPO: ...y me encontré en medio de una batalla campal. Seguí haciendo fotos estupendas de cientos de personas que pasaban a mi lado, cuando de pronto me di cuenta de que estaba en tierra de nadie, entre los gases lacrimógenos de la policía y las piedras lanzadas por los manifestantes.

POR MALDICIÓN O COINCIDENCIA, tuvimos problemas justo al día siguiente. Hicimos la primera parte del viaje a Quito en el coche de Juan, que pensaba dejarnos en una de las paradas del autocar. Pero cuando salimos a la carretera principal nos topamos con una enorme multitud. El aire era denso, con aceitosas nubes de hollín y humo de neumáticos quemados.

«La huelga», dijo Juan mientras observábamos a una docena de indios otavalo que arrastraban grandes piedras para bloquear la carretera. Me explicó que el Gobierno había recortado las subvenciones de ciertos artículos básicos, como la gasolina, y que los precios se habían quintuplicado de la noche a la mañana. Los indios habían convocado un paro de un día en señal de protesta. Juan parecía a la vez escéptico y preocupado. «Esos de ahí –nos dijo señalando a los jóvenes que hacían ondear banderas y gritaban consignas por los megáfonos– no son más que políticos metiendo lío. El verdadero pueblo indígena es demasiado pobre para tomarse un día libre de su trabajo en el campo y ocupar la calle. Pero si alguna vez se unen... Los indios producen toda la comida de Ecuador. Si dejan de trabajar, pueden matar de hambre a cualquier gobierno.»

Juan nos ayudó a atravesar a pie las barricadas y nos acompañó a buscar un autocar en el otro lado. En tres breves días se había convertido en amigo y protector, brindándonos su risa contagiosa y su gentileza como inspiración para nuestro largo viaje al sur. Puede que fuera él, y no Taitaichuro, el augurio que habíamos venido a buscar.

Los indios habían bloqueado la carretera Panamericana a intervalos, cortando eficazmente el transporte a lo largo de todo el país. Las compañías de camiones y autocares reaccionaron situando sus vehículos entre los bloqueos. Cuando un autocar llegaba a unas barricadas, los pasajeros simplemente se apeaban, las atravesaban a pie y esperaban otro autocar en el otro lado.

Nosotros conseguimos que un amable conductor en viaje de regreso a Quito nos llevara en su camión. No, no era el dueño del vehículo, ni tenía que pagar la gasolina de su bolsillo. Sí, por supuesto que le daban pena los huelguistas, porque eran demasiado pobres para pagar esos precios. Estaba convencido de que el Gobierno no iba a dar marcha atrás y de que la protesta se disolvería por sí sola, cuando el hambre obligara a todo el mundo a volver al trabajo. A él le hubiese gustado sumarse a la huelga, pero tenía una mujer y tres hijos que mantener y no podía permitirse el lujo de dejar de trabajar. Conducía diariamente de Imbabura a Quito y los fines de semana tomaba el autocar para ir a ver a su familia en la lejana Guayaquil. El aumento del precio de la gasolina había frustrado su sueño de tener camión propio y así ganar lo suficiente para estar en casa todas las noches, acostar a los niños, y tal vez enviarlos a la universidad el día de mañana.

Me vino a la memoria mi universidad, con sus columnas cubiertas de hiedra y sus jardines cuidados con esmero, donde redacté varias monografías sobre la necesidad de aplicar tratamientos de choque a la política financiera de los países en desarrollo. Con cuánta facilidad habían fluido las palabras de la pluma al papel. Sentí vergüenza.

A la mañana siguiente, John, mi cámara, se marchó para dedicar tres semanas a otra de sus misiones. Se fue justo a tiempo: la huelga se había extendido a Quito y a cada hora la radio local difundía sombrías advertencias.

La tensa atmósfera contrastaba con las tranquilas calles empedradas de Quito, sus rojos tejados y sus iglesias coloniales de muros encalados. La ciudad debe su nombre a sus habitantes preincaicos, los pacíficos quitu, cuyos descendientes fueron conquistados por los incas en el siglo XV. Aunque se encuentra a pocos kilómetros de la línea ecuatorial, la altitud de casi 3.000 metros confiere a la ciudad un clima tan agradable que los dos últimos Incas prefirieron establecer allí su corte antes que regresar a Cuzco. En poco tiempo, Quito se convirtió en una gran ciudad del imperio y en una de las principales etapas del Camino del Inca. Llegó a ser tan importante que, cuando llegaron los españoles, el general inca Ruminyahui ordenó arrasarla para que no cayera en manos enemigas. Lo poco que quedó en pie desapareció rápidamente durante la guerra y la posterior reconstrucción. La historia de la actual Quito comienza en la época colonial.

A las nueve de la mañana salí a la calle y me uní a una marea de manifestantes que marchaba en dirección a la ciudad vieja y el palacio presidencial. Las calles adyacentes estaban bloqueadas con pilas de neumáticos humeantes, por lo que el río de los huelguistas avanzaba por el único cauce disponible.

En cada esquina, hombres bien vestidos entonaban consignas a través de sus megáfonos, instando a la multitud a seguir adelante sobre una ola de ruido ensordecedor. Los propios manifestantes, bailando y aporreando ollas y cacerolas, tenían una actitud casi festiva. Había niños que enarbolaban banderas y varios estudiantes que se habían encadenado unos a otros, disfrazados de esclavos. Una joven en traje de esqueleto giraba sobre sí misma con seductora ondulación de brazos, mientras avanzaba escurridiza calle abajo. Nadie parecía prever un enfrentamiento con la policía, ni menos aún preocuparse por semejante eventualidad. Pasamos ruidosamente junto a varios grupos de militares armados que observaban en silencio desde la acera. De pronto tuve una desagradable sensación de desastre inminente.

Las calles se iban estrechando a medida que nos acercábamos a la ciudad vieja. Me abrí paso hacia adelante y me senté justo enfrente de la cabeza de la manifestación, para filmar su avance. Más que ver, sentí un cambio en la conducta de los huelguistas. Las consignas se volvieron más lentas, parecieron atascarse y volvieron a arreciar, antes de dejar de sonar. Todos tenían la mirada fija por encima de mi cabeza. Cuando me volví, vi que tenía detrás una fila de policías con pesados escudos de plástico y las manos apoyadas en cinturones de los que sobresalían botes de gases lacrimógenos. Allí estaban, con las botas firmemente plantadas en el pavimento, formando a través de la calle una sólida barrera de carne y armas.

Los manifestantes se arremolinaron torpemente, como los caballos cuando de pronto comprenden que galopando se han metido en un corral. Hasta los organizadores parecían afectados, sin saber qué hacer con los megáfonos mientras decidían con qué arma responder a los siniestros botes de gases lacrimógenos del otro bando.

Entonces, inesperadamente, la multitud giró como un solo hombre y prosiguió la marcha por una calle lateral. Mientras los manifestantes pasaban junto al muro verde oliva de rostros sombríos, el ritmo volvió a animarse y las consignas arreciaron. Yo me quedé atrás para filmar a la policía. Unos minutos después oí los estallidos de la primera tanda de gases. Eché a correr.

Sentí el gas mucho antes de verlo: un ardor ácido que me envolvió la cara y el cuello como un enjambre de abejas iracundas. Cuando giré en la esquina y vi la otra línea policial a dos calles de distancia, tenía la garganta cerrada y la sensación de haber tragado un puñado de vidrios rotos. Ya no estaban los chiquillos que aporreaban ollas y cacerolas, ni la sinuosa mujer disfrazada de esqueleto. Sólo se veían jóvenes con foulards de pandilleros, haciendo girar los brazos como aspas de molino para lanzar piedras del tamaño de un puño y hacerlas avanzar botando de coche en coche y a través del pavimento. Los policías buscaban protección en los portales, escudos hacia arriba y máscaras hacia abajo, para asomar de vez en cuando y lanzar otra tanda de gases lacrimógenos con sus fusiles de boca ancha. Corrí hacia la primera línea de las fuerzas policiales y apunté la cámara siguiendo la trayectoria de un brazo uniformado que, a su vez, apuntaba a los chicos de las piedras. Con el ojo en el visor de la cámara no tenía visión lateral, por lo que moví la mano y accidentalmente la apoyé en el hombro del policía que tenía delante. Se volvió. Detrás de la máscara de gas, parecía una mezcla de insecto y extraterrestre. El arma lanzagases todavía humeaba. Me había metido en un lío. Sin una palabra, el hombre se arrancó la máscara y me aferró la mano. La alejó con gesto decidido de su hombro y la plantó firmemente sobre mi cámara. «Agárrela con las dos manos –me dijo–. Hoy hay muchos ladrones por la calle. Se la van a robar». Se dio la vuelta y volvió a la confrontación.

El «pueblo», como se autodenominaban los jóvenes, se había fragmentado en varios grupos. El centro de la acción se desplazaba erráticamente sobre unas diez manzanas de la preciosa ciudad vieja de Quito. Me alejé como pude por un callejón, tosiendo y frotándome los ojos hinchados, después de recibir de lleno la última oleada de una tanda particularmente densa de gases lacrimógenos. Tenía la cara inundada de lágrimas y prácticamente no veía. Una mano me agarró por el brazo y me arrastró literalmente hasta una sala pequeña y oscura.

«Aquí tiene, inhale esto», me dijo el dueño de la tienda, haciéndome bajar la cabeza sobre un cazo que aún estaba al rojo con los restos de un fuego humeante. Respiré una vez, dos veces, una vez más. Se me alivió un poco el ardor de la garganta. «¡Mel! –llamó una voz de mujer–. ¡Trae una Coca-Cola!» Apareció un vaso de refresco, que me bebí mientras la mujer del dueño murmuraba su conmiseración. La señora sacó de detrás del mostrador un cubo de sal, echó la mayor parte en una bolsa de plástico y me la dio. «Frótese esto por dentro de la boca», me dijo, tocándose las encías con un dedo. Hice como me decía. Milagrosamente, el dolor desapareció. Entonces el patrón me dio un trapo. «Para que se tape la boca», dijo.

«¿Lo mojo?», pregunté.

«¡No! Mojado es peor.» Me dibujó un mapa por si necesitaba volver a la tienda, me palmoteó los hombros y salió a la calle a despedirme.

La mañana transcurrió en un desconcertante despliegue de tropas, entre ruido de botas que marcaban un siniestro tatuaje en las calles vacías; entre nubes lechosas que florecían a lo lejos y la sensación sofocante de haber topado con otra pared invisible de gas; entre carreras para llegar a las primeras líneas, siempre corriendo, y contracarreras para alcanzar a la muchedumbre en precipitada retirada; entre gente que miraba desde las ventanas de los pisos más altos y fuegos encendidos delante de todas las tiendas; en un silencio espectral (ni un solo coche a la vista, ni un solo niño riendo, ningún ruido en el mercado, nada), sólo quebrado por el ruido apagado y distante de los fusiles lanzagases. Cuando alguien gritaba «¡Cuidado!», quería decir que estaban a punto de llovernos piedras sobre la cabeza; cuando se oía «¡Corre!», que el gas lacrimógeno ya estaba describiendo su perezoso arco de blanca cola para aterrizar a pocos metros de nosotros.

Yo avanzaba trabajosamente por una calle, pasando una mano a lo largo del muro para no perder de vista la acera mientras esperaba que los ojos se me despejaran de lágrimas, cuando me di de bruces con un grupo de hombres jóvenes. Inmediatamente, uno de ellos se abrió la chaqueta, me rodeó los hombros con un brazo y me atrajo hacia sí hasta poner mi cara contra su pecho. Así estuvimos, con su chaqueta formando una tienda sobre mi cabeza, esperando a que los gases se disiparan. Normalmente yo habría imaginado lo peor y me habría debatido hasta soltarme, pero esa vez ni siquiera se me ocurrió que pudiera estar en peligro. Me apoyé en el extraño, viendo resbalar mis lágrimas sobre su pecho y sintiéndome absolutamente segura, hasta que sus brazos se aflojaron y una vez más me deslumbró la luz del sol. «Gracias», le dije. Él sonrió y yo me marché.

Le había perdido la pista al centro de los enfrentamientos. Anduve un rato de aquí para allá, con la esperanza de reincorporarme a la batalla del lado bueno. Al girar una esquina, oí a una docena de personas que gritaban «¡Corre!», y vi unas doscientas que corrían hacia mí. Rápidamente empuñé la cámara. Mientras la ola me envolvía y pasaba de largo, yo sólo pensaba con orgullo en las fantásticas imágenes que estaba captando. De pronto la riada de gente se convirtió en goteo y me quedé sola, mirando a través del visor cómo se acercaba una línea policial con sus fusiles semejantes a lanzagranadas. Me di la vuelta y eché a correr. Demasiado tarde. Un bote sibilante aterrizó justo a mis pies.

Esta vez los ojos se me hincharon hasta quedar completamente cerrados. Me alejé trastabillando y luchando contra la mano invisible que me atenazaba la garganta y apretaba despiadadamente. «¡Por aquí!», oí que gritaba una voz infantil. Tres niñas, la mayor de las cuales tendría unos diez años, corrieron hacia mí, me cogieron de la mano y me arrastraron hasta el portal de una casa destartalada. «¡Papel!», pidió la niña antes de salir corriendo en busca de cerillas. En un abrir y cerrar de ojos encendieron un pequeño fuego en el suelo de su casa. Me incliné sobre las llamas e inhalé profundamente el humo. Las niñas me miraban en silencio, sin parpadear y llorando por simpatía.

Años de telediarios me habían enseñado lo que podía esperar de unos disturbios callejeros: dramatismo, violencia y uno o dos actos de auténtica barbarie. Pero nadie me había preparado para lo que encontré en realidad: gente que me ofrecía sal, un sitio donde esconderme o un fuego con mucho humo cada vez que lo necesitaba. En lugar de enfadarse conmigo por meterme entre sus filas, la policía me vigilaba con mirada paternal. Uno de los oficiales hasta se disculpó por no poder prestarme una máscara de gas. Me dijo que no había suficientes para todos y que incluso sus hombres las tenían que compartir. Entre los vehículos blindados y la lluvia de piedras, tres niñitas de manos ennegrecidas estaban derramando lágrimas por mí.

Todavía me quedaba por ver un lado del conflicto. Pedí a las niñas que me indicaran dónde estaba tirando piedras el «pueblo». La más pequeña se quedó barriendo las cenizas y las otras me llevaron directa y alegremente hasta el corazón de la confrontación.

Me deslicé por un callejón lateral y fui a dar a la calle donde cientos de hombres gritaban obscenidades y lanzaban piedras a la línea policial protegida con escudos de plástico. Alguien reparó en mí. Instantáneamente me vi rodeada de hombres enmascarados, con la cólera pintada en los ojos y las manos cargadas de trozos de hormigón. «¿Qué está haciendo usted aquí?», me preguntó una voz anónima en español.

«Quiero escuchar a los de vuestro lado.»

Un bandolero con la cabeza envuelta en un foulard rojo dio un paso al frente. Sus ojos eran oscuras hendiduras sobre la tela sucia. «Tenga cuidado –me dijo–, porque podrían robarle la cámara. Me quedaré a su lado.»

Se oyó un grito. Nos apartamos corriendo, al darnos cuenta de que un vehículo blindado atravesaba las líneas policiales y se nos venía directamente encima. A su paso, el ejército de desharrapados se iba abriendo como el mar ante la proa de un buque, pero los hombres volvían a arremolinarse por detrás y tiraban piedras a la coraza metálica en un gesto de inútil frustración. La policía lanzó varias tandas de gases lacrimógenos y la muchedumbre se dispersó corriendo, como las cucarachas al encender la luz.

Volvimos a agruparnos en torno a una hoguera encendida en la calle. Yo hice circular la sal que me había dado el dueño de la tienda. Varios hombres empezaron a destrozar la acera para conseguir más munición, mientras otros vigilaban los movimientos de los vehículos blindados. David contra Goliat. Fuera de los cuentos de hadas, el pequeño casi nunca gana. Me pregunté cómo terminaría todo aquello.

Mal, por lo visto. De pronto se congregó una multitud alrededor de un hombre tendido en medio de la calle. Entre los cuerpos de la muchedumbre, distinguí por un momento la ropa manchada de sangre. «Le ha golpeado la policía», murmuró alguien. Estaba muy mal, con la nariz arrancada y colgando de la cara, un corte profundo en el labio superior y una brecha sangrante en el cuero cabelludo.

Se arrancó la camisa y se la apretó contra la cara, sacudiendo con vehemencia la cabeza cada vez que le decían que fuera al hospital. No tenía dinero para pagar y temía que lo detuvieran por agitador.

«Yo lo llevaré», dije.

La gente paró un taxi y nos montamos. El conductor preguntó por radio si había una ruta libre para atravesar el escenario del conflicto hasta el hospital más próximo. Por dos veces nos topamos con grupos de manifestantes y estuvimos a punto de recibir sus pedradas antes de lograr que escucharan nuestras explicaciones. Al final llegamos a una clínica privada, donde un cirujano plástico se dispuso a repararle la cara.

El joven era de la ciudad costera de Guayaquil. En una reciente oleada de cierres de fábricas se había quedado sin trabajo y, como no tenía nada mejor que hacer, se había desplazado a Quito para participar en las protestas. No había sido víctima de la violencia policial, sino de sus propios compañeros de lucha, que le habían arrancado del cuello una cadena de oro y le habían aligerado de la cartera y de un valioso reloj. El aumento de los precios no había sido más que el rayo que encendió el fuego de su ira contra el sistema: la falta de puestos de trabajo, su pobreza y las tristes perspectivas de futuro. Permanecí a su lado en la camilla y pude sentir su furia contra el médico que con gran habilidad le estaba cosiendo la nariz. Le oí descargar su ira contra mí, a pesar de que su mano apretaba con fuerza la mía.

Cuando supe que estaba bien, me fui. Pero no quise volver a los disturbios. Había visto algo mucho más devastador que los gases lacrimógenos y las piedras de los manifestantes. Había visto el rostro de la pobreza en un pueblo amable, un pueblo capaz de tender la mano para ayudar a una extraña en una jornada de violencia y desesperación.

CAPÍTULO 4

EL NOVIO DE LA MAMÁ NEGRA

NOTAS DE CAMPO: Me untaron la cara con manteca y alquitrán y me pusieron los arreos para cargar al cerdo de 100 kilos.

L LEGUÉ A AMÉRICA DEL SUR armada de una mochila y un GPS, dispuesta a recorrer en toda su extensión el antiguo Camino del Inca, sobre montañas, a través de rugientes torrentes y a lo largo del desolado altiplano andino. Había pasado meses explorando las crónicas de los soldados y sacerdotes españoles del siglo XVI en busca de información sobre la gran ruta, que los maravilló por sus dimensiones y por la hazaña de ingeniería que representaba. «Tan magníficos caminos no se ven en ningún lugar de la cristiandad», reconoció uno de ellos. Algunos llegaron a pensar que había sido construido por dioses, no por hombres. Debió de ser un espectáculo impresionante, pavimentado con grandes losas, bordeado de árboles frutales y flanqueado por acueductos. Su visión infundió a la vez respeto y temor en los españoles, pues vieron en él, con toda razón, la grandeza del imperio con el que iban a enfrentarse.

Pero tras quinientos años de guerra y reconstrucción, queda muy poco del original Camino del Inca. En ese sentido, Ecuador resulta decepcionante. El país está dominado por dos serranías volcánicas separadas por un valle que, en su día, los ingenieros incas aprovecharon para construir el camino. Reconociendo el buen sentido de sus predecesores, los ingenieros del siglo XX utilizaron en muchos puntos ese mismo camino como base para la carretera Panamericana. Aunque casi todas las ciudades del centro de Ecuador se encuentran sobre la antigua vía, pocas pueden enorgullecerse de conservar restos visibles de su pasado incaico.

Sin embargo, hay un lugar donde el camino ha conseguido eludir la cobertura de asfalto. A unos 350 kilómetros al sur de Quito se puede emprender un arduo recorrido de cuatro días por las montañas, hasta las magníficas ruinas incaicas de Ingapirca. Hice mis maletas y me subí a un autocar, llevando todavía en la ropa el olor a neumáticos quemados. A medida que nos distanciábamos de Quito, el paisaje urbano quedó atrás y comenzó a aparecer el Ecuador rural.

LLAMAS. EN ALGÚN LUGAR, EN UNA ÉPOCA REMOTA, una jirafa se enamoró de un carnero y produjo esas bestias algodonosas de largos cuellos. Pude adivinarlo en sus extravagantes pestañas y en su costumbre de girar la cabeza como un periscopio.

Tierra. Campos recién sembrados de un color marrón tan generoso que se podían sentir las patatas engordando bajo la superficie. Niños de ojos marrones sobre caras marrones y piernas marrones, perfectamente acordes con el suelo bajo sus pies. Eran los hijos de la Madre Tierra, todavía enraizados en el suelo. Mujeres redondas como aguacates y agudas como chiles hilaban la lana para añadir otro refajo a sus voluminosas faldas tejidas a mano.

Montañas. Ecuador hacía honor a su apelativo de Avenida de los Volcanes. Cumbres y más cumbres cubiertas de nieve iban quedando atrás, como olas coronadas de espuma, a medida que nos abríamos paso por el estrecho valle central. Los Illingas. Ruminyahui. El cono perfecto del Cotopaxi, teñido de naranja a la luz de la mañana. Es el volcán activo más alto del mundo y uno de los más mortíferos. En 1742 entró en erupción y arrasó la cercana ciudad de Latacunga. Los supervivientes recogieron los restos y reconstruyeron sus casas lo mejor que pudieron. Veintiséis años después, el Cotopaxi volvió a abatirse sobre ellos. La gente denominó a su ciudad reconstruida Llacta Cunani, «Tierra que Yo Elegí», con razón. Sus sufridos habitantes pusieron manos a la obra una vez más y reconstruyeron la ciudad sobre los escombros. En 1877, el Cotopaxi volvió a entrar en erupción.

Estábamos entrando en Latacunga cuando nuestro autocar se topó con una multitud de duendes de cabeza puntiaguda y trajes de plumas blancas con alas. Aún no había preguntado qué estaba pasando cuando me encontré con la mochila plantada en el bordillo de la acera. «¡El festival de la Mamá Negra!», gritó alegremente un hombre desdentado mientras me pasaba un vaso de aguardiente casero. Me lo bebí, acarreé mis pertenencias hasta la pensión más cercana y salí a la calle para sumarme a la fiesta. Toda la ciudad parecía haberse volcado a la calle para festejar. Era un desfile, un alboroto, una estridente lucha entre bandas de música rivales. Guapísimas chicas con faldas bordadas y chales a juego volaban de un corro a otro como grullas durante el cortejo. Cada comparsa iba precedida de su propia banda, que se afanaba por tocar música completamente diferente de la que interpretaban las otras bandas del desfile. Y finalmente, la Mamá Negra en persona, con una gruesa máscara negra y un inquieto bebé de trapo en el regazo. Entre los bailarines correteaban los brujos, con máscaras rayadas, cuernos de venado y pesados caparazones de lentejuelas a la espalda. De vez en cuando secuestraban festivamente a algún transeúnte despistado y se ponían a bailar a su alrededor, entonando invocaciones a los dioses de la montaña, a la Madre Tierra y a un montón de divinidades indígenas. Cuando terminaban, escupían sobre su víctima un poco de aguardiente de maíz y se marchaban en busca de otra alma desafortunada, necesitada de una limpieza ritual.

Yo fui gravitando hacia un grupo de hombres jóvenes con la cara pintada de negro carbón y envueltos en capas anaranjadas. Iban turnándose para ponerse unos arreos y cargar una pirámide de madera de la que colgaba un voluminoso cerdo asado. Era tan pesada la estructura que dos niñas iban detrás arrastrando una mesa, para que el hombre que la cargaba pudiera apoyarla cada pocos metros y descansar. «¿Cuánto pesa?», pregunté, señalando al sonriente cerdo.

«Unos 100 kilos», me respondió el hombre. La cara ennegrecida resultaba inquietante, pero la boca embadurnada con pintalabios rojo brillante se curvó en una amplia sonrisa. Me ofreció un cucharón del líquido marrón y pegajoso del cubo que llevaba. Sabía a harina y miel, pero me dejó la sensación de tener pelos en la garganta. Por bebérmelo me gané el derecho a llevar una capa y un sombrero y la invitación para marchar con ellos. Del cerdo, o como lo llamaban ellos, del *chancho*, colgaban todo tipo de alimentos y bebidas en representación de casi todos los pecados que se pueden cometer en público: aguardiente, dulces, conejos y cobayas asadas, cigarrillos y puros. El que cargaba la estructura se convertía simbólicamente en el novio de la Mamá Negra, llevando a cuestas su regalo de bodas. El cerdo llevaba dos días circulando por la ciudad bajo el sol ardiente, derramando pegajosas lágrimas de fluido viscoso por todas sus grietas y cavidades. Yo no acababa de tener claro si me daban más pena los hombres atados a los arreos o los que tendrían que comerse al chancho cuando terminaran los desfiles.

«¡Mesa!», pidió el hombre que cargaba al cerdo, y sus dos sobrinas se la acercaron rápidamente. Él se quitó los arreos, empapados de sudor.

«¿Me deja que lo intente?», le pregunté.

Se quedó mirando mi cara esperanzada y después le echó una mirada al cerdo, el orgullo del banquete que iba a dar su familia. «Primero vamos a almorzar», me dijo.

La atareada mujer que preparaba la sopa en un caldero

enorme no se inmutó lo más mínimo cuando le dijeron que sus muchachos habían invitado a dos extranjeros a comer. Era día de festival y las puertas de la casa estaban abiertas para todos. Nos hizo sentar, nos dio varias tazas más de pelo líquido y al final nos puso delante dos cuencos de sopa, cada uno con un pie de cerdo sobrenadando en una película aceitosa. John, mi cámara vegetariano, ni siquiera tocó el suyo. Yo empuñé la cuchara y me puse a rebuscar entre las uñas sucias del cerdo a ver si encontraba algo blando que comer. La sopa propiamente dicha era pura grasa de cerdo. Empujé de un lado a otro la capa sólida, con la esperanza de romperla y encontrar alguna verdura, un poco de agua o cualquier otra cosa que no fuera un trozo de grasa rancia. Al final me resigné a lo inevitable, desconecté las papilas gustativas y ataqué con la cuchara.

A mi alrededor, las caras ennegrecidas de alquitrán se echaron una cucharada de grasa entre los labios pintados de rojo y me sonrieron.

Eran jardineros, herreros, estudiantes y marineros. El menor todavía no había terminado la escuela secundaria y el mayor era el padre de tres corpulentos muchachos, que llevarían por primera vez los arreos en el festival del año siguiente. Todos parecían estar emparentados por una telaraña de lazos de sangre (hermanos, tíos, sobrinos, parientes políticos) y a todos los alimentaba la mujer del caldero, capaz de nutrir con igual eficacia a hombres, niños y gallinas. Cuando le confesé mi admiración, ella se echó a reír. «Esto no es nada –me dijo–. Mañana vendrán más de cien personas a comer el cerdo.»

«¿Cuánto hace que su familia carga el chancho?», le pregunté, tratando por todos los medios de eludir otro cucharón de aquella repulsiva sopa. Ella se paró un momento a pensar.

«Trece años. Por fe», respondió, señalando una imagen de la Virgen. La mujer del cuadro tenía una cara amigable, bastante parecida a la de mi anfitriona. Toda la familia era devotamente católica y dolorosamente pobre, pero, sin embargo, en la fiesta anual de la Virgen no escatimaba un solo vaso de aguardiente ni una sola cobaya asada.

«¿Qué hace una Mamá Negra enmascarada en la celebración católica de María?»

«La Mamá Negra dirigió una sublevación para liberar a los esclavos en las minas españolas hace doscientos años», respondió ella, señalando los montes cercanos.

«¿Y los brujos?»

«Limpian a la gente de las enfermedades que vienen con las lluvias», dijo en tono desapasionado. No parecía preocuparle que se celebraran rituales paganos bajo las mismísimas narices de los santos católicos. Sincretismo. Mi diccionario lo define como «intento de combinar principios irreconciliables de índole filosófica o religiosa». A mi entender significa poner la devoción por delante del dogma, y la familia por encima de todo.

La mezcla fue una ingeniosa respuesta a siglos de proselitismo cristiano y presiones de la Iglesia. Cuando los españoles llegaron en 1532, encontraron un pueblo que adoraba las montañas, las rocas, los árboles, los truenos, el sol y la tierra. No había en todo el imperio un solo paso montañoso que no tuviera su solitario cúmulo de piedras. Con gran esfuerzo, todos los viajeros cargaban una piedra de ciertas dimensiones hasta la cumbre como ofrenda al Apu local, el dios de la montaña. Los videntes consultaban a las potencias supremas mediante las hojas de coca o las entrañas de los animales sacrificados. El primer sorbo de cada vaso de cerveza casera se vertía en el suelo, para la Madre Tierra. Todos, incluso los niños pequeños, llevaban talismanes naturales como protección.

Todo esto eran los signos de un pueblo que vivía en estrecha armonía con su entorno y que cuidaba su relación con los elementos, capaces de traerle una copiosa cosecha o un año de hambre y penurias. Y hacían bien en cuidar la naturaleza, porque las montañas andinas podían ser despiadadas. No sólo hacía falta mucho trabajo, sino también cierta dosis de suerte para arrancar a ese suelo rocoso lo suficiente para vivir, al calor del breve verano y en el aire tenue de la montaña.

Un día desembarcaron los españoles. Su codicia les pedía oro y almas, y estaban dispuestos a hacer todo cuanto fuera preciso para satisfacerla. Mientras los soldados vaciaban los templos de metales preciosos, los sacerdotes blandían sus crucifijos contra los dioses de la montaña y la Madre Tierra. Prohibieron la veneración de todos los ídolos y entregaron al fuego los restos momificados de los antiguos monarcas. Encontraron y destruyeron los talismanes de los campesinos, hasta el más prosaico guijarro o mechón de lana. Sobre los cúmulos de piedra de cada paso montañoso, plantaron sus cruces.

Poco a poco, los indios comenzaron a asumir la fe de sus nuevos amos. Las dos religiones tenían mucho en común. Las ceremonias en honor a Inti, el dios del Sol, se convirtieron en fiestas católicas, y las imágenes de los santos desplazaron a las ancestrales momias que antaño se sacaban en procesión por las ciudades. Los impuestos que recaudaba el imperio incaico cedieron el paso a los diezmos de la Iglesia católica. Las casas sagradas de las vestales del Sol se convirtieron sin esfuerzo en conventos de hermanas igualmente vírgenes. Los chamanes que antes comían y bebían maíz fermentado en nombre de las almas de los muertos pasaron a ser sacerdotes de negras sotanas, que obraban la transustanciación del pan y el vino. Fue por eso que no hubo mártires entre los primeros sacerdotes que se adentraron en tierra andina para difundir la palabra del Dios cristiano.

Pero las costumbres ancestrales no desaparecen de la noche a la mañana, y la nueva religión no hizo nada por domesticar al feroz clima andino, que en cuestión de minutos puede transformar un día cálido y benigno en un infierno de nieve o de granizo. ¿Quién se hubiese atrevido a desafiar las consecuencias de volver la espalda a los dioses locales? Los indios resolvieron el problema por el sencillo expediente de incorporar al nuevo Dios cristiano en los ritos de su propio panteón de seres sagrados.

Celebraban las fiestas de los santos con todo el entusiasmo y la fe jubilosa que cualquier sacerdote cristiano hubiese podido desear. Pero quien mirase detrás de las imágenes cristianas que se sacaban en procesión por los pueblos habría encontrado casi con seguridad las diminutas figuras de los ídolos locales, colocadas allí en secreto, para no ofenderlos.

El resultado fue una fantástica mezcla de lo viejo y lo nuevo, sin conflicto aparente. Al estilo andino.

CUANDO TERMINAMOS DE COMER, nos sentamos en el patio para obrar mi transformación en novio de la Mamá Negra. La pintura de la cara resultó ser una mezcla de alquitrán y manteca de cerdo, que además de oler a carroña hizo que se me pegara el pelo a la frente y se me metiera en la nariz. Después venía la purpurina y, por último, me encontré poniendo la típica boca de pez mientras un hombre con la cara pintada de alquitrán me aplicaba con cuidado el pintalabios.

El cerdo había pasado el rato en la calle, juntando moscas tranquilamente. Mis anfitriones salieron de casa con cierta desgana y nos encaminamos al centro del pueblo para unirnos una vez más al corazón del festival. Antes me habían invitado a beber, pero aquello no fue más que un simple aperitivo en comparación con lo que me ofrecían ahora que llevaba el disfraz completo. En cada esquina alguien se obstinaba en hacerme tragar una nueva dosis de algún brebaje incendiario, entre gente que me alentaba y aplaudía. Me sirvió de muy poco pretextar dolor de cabeza, rodillas temblorosas o incontinencia. Rechazar un trago en un día como aquel se interpretaba como un insulto y, aparentemente, el truco habitual de echar la mitad al suelo como ofrenda a la Madre Tierra iba en contra de las normas. Bebí. Bebí por la familia que había borrado lo único que me marcaba como extranjera: el color de mi piel. Bebí por la viejecita que me abrazó simplemente por unirme a la fiesta. Bebí por el vacilante anciano que me ofreció lo que a él mismo le hubiese encantado echarse al gaznate.

Cuando pasamos por la puerta de mi hotel, la grasa de cerdo se me había solidificado dentro del estómago en una bola indigerible que flotaba sobre un cóctel de al menos una docena de aguardientes caseros. Me sentía como si tuviera un *alien* dentro del pecho, dispuesto a utilizar las garras para salir. Me disculpé y subí a toda prisa a mi habitación, mientras John filmaba la fiesta desde el primer piso.

«Has vomitado», me anunció cuando volví.

«¿Cómo lo sabes?», le pregunté mortificada.

«Dejaste encendido el micrófono –contestó, apoyando la mano en la cámara–. Lo tengo grabado en el canal dos.»

Ya era casi de noche cuando me llegó el turno de cargar al cerdo. Me pusieron los arreos. Me incliné hacia adelante para levantar la bestia de la mesa y cargármela a la espalda. Pero no pasó nada. Era como estar encadenada a un poste del teléfono. Lo intenté otra vez. Varios hombres se adelantaron para ayudarme a levantar el festín del día siguiente. Conseguí echar a andar.

Después descubrí que el novio de la Mamá Negra no sólo tiene que llevar andando el regalo de bodas hasta su puerta y depositarlo a sus pies, sino que se espera que baile jubilosamente, que salte, zapatee y describa amplios giros y elegantes ochos. Un poco más adelante se había formado un atasco, justo antes del punto donde la procesión se derramaba en la plaza mayor. Nuestro avance era glacial. Yo daba vueltas, subía y bajaba o andaba sin moverme del lugar, con mi carga cuidadosamente balanceada por un protector andamiaje de manos temerosas. Al final, alguien pidió la mesa. Los sudorosos arreos cayeron al suelo. Una docena de mujeres se apiñaron a mi alrededor para celebrarlo dándome más de beber. Todo el mundo se sumaba al desfile que estaba a punto de desintegrarse en la plaza. Bailé mientras caía la noche y hasta mucho después. Trencé alegres cuadrillas con ángeles de alas blancas y trompetistas negados para la música. Con bandoleros españoles y gráciles damas de ondulantes faldas y leves caderas. Y con una multitud que me recibió alegremente con aclamaciones y aplausos. Aquella noche no había extraños, únicamente había amigos.

...hasta que volví tambaleándome al hotel y me arrastré escaleras arriba. Lo único que quería era cerrar los ojos y alejarme flotando, pero todavía estaba envuelta en una nube de alquitrán mezclado con grasa rancia. Me metí en el baño para presentar combate a mi cara.

Rasqué, froté, restregué y juré. Gasté tres rollos de papel higiénico, agotando las reservas para la mañana siguiente, pero no conseguí hacer más que una pequeña muesca. Lo poco que había podido sacar manchó el lavabo, los grifos y el espejo. Desesperada, me zambullí en la ducha helada, dispuesta a utilizar una esponjilla de fregar cacharros. Cuando salí, mi cara era una mezcla desigual de carne viva y gris cadáver, con restos de alquitrán aún pegados a las cejas y los pelos de la nariz. Pero al menos mis labios habían recuperado su color rosa descascarado y presentaban las grietas habituales.

El resto podía esperar hasta el día siguiente. Tomé dos aspirinas y me derrumbé en la cama.

CAPÍTULO 5

UNA VIDA DE ENTREGA

NOTAS DE CAMPO: ¿Qué se hace exactamente para parar a dos búfalos que han decidido volver a casa?

H ABÍA LLEGADO EL MOMENTO de reanudar nuestro viaje al sur. El tren nos conduciría a través de las montañas y nos llevaría hasta el pueblecito de Achupallas. Hasta el Camino del Inca.

Mientras salíamos lentamente de la estación, eché a andar por el techo a grandes zancadas en busca de un sitio donde sentarme. Cada vez que salvaba de un salto el espacio abierto entre dos vagones, un andamiaje de brazos oscuros se tendía a mi alrededor para impedir que cayera a las vías. Me acuclillé junto a un rollo de alambre herrumbrado y me dispuse a contemplar el paisaje que pasaba a nuestro lado. Aunque el valle central de Ecuador es sólo una pequeña porción del territorio del país, alberga casi la mitad de la población. Las casitas de techumbre de paja parecían montones de heno, dispersas sobre una animada alfombra de prados y campos cultivados. Aquí y allá se agrupaban en torno a una iglesia de un blanco radiante, con la cruz del tejado apuntando al cielo como una espada. Hubiese podido ser Suiza, con las montañas nevadas al fondo y el aire agudo y quebradizo. La diferencia estaba en los detalles. En la puerta de cada casita había una barrera de unos 15 centímetros de alto para que no se escaparan las cobayas. De vez en cuando se veía una llama de cuello largo, como montando guardia junto a un rebaño de ovejas. Y bajo la tierra, la auténtica riqueza de los Andes crecía jugosa y redonda. Patatas. Los agricultores andinos son capaces de identificar unas doscientas variedades por su color, textura, sabor y olor. Van desde el codiciado «caviar de la vida», pequeñas, amarillas y de mantecosa dulzura, hasta la prosaica variedad con que se fabrica el chuño, alimento que desde épocas remotas asegura por sí solo la supervivencia humana por encima de los 4.000 metros de altitud. Para preparar el chuño, se deja que las patatas se congelen por la noche a la intemperie, después se machacan para romper las celdillas de hielo y extraerles la humedad y finalmente se ponen a secar al sol. El resultado del proceso es el primer alimento liofilizado de la historia: una harina de patata que se conserva casi indefinidamente y que constituye la base de casi todos los platos andinos.

Para los consumidores actuales, la patata es la comida de los pobres, al alcance de todo el mundo y disponible en cualquier supermercado en bolsas de cinco kilos. Pero los conquistadores quedaron impresionados por aquel exótico alimento del Nuevo Mundo. «Cocida, es blanda por dentro, como una trufa», explicaba un cronista. No sospechaban entonces que aquella terrosa hortaliza que tenían en las manos era el tesoro que habían venido a buscar. Actualmente, la producción de patatas supera con holgura en un solo año el valor de todo el oro y la plata saqueados al imperio inca.

Los territorios recién conquistados tenían una extraordinaria variedad de frutas y verduras para ofrecer al mundo. Aunque Suiza se ha apoderado del chocolate, Italia de los tomates y Hawai de las piñas, los tres alimentos proceden de América del Sur, lo mismo que las judías, el maíz, los boniatos, la yuca, la tapioca, la mandioca, los cacahuetes, los anacardos, los pimientos, el pimentón, las papayas, los aguacates, las calabazas y la quinoa. Más de la mitad de los alimentos básicos que nutren al mundo proceden de las tierras meridionales del Nuevo Mundo.

NUESTRO TREN SUBIÓ CON MUCHO TRABAJO el último puerto de montaña y comenzó a deslizarse ladera abajo por la vertiente occidental de los Andes, zigzagueando entre las cumbres por un pasillo apenas más ancho que la angosta locomotora. Ante mis ojos el paisaje empezó a cambiar.

Yo siempre había creído que las zonas climáticas son esas franjas anchas en tonos pastel que aparecen pintadas en los mapas nacionales. Pero no en Ecuador. Sus microclimas van y vienen como colibríes. Los verdes exuberantes y los voluptuosos pardos ceden paso a arrugados grises en el tiempo que se tarda en pelar una naranja. Selváticas enredaderas hacen cautelosamente el amor a los cactos. Los finos zarcillos de la niebla se ocultan como felinos sigilosos en las grietas de las montañas, fuera del alcance de la depredadora luz del sol que se cierne a un metro de distancia. Yo sentía como si estuviera recorriendo las salas de un museo de historia natural, donde basta girar una esquina para pasar de una escena desértica, con arbustos espinosos, a un rincón a la sombra de las palmeras.

Me eché al suelo para hacer fotos de la garganta que se abría allá abajo, y sin darme cuenta me fui arrastrando hasta tener medio cuerpo colgando del borde del tren. De pronto sentí que unas manos extrañas me sujetaban por la espalda y las piernas. Cuando me volví, vi que un joven de una familia ecuatoriana que viajaba en el tren me tenía agarrada por el cinturón y me miraba con benevolente firmeza, bajo la evidente dirección de una señora mayor que probablemente era su abuela. Un chaval de unos diez años, sentado sobre mis piernas, me sonreía con gesto descarado.

Conseguí hacer otras tres fotos antes de que la abuelita perdiera la paciencia y mandara izarme y depositarme sana y salva en el centro del grupo familiar. Resultó que la anciana estaba de excursión de fin de semana con tres generaciones de su familia. Eran propietarios de un pequeño comercio en Riobamba, estaban habituados a ver extranjeros rubios estirados como perritos de las praderas en el techo de los vagones y querían saber cuál era el espectáculo que merecía adoptar un comportamiento tan alocado. La abuela detestaba las alturas de todo tipo, pero aparentemente la sangre era más fuerte que las fobias, porque allí estaba, disfrutando de un ventoso picnic en el centro exacto del techo del vagón, mientras el tren avanzaba montaña abajo por la abrupta pendiente. Me pasó un brazo por la cintura para que dejara de hacer tonterías en una tarde tan agradable y empezó a mecerse de un lado a otro, hasta que las dos nos quedamos dormidas.

Cuando llegamos a Achupallas, el sol era una bola reverberante y dorada que bañaba las cumbres cercanas en una reconfortante luz anaranjada sobre el Camino del Inca. El pequeño pueblo era una joya; en sus antiguas calles adoquinadas ancianas mujeres se dirigían apresuradamente a sus casas, con bultos bajo el brazo y bufandas que les cubrían hasta la barbilla, mientras la oscuridad se cernía sobre ellas. Para llegar hasta allí habíamos viajado en dos dimensiones: Achupallas está a 300 kilómetros al sur de Quito en línea recta y 400 años más atrás.

Antaño había sido un lucrativo asentamiento en el Camino del Inca. Los antiguos acueductos que alimentan el molino del pueblo se construyeron antes de que existiera el cemento. Sus muelas de piedra fueron labradas por manos más viejas que los recuerdos de la infancia de los ancianos de grises cabelleras que diariamente se reúnen en la tienda de la esquina. Los aperos de labranza expuestos en los anaqueles son pesados, utilitarios y se venden sin mangos, porque la gente se ocupa de fabricarlos.

Achupallas es un pueblo demasiado pequeño para tener un hotel. Nos enviaron a «una casa del blanco» cerca de la plaza. Yo me presenté con cierta vacilación, sospechando que el pobre hombre estaría harto de que cada mochilero mugriento de piel vagamente parecida a la suya fuera a llamar a su puerta.

Salió una mujer y me señaló lo que denominó el «colegio», al otro lado de la calle. Me dijo que estaba vacío porque los chicos se habían ido a sus casas a pasar las vacaciones y que podíamos instalarnos en la sala que más nos gustara.

Estábamos muy ocupados descubriendo que mi hornillo había dejado de funcionar o quizá descifrando todos los mandos de mi nueva Nikon, cuando oímos que alguien llamaba discretamente a la puerta. Apareció una cara redonda, de un blanco incongruente. Los rasgos eran simples como los de un dibujo infantil: gafas redondas sujetas por una nariz de botón, sobre la línea zigzagueante de un bigote. Las manos que colgaban de los fornidos brazos eran oscuras y de grandes nudillos, hechas para aplastar terrones de tierra o labrar la madera.

El hombre se llamaba Anselmo. Era un misionero italiano y llevaba diez años viviendo y trabajando en Achupallas y el campo de los alrededores.

La misión de Anselmo era la principal proveedora de atención médica moderna para los campesinos pobres de la zona y sus familias. Anselmo nunca niega a nadie un lugar en su mesa y periódicamente pide a Italia ropa de segunda mano para distribuir entre los necesitados. Además, me comentó con orgullo, está enseñando a la gente del pueblo a comer carne de caballo.

«En Italia es una exquisitez, pero aquí piensan que no es comida para las personas. El año pasado organizamos un rodeo de caballos salvajes de la montaña e hicimos una barbacoa. Ahora les gusta mucho.»

Su principal éxito ha sido el colegio, una escuela para que los chicos aprendan el oficio de carpintero. «Ésta es la única esperanza que le queda a Achupallas», dijo, señalando los bastos muros. La mayoría de los campesinos no tiene suficiente tierra para alimentar a sus familias, ni menos aún para dividir entre sus hijos. Como consecuencia, casi toda la población masculina ha emigrado a Guayaquil en busca de trabajo en las fábricas. Las mujeres se han quedado en el pueblo para ocuparse de las labores del campo y cuidar los rebaños. «Los hombres sólo regresan en primavera, para ayudar con los bueyes durante la cosecha. Algunos ya ni siquiera vuelven —extendió las manos. Tenía los dedos gruesos y las uñas limpias, pero rotas. —Se acostumbran a la vida de la ciudad y olvidan a sus familias.»

Comprendí porqué en las calles sólo parecía haber mujeres mayores. Miré a mi alrededor y conté veinticuatro camas en nuestra habitación. Diez años para salvar a dos docenas de familias. ¿De dónde se saca el coraje para dedicar la vida a una causa tan solitaria?

«Me fui de casa a los nueve años para trabajar —me contó Anselmo—. Éramos una familia muy pobre y no había comida para todos. Empecé recogiendo manzanas. Después estuve arreglando líneas de teléfono —sacudió la cabeza y se alisó el bigote con los pulgares—. Si no hubiese venido aquí, a estas alturas seguramente estaría muerto. Casi todos mis amigos italianos han muerto por la droga y yo iba por el mismo camino. Pero un día escuché predicar a un obispo. Lo que decía me dio tanta rabia, que le salí al paso y le dije que con toda esa cháchara no iba a cambiar el mundo —hizo una pausa sin poder reprimir una sonrisa, como si recordara un chiste particularmente bueno—. El obispo se volvió hacia mí y me preguntó qué pensaba hacer yo para cambiar el mundo —extendió sus manos, que parecían tener callos en los callos—. No supe qué responderle. Hablamos y hablamos hasta que estuve dispuesto a dedicar mi vida a Ecuador. Desde entonces, el obispo ha sido como un padre para mí.»

De joven drogadicto a protector de los pobres. Aquéllas debieron de ser palabras poderosas.

Anselmo se echó a reír. «Le puedo dar su dirección en Perú si quiere ir a verlo con sus propios ojos. Pero tenga mucho cuidado —añadió, apuntándome con el dedo—. Es un hombre peligroso. Le puede cambiar la vida de una manera imprevista.»

Se despidió tan discretamente como había llegado, no sin antes invitarnos a ver los campos cultivados que se extendían a través del valle y por la ladera de las montañas. Un lugar donde las mujeres hilan la lana que cargan a la espalda y donde pequeños grupos de hombres se reúnen en torno a hogueras humeantes y beben la luna en sucias tazas de plástico.

A la mañana siguiente, temprano, cargamos la mochila al hombro y nos pusimos en camino con Anselmo. En unos minutos habíamos dejado el pueblo atrás y avanzábamos entre ondulantes praderas.

«Cuando estábamos construyendo la escuela –dijo Anselmo de pronto–, sucedió algo terrible –hizo una pausa y se frotó la barbilla–. Mientras estábamos colocando el tejado, mi ayudante se cayó del tercer piso y se dio un golpe en la cabeza. A toda prisa lo llevamos con el camión a Riobamba y desde allí lo trasladamos en avión a la mejor clínica de Quito. Le sangraban los oídos. Le hicieron un escáner y me dijeron que quizá necesitara cirugía. Me preguntaron si tenía dinero. "¡Claro que sí!", les dije. Me dieron una lista de medicinas y corrí a comprarlas. Cuando volví, mi ayudante había empeorado. Me dijeron que habría sido inútil operar, que era tirar el dinero. Yo me puse como una fiera. "¿Os creéis que no tengo dinero?", les grité. "¿Queréis que os lo enseñe? ¡Aquí está!" Cogí los resultados del escáner y me los llevé a otra clínica. "¿Para qué nos trae esto?", me dijeron allí. "Ya ha oído la respuesta de los mejores médicos del país." ¡Me sentí tan impotente! Hasta ese momento yo había creído que con suficiente dinero era posible curarlo todo, ayudar a todo el mundo. Nunca había tenido que ver a un amigo morir de aquella manera. Ese día me di cuenta de que en la vida había algo más fuerte que yo.»

Supuse que me iba a hablar de Dios. Después de todo, era misionero. Pero no dijo nada más. Siguió andando en silencio.

DICEN QUE LOS ANDES PASAN TODOS LOS DÍAS por las cuatro estaciones. La primavera estalla con el sol de la mañana. Después de un breve verano llega el otoño de la tarde, y, ¡ay del que se encuentre en los pasos más altos cuando el crepúsculo trae el frío invernal de la noche! A medida que ascendíamos, el sol del mediodía desapareció y la temperatura bajó once grados en otros tantos minutos. Una avalancha de nubarrones se precipitó por la ladera. En un instante nos vimos envueltos en una manta fría y húmeda, tan espesa que podía sentirla enroscada a mis piernas como una babosa.

Finalmente, avanzando a trompicones, llegamos al borde de una parcela recién labrada. A unos diez metros de distancia pude distinguir la figura fantasmagórica de dos búfalos uncidos a un arado. Anselmo saludó al hombre que guiaba a las bestias, mientras nosotros nos abríamos paso torpemente entre terrones húmedos. Sí, dijo, desde luego que podíamos echarles una mano en el trabajo. «¿Ella?», añadió con bastante menos entusiasmo cuando yo pregunté si podía ayudar. Uno de los hombres recogió una cesta con granos de maíz y me la lanzó a las manos. Empecé a andar detrás del campesino, dejando caer las semillas en el surco recién abierto y maquinando cómo me las iba a arreglar para ponerle las manos encima al arado. ¿Sería de verdad un trabajo tan duro? Después de todo, esas dóciles bestias no iban a arrancarse para volver galopando a los establos, arrastrando tamaño artefacto.

Hice la prueba. Me respondieron que no. Anselmo les dijo algo en voz baja. Sin necesidad de añadir nada más, me dejaron el arado. Agarré la resbaladiza empuñadura embadurnada de barro, preguntándome cómo iba a hacer para que los bueyes echaran a andar. Chasqueé la lengua. Cloqueé como una gallina. Maldije. Hice restallar el látigo por encima de mi cabeza. Nada, inmóviles. El hombre a mi lado besó suavemente el aire y los animales arrancaron. Yo me puse a trotar detrás, luchando para impedir que el pesado arado se volcara a un lado, o se hundiera demasiado en la tierra, o resbalara sin abrir ningún surco. Cuando llegamos al borde del campo, me volví para contemplar el camino andado. Parecía como si un buitre enorme lo hubiese cubierto a saltos, hundiendo las garras en la tierra a intervalos irregulares. Me agaché para levantar el arado y hacerle describir un arco de 180 grados en torno a los animales, pero estaba tan firmemente plantado en el suelo como un hidrante de bomberos. Sólo la reja debía de pesar unos 30 kilos. Grandes terrones de arcilla fangosa se habían pegado al timón y todo el artefacto estaba tan resbaladizo como un cerdo untado de aceite. Lo empujé, lo sacudí y lo arrastré en un torpe círculo. Mientras me reponía jadeando, el hombre volvió a besar el aire y nos pusimos otra vez en marcha.

Al tercer surco dejé de fingir que era capaz de conducir a los animales en los giros. Al sexto surco, tenía el brazo derecho unos diez centímetros más largo que el izquierdo, los pantalones me pesaban, cargados de varias capas de barro, y mis pulmones empezaban a enviarle señales de emergencia al cerebro, presagiando un inminente e inquietante déficit de oxígeno. Fue justo entonces cuando los búfalos comprendieron que al otro lado del arado no había más que un alma desorientada y decidieron marcharse a casa.

Se largaron ladera abajo, marcando con el arado un profundo rastro en los surcos recién abiertos. De pronto me di cuenta de que en ninguna de las tarjetas de mi fichero de un metro de largo de la lengua quechua figuraba la palabra «¡ALTO!».

«Para eso es la escuela... –dijo Anselmo con la mayor tranquilidad, mientras un hombre joven dominaba a los animales–. Las mujeres no pueden hacer este trabajo solas.» El hombre devolvió a su sitio a las bestias, que de pronto se habían vuelto obedientes, y empezó a arar una vez más surcos rectos como flechas.

La llovizna incesante había dejado la ladera resbaladiza como una piel de plátano y fangosa como un bañadero de búfalos. John y yo bajamos a tropezones, jurando y maldiciendo a cada paso.

Anselmo, que venía detrás, se cayó tantas veces como nosotros, pero en cada ocasión volvió a ponerse en pie sin decir palabra. Para entonces llevaba varias horas caminando con nosotros bajo la lluvia y entre el barro. No se había quejado ni una vez, aunque tenía los dedos azules de frío, tan insensibles que le costaba manipular la cremallera de la chaqueta. Pero no perdió ni por un momento su indefinible aire de tranquilidad, como si fuera inmune a todos los contratiempos terrenales. Pensé que su fe en Dios debía de ser para él un gran consuelo.

«No —me respondió pensativo cuando nos detuvimos a descansar—. Todavía estoy buscando a Dios. Aún no lo he encontrado. Quizás algún día...»

Me quedé muda de asombro. Si no esperaba recibir una recompensa en la otra vida ni estaba contando las almas que había salvado, ¿entonces qué diantre estaba haciendo allí?

«Todo mi objetivo en la vida —dijo girando la vista hacia su pueblo diminuto, al otro lado del valle— es volver a ver a mi padre —se volvió y me sonrió—. Siempre me creyó un vago y un inútil. Me decía que nunca iba a llegar a nada —hizo otra pausa—. Murió antes de que pudiéramos reconciliarnos.»

«¿Qué piensa decirle cuando vuelva a verlo?», le pregunté, imaginando que debía de haber ensayado mil veces las palabras exactas.

Con la bota empujó un trozo de barro. «No lo sé. Tendré suficiente con verlo. Él lo entenderá.»

ESTÁBAMOS INVITADOS A CENAR y, lo que era más importante aún, a compartir el calor de la cocina de carbón de Anselmo para poner a secar la ropa y calentarnos el cuerpo castigado por la lluvia y el barro. Como siempre, su cocina estaba llena a rebosar de gente del pueblo que necesitaba ayuda urgentemente. Una olla enorme de espaguetis humeaba sobre la cocina y había una fregona lista para borrar las huellas de barro que dejaron nuestras botas. Una niñita de tres o cuatro años salió de una esquina y se abrazó a una pierna de Anselmo. Una mano de él, como animada por voluntad propia, salió volando y se posó suavemente sobre la cabeza de la niña. «Mi hija –dijo radiante de orgullo–. Cuando llegué al pueblo, quería vivir en una choza sencilla de campesino. Pero con niños no es posible.»

Había visto a la pequeña jugando con otros niños cuando atravesamos la plaza. Aunque su piel era de un blanco traslúcido como la de su madre, no se me ocurrió pensar que no fuera ecuatoriana. Su lenguaje corporal era tan insensible al color de la piel que por un momento me había hecho ver el mundo a través de sus ojos.

«Para después de la cena hemos organizado unas mesas de bingo en la plaza del pueblo. El dinero que recaudemos será para los niños mal nutridos», dijo Anselmo. Le ayudé a poner la mesa para dar de comer a un montón de hambrientos. A mitad de la cena salió a atender a alguien más que llamaba a su puerta, y le vi prestando atención con los cinco sentidos a una anciana desharrapada que llevaba a un niño enfermo en brazos.

Su ejemplo era contagioso. Yo llevaba cierto tiempo devanándome los sesos para dar con un regalo que expresara nuestro más sincero agradecimiento por todo lo que había hecho por nosotros. Dinero, desde luego. Con tantas bocas que alimentar y tantas medicinas que comprar, debía de estar en estado de perpetua necesidad. Pero darle solamente dinero no me parecía suficiente. Al final me decidí por la navaja Schrade que llevaba en el cinturón. Estaba sucia, pero bien afilada, y me había acompañado en varios viajes. Anselmo pareció encantado. Probó la hoja con el pulgar mientras su hijo, de apenas cinco años, estiraba los brazos para cogerla. Anselmo se agachó junto al niño y se la enseñó, con mucho cuidado para que no se hiciera daño en los deditos. «Cuando seas mayor te la daré», le dijo. Pensé en la cantidad de cosas que no hacen más que pasar por las manos de Anselmo. Entonces comprendí porqué no necesita un dios que le ayude a seguir adelante. Toda su vida ha sido un viaje casi mítico: de niño trabajador y joven sin techo, perdido en la droga y la ira, hasta este rincón olvidado del mundo. Aquí ha encontrado la respuesta que buscaba desde el principio: que en el acto de dar está la recompensa.

CAPÍTULO 6

EL LUGAR DEL ACCIDENTE

NOTAS DE CAMPO: «¡Si me tienen de rehén, tú eres el menor de mis problemas! ¡Bájate del maldito caballo!»

A LA MAÑANA SIGUIENTE, Anselmo nos presentó a un guía local que se ofreció para acompañarnos por el Camino del Inca hasta Ingapirca. Guido vivía en una casucha en las afueras de Achupallas con su mujer, cuatro hijos, varias gallinas, dos docenas de cobayas y una mula lunática. Hacía de guía tres o cuatro veces al año a través de las cumbres desoladas y dedicaba el resto del tiempo a cultivar patatas. Se presentó en nuestra puerta con dos mulas, una montura vaquera que también le servía de saco de dormir, unas verduras y un cabo de vela. Me dijo que a menudo atravesaba las montañas cubiertas de nieve fangosa llevando solamente lo que traía a la espalda. Lo contraté sin más.

Era un hombre menudo, de pómulos altos y con esa piel lisa y tensa que nunca parece envejecer. Aparentemente satisfecho de andar junto a las mulas perdido en sus propios pensamientos, casi no hablaba. Poco a poco, ante mis preguntas insistentes y tras compartir por un largo trecho mi reserva de caramelos, sus respuestas se fueron volviendo menos rígidas y más relajadas. Me dijo que tenía dos hijos y dos hijas, el mayor de diecinueve años y la menor, de nueve. Los chicos habían llevado a su primer grupo de turistas a Ingapirca el mes anterior y todo había salido bien. Una de sus hijas pensaba ir a la universidad, lo mismo que su madre. No le oculté mi asombro. Guido había abandonado la escuela en el cuarto curso para ocuparse de la granja familiar. Le pregunté cómo era que se había casado con una universitaria.

«Nos conocimos en Riobamba –me dijo tímidamente–. Ella estudiaba contabilidad.» Él se había ganado su corazón, se había casado con ella y la había traído a Achupallas. Recordé la casucha de suelo de tierra y las macilentas gallinas apoyadas en el alféizar de la ventana. La transición debió de ser difícil para la recién casada, incluso con la luz del nuevo amor en los ojos.

Pero veintidós años después seguían juntos y Guido se había resistido a emprender el camino de Guayaquil y su engañosa riqueza.

«Dime, Guido –le dije–. ¿Te gusta la carne de caballo?»

Se echó a reír, arrugó la nariz y sacudió la cabeza como habría hecho un perro después de percibir un olor desagradable. «A nadie le gusta. ¡Pero no vayas a decírselo al señor Anselmo!»

EMPEZAMOS A SUBIR por una interminable sucesión de peldaños labrados en la roca, junto a muros de piedra seca a punto de desmoronarse. ¡El Camino del Inca! La delgada línea roja que había visitado a través de mis sueños noche tras noche... Ahora estaba bajo mis pies, desigual, rocosa y absolutamente real. Extendida en línea recta de extremo a extremo habría sido más que suficiente para dar media vuelta al mundo. Pero era algo más que un medio para llegar de un sitio a otro. Era un símbolo de la grandeza del imperio inca. Al lograr tan magnífica hazaña de ingeniería, los incas esperaban intimidar a los pueblos vecinos y subyugarlos sin necesidad de guerras o derramamiento de sangre. Muchas veces la estratagema les funcionó.

Pero los incas no siempre fueron los amos y señores de todas las tierras que podían divisar. El mayor de los imperios de América del Sur tuvo su origen en una de las tantas tribus sin nombre del valle de Cuzco. Sus primeros siete monarcas no hicieron nada digno de mención. Ni siquiera se sabe si existieron o si forman parte del mito de la creación. Pero a comienzos del siglo XV nació un niño que estaba llamado a cambiar el destino de todo un continente. Se llamaba Pachakuti, «El que Sacude la Tierra».

Corría el año 1438, una época en que el territorio andino estaba fragmentado en multitud de pequeñas tribus, cada una de ellas en guerra con sus vecinos. Una de esas tribus, la de los chanca, se preparó para invadir Cuzco y someter a sus habitantes. Mientras el rey inca y su heredero huían de la ciudad dejando a su pueblo a merced del ejército chanca, Pachakuti, el hijo menor, se negó a emprender la retirada. Organizó al pueblo de Cuzco y, enfundado en una piel de leopardo, dirigió el contraataque. Cuenta la leyenda que cuando los dos ejércitos se trabaron en combate, Pachakuti invocó la ayuda del dios del Sol. Las piedras del campo de batalla se convirtieron en guerreros y se abalanzaron sobre el enemigo. El joven príncipe resultó vencedor. Cuando su padre y su hermano regresaron, Pachakuti los derrocó y se proclamó emperador.

Inmediatamente, El que Sacude la Tierra marchó con sus ejércitos a lo largo de la espina dorsal de los Andes, desde el centro de Perú hasta el lago Titicaca, al sur. Con el tiempo, ya cansado de conquistas, decidió entregar el mando del ejército a su hijo para poder concentrarse en la administración del imperio recién conquistado. Aquél fue el mayor desafío de Pachakuti. Cualquiera puede conquistar, pero gobernar a un centenar de tribus con diferentes lenguas y costumbres, en un territorio que abarcaba desoladores desiertos, cumbres nevadas y extensiones de agobiante selva amazónica, exigía mucho más que bravura y coraje en el campo de batalla. Pachakuti ideó varias ingeniosas estrategias para conseguir sus propósitos. Permitió que los pueblos sometidos siguieran adorando a sus dioses siempre que reconocieran la supremacía de Inti, el dios inca del Sol. Incluso llegó a ofrecer a los dioses regionales un sitio en el templo de la divinidad solar en Cuzco, lo cual era oficialmente un signo de su situación privilegiada pero que, en realidad, era un medio de asegurarse el buen comportamiento de sus fieles. Si una tribu se rebelaba contra el Inca, sus ídolos eran llevados a la plaza central de Cuzco y sometidos públicamente al escarnio de los latigazos. ¿Quién se hubiese atrevido a procurar a sus dioses semejante humillación?

El que Sacude la Tierra también se llevó a Cuzco a los hijos de los reyes locales para ocuparse de su educación. Cuando regresaban para ponerse al frente de sus respectivos pueblos, los jóvenes príncipes estaban profundamente embebidos en la cultura y las costumbres incas, por lo que contribuían a la rápida incorporación de las diferentes tribus al imperio. Si alguno de los grupos tribales parecía renuente a aceptar con docilidad el yugo del imperio, Pachakuti desarraigaba aldeas enteras y las trasladaba en bloque a zonas que llevaban mucho tiempo pacificadas. Repentinamente rodeados por firmes partidarios del imperio que sólo pensaban en aprender nuevas técnicas agrícolas y en adoptar nuevos cultivos, los rebeldes se plegaban rápidamente a los designios del Inca.

Sin embargo, el gobierno aparentemente ilustrado de Pachakuti tenía su lado oscuro. Todos los años, el Inca elegía a las doncellas más nobles y hermosas de las tribus conquistadas, las llevaba a las montañas y las sacrificaba a los dioses. Los campesinos tenían que vestir siempre su traje característico y peinarse a la manera tradicional, para ser fácilmente reconocidos si se alejaban del territorio correspondiente a su tribu. No se podían celebrar matrimonios sin la autorización del representante local del Inca. Los responsables del censo llevaban un minucioso registro de todos los bienes, desde los ponchos hasta los arados. Se decía que si un solo par de sandalias desaparecía del lado de una cama en cualquier lugar del imperio, la noticia llegaba a oídos del Inca. Todos pagaban impuestos. Cuenta la leyenda que cuando una tribu alegó total y absoluta miseria, el Inca ordenó que cada uno de sus miembros le entregara una taza llena de piojos. Las consecuencias de quebrantar las leyes eran severas. El robo de unas pocas panochas de maíz de los campos del Inca se castigaba con la muerte. De vez en cuando, se lanzaba a un delincuente al laberinto construido bajo las calles de Cuzco, que tenía los muros revestidos de aguzados pedernales y estaba habitado por escorpiones, serpientes venenosas y pumas hambrientos.

Pero quizá la peor de todas las penurias que soportaba la población era el recuerdo de la conquista, pues los incas eran despiadados con todo el que osaba oponerles resistencia. No sólo mataban a los reyes vencidos, sino a sus esposas, hijos y miembros de su familia. Arrasaban sus casas y echaban sal en sus campos para que la tierra no volviera a dar fruto.

Aun así, todo el que pagara los impuestos a tiempo, vistiera como sus mayores, acudiera a labrar los campos del dios del Sol y colaborara en la construcción de los caminos podía trabajar su tierra en paz, criar a sus hijos y adorar a sus dioses. Sabía que no le dejarían morir de hambre si la cosecha era desastrosa y que ninguna horda invasora bajaría de las montañas para matar a sus hijos o violar a sus hijas. Era una vida difícil, pero una vida en paz.

Hasta que llegó la guerra.

LOS INTERMINABLES PELDAÑOS DE PIEDRA DESEMBOCARON por fin en una estrecha senda de tierra batida. Habíamos llegado al páramo, la zona de prados de alta montaña que ocupa la décima parte del territorio ecuatoriano. El suelo era húmedo y esponjoso como musgo de turbera. Allí las plantas se han adaptado a un ambiente hostil. Tienen la corteza encerada para protegerse de la intensa radiación ultravioleta o una finísima cubierta pilosa que las aísla del frío despiadado. El viento ha alisado la tierra. En el páramo sopla a sus anchas, atraviesa aullando los pasos de montaña y avanza a toda carrera por las altiplanicies ondulantes. Lo oíamos rugir como disparos distantes de armas de fuego. El ruido fue aumentando...

El repiqueteo se transformó lenta y gradualmente en el tamborileo grave de las aspas de un rotor. Dos helicópteros militares atravesaron un paso a baja altura y pasaron directamente sobre nuestras cabezas. Describieron un par de círculos tan cerca del suelo, que incluso la hierba dura y seca se doblegó a su paso, y uno de ellos se hundió detrás de un monte cercano. *Pero si allí no hay sitio para aterrizar*, pensé. Se oyó un golpe seco y se vio una explosión de trozos de rotor por el cielo, antes de que apareciera un penacho de humo. Eché a correr. Por un momento pude ver el helicóptero en llamas y los hombres vestidos de verde oliva que salían por una ventanilla rota, en un paisaje descolorido que apenas unos segundos antes había estado totalmente inerte. Aquello era irreal.

Bajé como pude por la abrupta ladera hasta el pequeño torrente donde yacía el helicóptero sobre uno de sus lados. Los soldados estaban demasiado aturdidos para reparar en mi presencia. Me arrodillé junto al piloto herido, quien me tomó de la mano y no la soltó. Del segundo helicóptero, que acababa de aterrizar, trajeron una camilla. El piloto lloraba, gritaba y decía incoherencias. Yo le hablaba en español, tratando de calmarlo. Pero de pronto comprendí que no estaba histérico ni delirante. Estaba hablando en portugués. Barrí con la mirada en derredor. Soldados brasileños. En un helicóptero militar que sobrevolaba territorio ecuatoriano. ¿Con qué diablos me había topado? Por fortuna John había tenido la sensatez de permanecer a una distancia prudencial. Levanté la vista hacia el sendero.

Allí estaba, agachado entre las hierbas altas un poco más arriba, filmando como un poseso.

Veinte minutos después, los militares finalmente se habían calmado. Hacían circular una botella de ron, reían con demasiado entusiasmo y ya no tenían que disimular el temblor de las manos. Con creciente preocupación, comprendí que John había decidido abandonar su escondite y bajar por la ladera para conseguir mejores imágenes. Estaba demasiado lejos para ver los uniformes de los soldados u oírlos hablar. Lo vieron en cuestión de segundos. Varios militares se le echaron encima, le taparon el objetivo con las manos e intentaron arrebatarle la cámara. Ante la superioridad numérica y las armas de los militares, John dio media vuelta y emprendió la retirada. Oí que daban una orden y vi que un policía militar salía a perseguirlo pendiente arriba.

No era mucho lo que yo podía hacer. O tal vez sí. Me dirigí al oficial al mando.

«El helicóptero —dije en español— ¿Van a dejarlo ahí toda la noche?»

De un vistazo recorrió rápidamente la máquina averiada que yacía derribada en el torrente.

«Alguien tendrá que quedarse a vigilarlo —le comenté—, porque si no, lo habrán saqueado cuando llegue la mañana.»

En silencio, miró a los campesinos que ya empezaban a congregarse en la ladera por encima de donde estábamos.

«Tenemos sitio en nuestra tienda, y mucha comida. Pueden acampar con nosotros. Va a llover. Y aquí por la noche hace un frío de muerte...», balbucí. Me callé.

Después de una larga pausa, el oficial asintió lentamente con la cabeza: «Muy bien».

Estuve a punto de echarle los brazos al cuello. ¡Nos aceptaba! O por lo menos nos toleraba.

Salí a toda prisa montaña arriba en busca de John, segura de encontrarlo unos metros más adelante por el sendero discutiendo con el policía brasileño. Para mi asombro, no había nadie a la vista. Imposible. Recorrí con la mirada el páramo desnudo. A lo lejos, a unos tres kilómetros de distancia, un puntito beige se movía resueltamente hacia el horizonte. Unos 100 metros más atrás, un puntito color verde oliva perseguía al primero con idéntica determinación. Parecía como si no pensaran parar hasta llegar a Perú.

Emprendí la atlética persecución, una surrealista carrera cuesta arriba a 4.000 metros de altitud. Matas de hierbajos atormentados con hojas espinosas que temblaban con el viento conferían a las colinas el aspecto de la carne de gallina. Hacía un frío de alta montaña, el tipo de frío que atraviesa la ropa como radiación y se filtra hasta la médula de los huesos. La niebla se acumulaba en los valles formando lagunas lechosas. Gradualmente el mundo se contrajo para abarcar a tres microscópicos seres en una inmensa extensión de quebradizos tonos oscuros y grises.

Treinta minutos después, los dos hombres seguían reducidos a dos puntitos movedizos. En un par de horas habría caído la noche. Nuestra tienda, nuestra ropa de abrigo y toda nuestra comida estaban donde Guido y las mulas. Empezó a llover.

Todavía tuve que correr una hora más antes de acercarme lo suficiente para que me oyeran. «¡Por el amor de Dios, PARAD!», grité. Ninguno de los dos se volvió.

Pero de pronto, inesperadamente, al rodear un montecillo me di de bruces con el policía militar. John estaba en la cima de la siguiente colina, montado en un potro patilargo, dispuesto a alejarse galopando hacia poniente.

«Dígale que vuelva», me dijo el policía militar, agarrándome de un brazo.

Le expliqué nuestro ofrecimiento de comida y una tienda. «Ahora somos amigos», añadí, embelleciendo un poco la historia.

«Haga que venga», me dijo el soldado sin soltarme el brazo y señalando a John.

«¡JOHN!» Si hubiese estado sólo un poco más lejos, no me habría oído. «¡TODO ARREGLADO! ¡YA PUEDES VOLVER!»

Se hizo una pausa mientras el viento traía el difuminado eco de su respuesta. «¿TE TIENEN DE REHÉN?»

«¡NO!» ¿Qué podía hacer para convencerlo? Abracé al soldado, que se apellidaba Braga. Estrechamos las manos. «¡SOMOS AMIGOS!», grité a John mientras enlazaba al soldado por un brazo.

«¡SI TE TIENEN DE REHÉN Y ESTÁS TRATANDO DE ENGAÑARME, TE ASEGURO QUE VAS A TENER PROBLEMAS!»

De pronto me pareció ver a mi madre, diciéndome lo feliz que se sentía de que por primera vez en mi vida viajara en compañía de un hombre capaz de protegerme.

«¡SI ME TIENEN DE REHÉN, TÚ ERES EL MENOR DE MIS PROBLEMAS! ¡BÁJATE DEL MALDITO CABALLO!»

No se movió. Traté de convencer a Braga de que John tenía que volver a su tienda y ponerse su ropa seca antes de que cayera la noche y la temperatura bajara otros once grados. Los dos sospechábamos que John prefería pasar la noche a la intemperie en la montaña antes que someterse al poderío militar brasileño. Pero tampoco parecía que Braga fuera a moverse.

«¿QUÉ DEMONIOS ESTÁN HACIENDO UNOS SOLDADOS BRASILEÑOS EN ECUADOR?»

Buena pregunta. Se me había olvidado hacerla.

«MOMEP», explicó Braga. Formaban parte de una fuerza de paz integrada por seis países con la misión de vigilar la conflictiva frontera entre Ecuador y Perú. Le transmití la información a John a voz en cuello. No se movió.

Estuvimos negociando durante media hora. John quería saber por qué le perseguía Braga, que a su vez quería saber por qué huía John. John pidió que Braga diera la vuelta y volviera solo por donde había venido. Braga insistió en que John se bajara del caballo y nos acompañara hasta donde estaba el helicóptero. Al final nos salvó una robusta mujer india que apareció entre las matas y se abalanzó sobre el potro que acababan de robarle. Le arrebató las riendas a John, regañándolo en quechua con voz aguda y gran vehemencia.

La ira de una matriarca rural pudo más que la insistencia de un militar brasileño. Acobardado, John se bajó del caballo y lo devolvió a su legítima dueña. Tras un momento de tenso silencio emprendimos el camino de regreso, uno detrás del otro.

Llegamos al lugar del accidente a tiempo para ver al último de los soldados montar en el segundo helicóptero y marcharse. Sólo se quedaron el capitán y Braga, nuestro policía militar. Había llegado el momento de contarle a John que les habíamos invitado a compartir nuestra tienda. No puede decirse que le gustara la idea.

Los dos soldados se dispusieron a organizar el campamento con precisión militar, dirigiéndome en el montaje de la tienda mientras ellos sacaban las provisiones y tapaban el material. Apareció una botella de aguardiente de maíz. La comida caliente nos unió en una isla de camaradería en medio del pálido mundo que se extendía a nuestro alrededor. La curiosa mezcla de español, portugués e inglés empezó a tener sentido. Brindamos por la amistad y por la paz eterna. Después de varias rondas, Braga nos invitó a su casa en Brasil para conocer a su familia, y John le invitó a él a Nueva York para participar en la maratón del año siguiente. Al final entré arrastrándome en nuestra tienda de tres plazas e intenté hacerme un sitio entre dos militares que llevaban bastante tiempo sin bañarse, nuestro mulero y John. Había soñado con un viaje a lo desconocido. Pero aquello era más de lo que pedí.

Los brasileños se levantaron al alba. Recogieron el campamento con risueña precipitación e hicieron una única y breve pausa para devorar un desayuno compuesto por raciones del ejército. Querían que nos marcháramos antes de que llegara el segundo helicóptero con refuerzos.

Guido azuzó las mulas hasta ponerlas al trote y no se detuvo hasta que abandonamos por completo la escena del accidente y nos perdimos de vista. Como todos los indios, desconfiaba del Gobierno y de los militares, y más todavía de los militares extranjeros.

Aquella noche acampamos a la sombra del paso más alto y a la mañana siguiente lo atravesamos trabajosamente. Hicimos una breve parada en una pequeña choza situada en un valle ancho y llano donde toda la hierba había sido consumida hasta las raíces. Era el prado de montaña al que las mujeres solían traer sus rebaños, a veces durante meses. Los hombres se quedaban más abajo, en el pueblo, labrando la tierra con la ayuda de los hijos mayores. La choza tenía puertas tan pequeñas que prácticamente tuve que ponerme a cuatro patas para entrar. Las paredes estaban negras como el carbón y pegajosas del hollín de innumerables hogueras. El único mobiliario en las dos habitaciones no más grandes que un armario era una especie de plataforma de adobe, que probablemente hacía las veces de cama. Del marco de la puerta pendían mechones de lana sin hilar, como telas de araña.

Conseguí distinguir el trazado del antiguo Camino del Inca, ligeramente sobreelevado y recto como una flecha en su recorrido a través del valle que se extendía más abajo. Quinientos años y nada había cambiado. Abandonamos la choza desierta para cruzar el páramo desnudo. Nos sentíamos a miles de kilómetros de coches, semáforos y teléfonos. Hasta el helicóptero accidentado se nos antojaba increíblemente distante e irreal, como una nave extraterrestre que hubiese caído del cielo. Menos real que la imagen de espectrales ejércitos incas marchando por un camino bien pavimentado.

Esa misma noche llegamos a una posada inca. Varios muros se habían desmoronado y la podredumbre había acabado hacía tiempo con el techo de paja, pero la obra de piedra que aún se mantenía en pie estaba ensamblada con tal perfección que era imposible insertar la hoja de un cuchillo entre los bloques unidos sin cemento. Por increíble que parezca, los incas que construyeron esa obra maestra no disponían de herramientas metálicas ni de animales de tiro.

Tampoco conocían la rueda, una revelación sorprendente dadas las dimensiones del imperio que tenían que administrar. En su lugar, desarrollaron un sistema de corredores llamados *chasquis*, hombres jóvenes apostados a intervalos regulares a lo largo del camino y siempre atentos al sonido distante de una caracola: la señal de que otro corredor estaba en camino. Cuando éste aparecía, los dos chasquis corrían juntos un trecho para transmitirse verbalmente el mensaje o entregar la bolsa que era preciso transportar, y finalmente el segundo continuaba corriendo a toda prisa hasta el siguiente relevo, que lo esperaba a varios kilómetros de distancia. Con este sistema, la información podía viajar a 400 kilómetros al día, o desde Quito, al norte, hasta Cuzco, en el centro del imperio, en menos de una semana. Toda una hazaña que el moderno servicio de correos aún no ha podido igualar.

Las posadas no se construían sólo para los chasquis. En ellas comían y se alojaban toda clase de funcionarios del imperio, oficiales del ejército y de vez en cuando el mismísimo Inca. Estaban siempre bien abastecidas de comida, mantas, hebillas de cinturón, ollas, cazuelas y todo lo que pudiera hacer falta para el camino. Las más grandes tenían corrales con espacio para 8.000 llamas. Eran obras casi tan grandiosas como el propio camino.

La nuestra era pequeña y acogedora. Montamos nuestra tienda a la sombra de sus muros manchados de líquenes. Mareada por la altitud y el agotamiento, me acurruqué en el interior de mi saco de dormir y estuve un buen rato temblando hasta entrar en calor. Fuera, la temperatura había caído en picado y cubría de carámbanos la hierba.

«¡Guido!», llamé.

«¡Sí!», sus respuestas seguían siendo tan secas como un saludo militar.

«Entra, que te vas a helar.»

«Estoy bien.»

Abrí la cremallera de la tienda y miré. Estaba de pie, inmóvil como un poste, con la espalda al viento y las manos caladas en los bolsillos. Sus hombros combados me trajeron a la mente la imagen de un caballo parado bajo la lluvia, resignado al frío y a la incomodidad, sin la menor sombra de queja.

«¡Entra, Guido! ¡Hace un frío espantoso!»

Sacudió la cabeza. Habíamos pasado tres días juntos. Me había contado lo que le había regalado a su hija por su cumpleaños y la discusión con su mujer la semana anterior. Pero todavía se abría entre nosotros una distancia indefinible, una barrera de raza y color que parecía cargada con el peso de los siglos. De todos los siglos transcurridos desde la época de los conquistadores.

A la mañana siguiente, Guido me enseñó un disco pequeño del tamaño de un *puck* de hockey. Después cortó un palo recto, lo desbastó y, para mi alegría, me regaló un huso de hilar. Desbaraté todas mis posesiones en busca de los mechones de lana blanca de oveja que había comprado en Achupallas. Nos sentamos en cuclillas al reparo de las ruinas. Guido separó un poco de lana y se puso a retorcerla sobre el huso. Yo me quedé mirando cautivada cómo giraba el disco y cómo el mechón algodonoso se iba transformando en hebras de lana perfectamente hiladas a medida que el disco giraba.

«¿Dónde has aprendido a hilar tan bien? –le pregunté–. Yo creía que era trabajo de mujeres.»

«¡Y yo qué sé! –replicó algo molesto, mientras sus dedos separaban con habilidad las fibras–. Debo de haberlo aprendido mirando a mi madre, cuando era pequeño.»

Me sorprendió su pericia. En una tierra donde impera la más estricta división de las actividades entre los sexos, desde el nacimiento hasta la muerte, nada es más sagrado para las mujeres que el arte de hilar. Es una costumbre que se remonta a la época incaica. Los incas organizaban a la población por grupos de edad, clase y sexo, en una pirámide administrativa casi perfecta basada en el sistema decimal. Cada grupo de diez contribuyentes era administrado por un veedor, que a su vez tenía que responder ante un jerarca responsable de diez veedores, y así sucesivamente hasta llegar al Inca supremo.

Aunque actualmente se emplea la palabra «inca» para referirse a todos los aspectos del imperio y de su población, originalmente el vocablo era un título que sólo se aplicaba a la nobleza, cuyos miembros se distinguían del resto de los mortales por los grandes discos de oro que se insertaban en los lóbulos de las orejas. En las primeras épocas del imperio, había dos tipos de «inca»: los descendientes directos del primer monarca, Manco Capac, y los que no tenían sangre real pero pertenecían a uno de los linajes cuyos orígenes podían rastrearse hasta la tribu original de Cuzco. Con la rápida expansión del imperio, llegó un momento en que no hubo suficientes nobles incas para ocupar los principales cargos, por lo que fue preciso crear una tercera categoría denominada «inca honorario», título que por lo general se concedía a los jefes de las tribus recién conquistadas, acelerando así su incorporación al imperio. El Inca supremo conservaba la pureza de su rango mediante el incesto real, costumbre iniciada cuando el primer Inca se casó con su hermana, Mama Ocla. El monarca tenía además numerosas concubinas para propagar su estirpe. Se dice que Atahualpa tuvo más de cinco mil descendientes. Muy pocos habían visto el rostro del Inca supremo, ya que habitualmente se lo tapaba con un velo. El hijo del Sol era demasiado poderoso para ser visto por ojos mortales. Todo lo que el Inca tocaba se tornaba sagrado, desde los restos de su comida hasta los recortes de sus uñas, que se recogían cuidadosamente y se destruían para impedir que alguien los utilizara en rituales de magia negra.

Pero los usos de la corte tenían muy poca importancia para el campesino corriente que labraba los campos. Su vida era un tránsito por una sucesión de edades, cada una de ellas con su nombre y su trabajo asignado. Hasta los tres meses, los bebés eran «dormilones». Después pasaban a ser «niños en mantillas». A los dos años dejaban de ser «gateadores» para convertirse en «niños asustadizos». A los doce eran «recolectores de coca» y a los dieciséis, «mensajeros». Entre los veinte y los cuarenta eran «guerreros»; después, «hombres maduros», y finalmente, «viejos adormilados».

Todavía pueden reconocerse las huellas del sistema incaico. Las mujeres cuidan los rebaños y se ocupan de los niños pequeños. Los hombres labran la tierra. Las mujeres cocinan y cosen. Los hombres recogen leña, fabrican utensilios de madera y construyen las casas. Y más que nada, las mujeres hilan y tejen. A las hilanderas expertas se les llama en quechua *santuyuq*, palabra que significa «poseída por la santa», en este caso santa Rosa, la patrona de las hilanderas. Las niñas aprenden a hilar casi antes de saber andar, y las jovencitas tejen intrincados motivos para demostrar sus habilidades y conseguir un buen marido. Las mujeres casi nunca se separan de sus husos, ni siquiera cuando cuidan los rebaños o van al mercado o atienden a los niños junto al fuego. En los Andes, para ser una mujer hay que saber hilar, e hilar muy bien.

Yo lo intenté. Por pura casualidad tenía algo de experiencia, aunque en mi casa había practicado con una rueca y sólo con finísima lana de merino, sin abrojos ni estiércol. Aquí el huso parecía cobrar vida propia y se empeñaba en saltarme en la mano para anudar el hilo, que me salía terriblemente desigual y demasiado apretado.

Trepé a uno de los muros de la posada en ruinas y me senté en la piedra más alta, tratando de sentir el centro del huso mientras giraba entre mis dedos y alisando con cuidado las ligerísimas fibras antes de que formaran el hilo. El desayuno yacía olvidado. Las mulas pastaban tranquilamente a escasa distancia. La luz de la mañana pintaba de oro los bordes de mis esponjosos mechones de lana.

«¡Karin!»

John estaba listo para partir. También Guido, pero él esperaba sin decir nada a que yo terminara, con su paciencia característica. Entonces lo recordé: aquel día, si todo iba bien, íbamos a cubrir los últimos nueve kilómetros, cuesta abajo por la ladera de la montaña, hasta las ruinas de Ingapirca.

El descolorido páramo a nuestro alrededor parecía tan desnudo como el lomo de una oveja recién trasquilada. Era un paisaje primordial, incultivable e intacto. A medida que descendíamos

era como si corriéramos a través del tiempo por un paisaje crono-
lógico. El siglo XVI. Casitas rurales rodeadas de árboles
majestuosos. El siglo XVII. Una iglesia, con su sencilla cruz blanca
firmemente erguida sobre el azul del cielo. El siglo XVIII. Mujeres
con túnicas tejidas a mano conduciendo rebaños de ovejas por
senderos campestres. El siglo XIX. Una escuela de adobe. El siglo
XX. De pronto nos encontramos con los techos de chapa ondulada
de un pueblo moderno, adherido a los flancos de una antigua
torre circular de muros de piedra: Ingapirca.

Pasamos la noche sobre jergones desvencijados y nos
levantamos una hora antes del alba para avanzar a tientas a través
de calles rotas. El amanecer nos encontró entre las ruinas,
esperando sin aliento a que el sol coronara las montañas cercanas.
Las nubes se animaron con un resplandor naranja, mientras la
cumbre más alta se disolvía en un blanco líquido. Un rayo
solitario se abrió paso como un láser hasta tocarme el pelo y la
cara y fluir por el resto de mi cuerpo. A mi alrededor la piedra
brillaba como el oro más puro. Parecía como si el dios del sol en
persona hubiese encendido un foco sobre el último de los tributos
que había recibido, antes de dignarse iluminar el pueblo de techos
metálicos que se extendía allá abajo.

Pasé los dedos por las superficies erosionadas. Cada juntura
estaba biselada hacia adentro y confería a los muros una textura
natural que resaltaba la increíble uniformidad de forma y tamaño
de los bloques de piedra. Mentalmente regresé a la diminuta
choza de barro que habíamos dejado atrás, en el paso montañoso.
¿Cómo era posible que un pueblo trabajosamente aferrado a la
vida sobre la delgada corteza de un mundo hostil hubiera
encontrado la fuerza para construir un lugar donde cada piedra
había sido cortada para encajar perfectamente con las demás? Si
yo no tuviese más que un hacha de piedra, una plomada y una
docena de bocas hambrientas que alimentar, ¿soñaría siquiera con
palacios y templos para honrar a los dioses? La respuesta estaba
al sur, en el corazón del imperio, sobre el Camino del Inca.

CAPÍTULO 7

EN LA GUARIDA DEL DRAGÓN

NOTAS DE CAMPO: Realizaron siete perforaciones para una explosión enorme y encendieron las mechas. «¿Cuánto tardará?», pregunté.

«Dos minutos, más o menos», respondieron.

«¿Más? ¿O menos?», pregunté.

NAMBIJA. QUIENES CONOCÍAN ESE NOMBRE hacían una profunda inspiración y sacudían la cabeza antes de decirme que es un lugar sin esperanza ni ley, más allá de la última frontera de la civilización. Los espíritus temerarios que van allí en busca de fortuna casi nunca regresan. Está al sur de la región de Oriente, la vertiente selvática y lluviosa de los Andes. Es un lugar peligroso, sucio e implacable, con una cualidad que redime todos sus defectos: el oro. Las pocas guías que mencionan Nambija aconsejan a los viajeros que no se acerquen.

Oro. Los incas lo llamaban «el sudor del sol». Sólo los nobles podían poseerlo. Comían y bebían en vajillas de oro y lo usaban para revestir el cráneo de sus enemigos derrotados. Discos de oro adornaban sus trajes, sus palanquines, sus templos y sus palacios. Muchas casas de Cuzco tenían la fachada de oro, lo cual insufló vida a la leyenda de El Dorado, la ciudad fabulosa construida enteramente de oro. Sin embargo, pese a su aparente amor por el metal precioso, los incas no lo idolatraban como los europeos. De hecho, para ellos no tenía ningún valor intrínseco, sino que lo adquiría al ser transformado por un artesano en un objeto estéticamente agradable. El imperio inca no tenía un sistema monetario. La economía cotidiana estaba organizada en torno a un valor mucho más prosaico: el trabajo manual. La moneda de cambio era el sudor. El oro pertenecía a los dioses.

Poco podían imaginar los incas que algún día aquel hermoso metal amarillo iba a causar la ruina de su imperio.

Yo había leído volúmenes enteros acerca de la búsqueda de oro en el siglo XVI. Conocía al dedillo el fatídico viaje de Pizarro a Perú. Era capaz de describir paso a paso su victoria sobre el Inca en el campo de batalla, así como el famoso rescate que puso en manos españolas toneladas de plata y oro. Había viajado especialmente a varios museos para ver las llamas de oro y las escasas reliquias que se salvaron de la fundición al llegar a España. Asimismo, también había oído las historias que circulan entre los actuales cazadores de tesoros acerca de una cadena de oro tan pesada que habían hecho falta doscientos hombres para cargarla y que aún permanece oculta en algún lugar en ruinas, en los remotos lagos y selvas de Perú. Pese a las detalladas descripciones del incalculable tesoro de los incas, la información sobre la minería incaica es asombrosamente escasa. Un día, un encuentro casual con un profesor de historia ecuatoriano me puso sobre la pista de una oscura referencia en un documento oficial del siglo XVII que mencionaba un antiguo pueblo minero de los incas: Nambija.

Me subí al autocar de Oriente con mis mechones de lana en la mano, dispuesta a pasar las ocho horas siguientes luchando con el huso de hilar. Mientras avanzaba hacia el fondo del vehículo, una oleada de rostros sonrientes me seguía y cada pasajero, hombre o mujer, se volvía con expresión de preguntarse qué demonios pensaba hacer yo con un huso andino. Tímidamente, me puse a separar la lana, avergonzada de reconocer ante extraños que no hilaba mejor que una niña de cuatro años. Una anciana se sentó a mi lado y me pidió por señas la lana. En sus manos deformadas, el huso pareció cobrar vida y las fibras comenzaron a alinearse como por arte de magia. Quedé cautivada por la visión electrizante de aquel disco giratorio que cantaba como un grillo poniendo a prueba sus alas.

Pensando que debía estar cansada de hacer el mismo trabajo de todos los días de su vida, le ofrecí seguir yo. «¡Déjalo!», me dijo en quechua, apartando mi mano. Al cabo de una hora se inclinó hacia el asiento de delante y pasó el huso, que aterrizó en el regazo de una señora con vestido de poliéster y peinado de peluquería. Tenía las manos finas y llevaba un cinturón con hebilla del mismo tono de lila que los zapatos brillantes. Era evidente que a la santa no le escandalizaban sus largas uñas pintadas, porque también a ella la había bendecido con el don que hacía cantar al huso.

Poco a poco, mis mechones de lana recorrieron todo el autocar, pasando por manos viejas y jóvenes, sencillas o sofisticadas, hasta volver a las mías transformados en dos ovillos perfectos. A ese ritmo iba a tener tiempo de tejerle un jersey a mi madre para Navidad sin tener que aprender a hilar.

Cuando nos apartamos de la carretera Panamericana, pedí permiso para seguir viaje en el techo del autocar. Las ruedas sin amortiguación martilleaban el camino de tierra, que se vengaba con indignadas nubes de polvo. Busqué refugio bajo la rígida lona azul que protegía la carga, abriendo una galería entre cajas, maletas, sacos, cubos y cajones de todas clases. Por curiosidad, pellizqué la bola que formaba un bulto dentro de un saco de plástico. Repollos. La garrafa que había justo al lado apestaba a gasolina. La losa amarilla atada con un cordel, que rezumaba un líquido pegajoso y malsano, debía de ser un queso. Seguí avanzando por mi túnel, curioseando y metiendo las narices por todas partes, hasta llegar a una bolsa que se retorció bajo mis manos. Por poco no atravieso la lona. Oí un chillido y sentí el pelaje suave y caliente a través del tejido de arpillera del saco. Eran cobayas, atadas para el mercado. Olían como los jerbos que tuve de niña y se movían dulcemente bajo mis dedos.

A medio camino, en la localidad de Namírez, nos descargaron junto con una docena de cestas de pan. Anfibios y relucientes, un grupo de niños se lanzaban desde un puente raquítico al agua grisácea del río. Vivían en un racimo de casas mantenidas en pie a fuerza de clavos herrumbrados y vallas de propaganda política. El pueblo se hundía indiferente bajo el peso del aire húmedo. Un gallo patrullaba la plaza mayor, dispuesto a oponer resistencia tanto a los automóviles como a los enemigos emplumados. Sin embargo, de los primeros sólo había un viejo minibús de flancos abiertos y asientos de madera sin acolchar. Todo hacía pensar que el gallo llevaba mucho tiempo establecido, con su territorio cuidadosamente marcado. Pollos y gallinas picoteaban el suelo polvoriento. Los niños se rascaban las costras de brazos y piernas. Las mujeres se abanicaban mientras amamantaban a sus bebés y los viejos dormitaban en sillas de mimbre medio podridas.

Me senté. Pedí un poco de agua. Me quedé dormida con la boca abierta, como los viejos. Varias moscas se pusieron a explorarme los dientes. Pedí otro vaso de agua para enjuagarme la boca. Volví a quedarme dormida. El autocar, nuestro pasaporte para salir de allí, seguía firmemente plantado en su sitio. Un niñito con tripa de sandía pasó a nuestro lado, haciendo girar hábilmente un neumático en círculos interminables con un palo. Todos nos incorporamos para mirar.

Por fin comencé a percibir tenues signos de actividad, como la primera brisa sobre una laguna en la calma más absoluta. Aparecieron algunos paquetes y una o dos personas se montaron al autocar. Corrimos a nuestros asientos. Varias horas más tarde estábamos en camino.

El chófer tuvo que conducir cuidadosamente a través de una filigrana de bejucos trenzados que se agarraban a las ruedas y se abrazaban al parabrisas. La selva se apiñaba a nuestro alrededor como una ancestral muchedumbre hostil, reliquia de una época remota en que la vegetación consumía la Tierra. Las mariposas iban a la deriva en el aire sofocante. La carretera subió más y más alto, en grandes bucles de anaconda, hasta dejarnos libre la vista para contemplar una extensión interminable de espumosa selva verde, vibrante de calor. Después volvió a bajar, hasta donde las hojas crecían grandes y pesadas y olían a tierra rica, oscura y en descomposición, fuente de vida.

El autocar siguió luchando por una senda de un solo carril que avanzaba haciendo eses sobre el curso de un riachuelo. La corriente de agua parda y espesa también avanzaba sinuosa por la selva, tragándose a lo largo de su curso una docena de largas tuberías de plástico instaladas sobre improvisados trípodes de madera y separadas por compuertas. Oro. Nos estábamos acercando.

Abruptamente, cuando estuvimos más o menos a un kilómetro y medio de Nambija, nos hicieron bajar a todos y el autocar dio media vuelta para volver lo antes posible a la relativa seguridad de la carretera principal. Cuando conseguimos echarnos al hombro todo nuestro equipo, los otros pasajeros se habían perdido de vista por un sendero fangoso. Caía la noche. Unas tenues luces titilantes eran nuestro único faro en el mar verde, agitado y amenazador de la selva.

Lo oímos mucho antes de verlo: un tamborileo distante, grave y maligno, tan regular como el latido de un corazón monstruoso. Sin darnos cuenta, acomodamos nuestros pasos al ritmo de aquel repiqueteo que sacudía la tierra. *Bum, bum, bum, bum.* Era como el ruido de un ejército acercándose, como el estruendo de un millón de pasos. Cuando llegamos al borde del pueblo, lo vimos: el enorme molino triturador que giraba y giraba, convirtiendo en polvo los trozos de roca. El ruido se reconcentraba y, como una ola al acercarse a la orilla, se volvía más profundo y definido. Por un momento estuvimos en el centro del trueno y poco a poco lo fuimos dejando atrás, hasta sentir que se desvanecía a nuestras espaldas. Pero no tardó en envolvernos una segunda oleada de maquinaria, y una tercera.

El pueblo en sí mismo se aferraba tenazmente a la ladera, pero cada casucha raquítica parecía querer alejarse de la montaña sobre sus flacas patitas. Tuvimos que subir interminables peldaños, dejando atrás jugadores que se repartían las cartas junto a gruesos fajos de billetes sin valor. El olor a fritanga impregnaba las posadas de luz mortecina. En las tabernas, los clientes bebían aguardiente con la espalda apoyada en muros cubiertos de moho. Pregunté por una pensión. La partida de cartas se detuvo sólo para que alguien señalara el camino con la barbilla. Asombrosamente, la llegada de dos forasteros blancos no suscitaba ningún interés. O puede que en Nambija no les gustara enseñar las cartas.

El «hotel» —en realidad, la flecha señalaba un descampado donde sólo se distinguían unas letrinas sucias— estaba cerrado, pero el dueño del bar de la acera de enfrente nos ofreció una habitación de minero en el piso de arriba de su establecimiento. Era poco más grande que un armario, con un banco estrecho de madera que hacía las veces de cama y una estantería polvorienta, en lo alto de la cual dormitaban un par de zapatos rotos. Los lavabos, según pude averiguar, eran las letrinas que había visto en el no-hotel del descampado. ¿La ducha? Si me empeñaba, podía usar la manguera del patio cuando no hubiese nadie mirando.

Esperé hasta mucho después de la hora en que las personas normales suelen estar cómodamente metidas entre sus sábanas y salí silenciosamente al patio. Allá abajo, en la ladera de la montaña, se distinguían luces temblorosas en los puntos donde había gente trabajando, alimentando las máquinas y tamizando el mineral, siempre al ritmo de aquel latido insistente e interminable. Nambija no debía de dormir nunca. Cautelosamente, empecé a desnudarme. Un joven minero salió de la nada, bebió agua de la manguera y procedió a lavarse los dientes con el extremo aplastado de una ramita. Las probabilidades de encontrar una mujer blanca medio desnuda en medio de su patio eran para él tan remotas como las de que yo me encontrara un gremlin leyendo el periódico en el porche de mi casa. Me saludó con una breve inclinación de cabeza. Se enjuagó la boca y se fue a dormir. Aquél iba a ser un lugar interesante.

A LA MAÑANA SIGUIENTE, Sebastián estaba esperando delante de nuestra puerta. Tenía 12 años, expresión astuta y nada risueña, y ya trabajaba de cargador, alimentando las voraces máquinas. En jornadas de catorce horas, se metía en los túneles de topo excavados en la ladera de la montaña y arrancaba trozos de roca a golpe de martillo hasta reunir unos 50 kilos de mineral. Después salía, doblado bajo el peso del saco. Las paredes del túnel eran tan estrechas que a veces tenía que avanzar de lado para llevar la carga hasta la superficie, sujetando la linterna entre los dientes. Al final salía a la luz del día, pero para entonces sólo había completado la mitad del recorrido. Todavía tenía que bajar las escaleras desiguales, fangosas y resbaladizas incluso en la estación seca: 423 escalones (¿cuántas veces los habrá contado?) para llegar a la trituradora. Por cada saco ganaba 60 centavos de dólar. Bajaba doce sacos al día.

Sebastián nos propuso llevarnos a la mina por el precio de tres sacos de mineral. En el último momento, su hermana Cecilia, de 16 años, decidió acompañarnos. Esperamos a que se arreglara, mientras Sebastián se reía por lo bajo. Al parecer, en la mina trabajaba un chico... Cecilia volvió maquillada, con su mejor blusa y un par de pesados pendientes.

Las escaleras estaban asquerosamente sucias, con los desechos de todas las chozas dispersas más arriba. Conté 250 peldaños antes de rendirme, agradecida por llevar solamente el peso de una cámara al cuello. Atravesamos el río que pasaba por el pueblo, lleno de basura y viscoso por el continuo vertido de las trituradoras. Mangueras de plástico enredadas ocupaban la ladera como lombrices gigantes, escupiendo agua mugrienta que iba a parar tanto a las compuertas como a las cafeteras de los mineros. Entre las casuchas de chapa ondulada jugaban los niños, cuyos pies descalzos parecían evitar por sí solos las astillas de las tablas y los peldaños podridos. Todo era del color de la roca triturada: la colada tendida sobre cuerdas anudadas, las casas salpicadas de fango, la gente y los cerdos indolentes que hozaban entre detritos fluviales. No había en el gris interminable un solo punto de colores vivos donde descansar la vista.

La escalera de cemento es la vía principal de Nambija, la única estructura sólida en la resbaladiza ladera. Las casas se aferran a los peldaños para no caer. Todo el pueblo parece a punto de desmoronarse, como un precario castillo de naipes.

Coronamos el último escalón, vadeamos un mar de basura y nos vimos ante un agujero negro abierto en el costado de la montaña. Hombres cubiertos de barro y calzados con botas de goma entraban y salían como una hilera de hormigas, doblados los unos bajo el peso del mineral y dispuestos los otros a sumergirse en la negrura, después de llenarse los pulmones con la última bocanada de aire fresco. Sebastián se puso a la cola. Su cara había perdido de pronto todo rastro de vida.

Por el túnel no puede circular más de una persona a la vez y los cargadores que salen con el mineral a cuestas tienen prioridad de paso. Cuando oíamos que se acercaba uno, nos apretujábamos en el nicho más cercano para dejarlo pasar, con los músculos en tensión y los ojos fijos en el siguiente recodo, donde la mente se empeñaba en imaginar la luz del día. Según mi reloj, el descenso duró media hora, pero la absoluta oscuridad estiró el tiempo e hizo que los minutos transcurrieran trabajosamente, como insectos atrapados en resina pegajosa.

Justo cuando empecé a sospechar que toda la vida se reducía a la pequeña isla de luz de la linterna que llevaba en la frente, el estrecho túnel se abrió y desembocamos en una inmensa gruta del tamaño de una catedral. Apagué la linterna. La oscuridad cayó sobre mí como una capa de alquitrán. A nuestro alrededor brillaban cientos de tenues estrellas. Cada una era una vela a cuyo lado un minero trabajaba la parte de pared que le correspondía. Por primera vez me di cuenta de que el continuo tamborileo de las máquinas se había desvanecido. Estábamos a demasiada profundidad en las entrañas de la Tierra para oírlo, pero había sido sustituido por el *tac-tac-tac* de multitud de martillos golpeando la roca. Aquél era un espectral infierno al revés, con las estrellas titilando a nuestros pies y una extensión de roca sofocante sobre nuestras cabezas.

Uno de los mineros dormía en el suelo, sobre una colchoneta andrajosa tendida a la entrada de un nicho. Se despertó cuando la inesperada luz de la cámara de John le dio en plena cara. En lugar de tirarnos piedras, como yo misma habría hecho si me hubiesen arrancado del sueño con aquellos focos enceguecedores, se sentó y nos preguntó si podía ayudarnos en algo. Nambija no estaba haciendo honor a su mala reputación.

Nos dijo que dormía allí para proteger su parte de la mina y señaló un trozo de pared indistinguible de cualquier otro trozo. Hacía turnos con su socio para vigilar las 24 horas del día y salía sólo para comer, lavarse y cargar el mineral hasta las máquinas.

«¿Cree que encontrará una veta algún día?», le pregunté.

Se encogió de hombros. «Todos queremos vivir mejor», confesó, admitiendo que siempre existía la posibilidad de que el siguiente martillazo dejara al descubierto una veta de oro puro. Al parecer, todo el mundo había oído hablar de alguien que había pasado de los harapos a los millones en un solo día. Nadie recordaba nombres ni datos precisos, pero la posibilidad siempre estaba ahí. Mi interlocutor asumió una postura más erguida, como tonificados sus músculos por la sola idea de encontrar oro.

Pensé que debía de ser un recién llegado y me pregunté por cuánto tiempo conservaría el entusiasmo, enterrado en vida en aquel infierno.

«Llegué hace ocho años», me explicó.

Ocho años. Doce sacos al día, 423 escalones. Durmiendo en un agujero asfixiante, con los ojos desacostumbrados a la luz del sol. Y aun así hablaba como si mañana mismo fuese el día en que iba a tropezar con la deseada veta de oro.

«¿Y cuando la encuentre?»

«Me iré de aquí», dijo sin una sombra de duda. Pensaba llevarse a su mujer y a sus tres hijos, que habían nacido entre el fango y los desechos y no conocían más hogar que las raquíticas casuchas de Nambija, y tenía pensado construir muy lejos una casa como debe ser. Mientras hablaba, vi emerger claramente su sueño, tan seguro, claro y resplandeciente como el sol de cada mañana.

Abel sacudió la cabeza para apartar la ensoñación y se ofreció a enseñarnos la mina. Me explicó que estaba construida en tres niveles, uno encima del otro. Nadie podía decir cuándo atravesaría algún minero la separación entre niveles, provocando un derrumbe de miles de toneladas de roca que sepultaría a los que trabajaban debajo.

Oímos una explosión distante, y luego otra. «Dinamita», dijo Abel sin aparente preocupación. Señaló las mangueras que recorrían como serpientes los estrechos túneles y se hundían en los pozos cavados en la roca. Yo había supuesto que formaban parte del sistema de ventilación para que todos los que estábamos allí abajo pudiéramos respirar mejor, y de hecho conducían aire comprimido, pero no para nosotros, sino para los martillos perforadores que abrían los hoyos donde los mineros colocaban cargas de dinamita de fabricación casera. Cada pocos minutos el eco de alguna explosión se propagaba por el cavernoso recinto. Sobre nuestras cabezas temblaban las piedras como dientes sueltos y no era raro que alguna se desprendiera. Nadie llevaba casco. Ningún techo estaba apuntalado. Me pregunté cuántos hombres habrían perdido la vida martilleando a través de toneladas de roca en busca de aquel sueño esquivo.

Abel se quedó pensando un momento. «El mes pasado murió un minero por un desmoronamiento –miró a su alrededor–. Aquí viven más de mil almas.»

Pasamos de un recinto a otro a través de túneles inundados de un agua fangosa que nos llegaba hasta las rodillas. De vez en cuando mi linterna iluminaba un grupo de mineros con pesados sacos cargados a la espalda y dejaba tras de sí una oscuridad todavía más sofocante, por contraste con el breve momento de luz.

Por fin Abel nos condujo hasta una sala donde tres hombres estaban abriendo hoyos con un martillo perforador. A nuestro alrededor giraba el polvo como un derviche del desierto, tan espeso que apenas podíamos distinguir la hilera de velas encendidas junto a una de las paredes. Los hombres parecían trasgos de caras enharinadas. La conversación era imposible. Nos sentamos y miramos cómo perforaban tres, cuatro, cinco agujeros. A mitad del sexto, el martillo se paró inesperadamente.

«No hay aire», dijo el operador secándose la cara con el antebrazo. Un bigote asomó entre el polvo. El compresor podía volver a funcionar en un par de minutos o tal vez no lo hiciera nunca más. Lo más probable es que los que lo manejaban se hubiesen ido a comer.

«¿Quién construyó las escaleras y las galerías?», pregunté al jefe, mientras esperábamos a que las mangueras volvieran a hincharse. El hombre había alquilado el martillo por horas y no estaba dispuesto a perder el tiempo comiendo. «La Compañía», me dijo. Aparentemente, no tenía otro nombre ni lo necesitaba. Era canadiense. Había comprado los derechos de la montaña y después de abrir los túneles y construir la infraestructura básica del pueblo se había quedado sin dinero. Cuando la Compañía se retiró, la mina se convirtió en una especie de tierra de nadie donde cada uno trabajaba para sí mismo. Los que tenían dinero instalaron los molinos trituradores para separar el oro del mineral extraído por los demás. Todos los del pueblo estaban convencidos de que la Compañía iba a regresar algún día para tratar de expulsar a los mineros del lugar que para entonces, a su entender, les pertenecía legítimamente. De vez en cuando salía el tema de fundar una cooperativa para luchar contra esa espada de Damocles, pero todos estaban demasiado ocupados buscando oro y carecían del tiempo necesario para organizarse.

Por fin las mangueras se hincharon y fue posible perforar dos hoyos más, el sexto y el séptimo. En cada uno de ellos los mineros introdujeron un cartucho de dinamita y lo taparon con unas almohadillas de papel de periódico rellenas de arena. El jefe se preparó para encender la primera mecha.

«¿Cuánto tardará?», le pregunté.

«Dos minutos, más o menos», me respondió.

«¿Más? –insistí–. ¿O menos?»

Se volvió y gritó: «¡Fuego!». El grito fue recogido y repetido por un eco que resonó en gargantas humanas a través de toda la mina. Corrimos a refugiarnos en la relativa seguridad de un sólido arco a la vuelta de una esquina. Todo el recinto se vació en un segundo. Cada minero se había metido en su grieta u oquedad particular, a la espera de las explosiones.

«¿Cuántos?», preguntó una voz.

«¡Siete!»

Aquél fue el primer momento de silencio desde que habíamos bajado del autocar, pero lo que vino después contrarrestó el breve instante de calma de manera más que generosa. La explosión sacudió las paredes donde nos apoyábamos. Fue como estar en el centro de un trueno. Hubo otras cuatro detonaciones, una larga pausa, y otra más.

«¿Ya?», gritó alguien.

«¡Falta una!»

Volvimos a refugiarnos bajo el arco justo a tiempo para la explosión final. Tenía los oídos inundados de ruido. Me sentía como si llevara puesta una gorra rusa de piel con gruesas orejeras de lana. Me incliné sobre el borde del pozo para ver lo que había hecho la dinamita, pero alguien me agarró de un brazo y me arrastró hacia atrás.

«Espere. El humo es venenoso», me dijo Abel. Más de un minero había pagado cara su ansiedad, al acudir demasiado pronto al lugar de la explosión para proclamar sus derechos sobre la veta que tal vez hubiese quedado al descubierto. Finalmente, dos hombres bajaron a quemar los gases restantes con teas de papel de periódico. Sólo entonces se formó un enjambre de media docena de mineros que se abalanzaron sobre los escombros y comenzaron a analizar los residuos con intensa concentración, volviendo las piedras una y otra vez a la luz de sus linternas. Yo también estuve mirando, pero aquellos diminutos puntos de purpurina no eran ni la mitad de emocionantes que la veta de oro puro que yo esperaba ver. Mi interés se desvaneció. Obviamente, Nambija no era un sitio para mí.

Al final Abel volvió a su colchoneta para dormir unas pocas horas más antes de que llegara su turno de luchar piedra a piedra. No quiso aceptar dinero a cambio del tiempo que nos había dedicado. Un paseo guiado por la mina era algo tan sencillo que no contaba como trabajo.

El trayecto hasta la superficie fue interminable. Detrás de cada recodo tenía la esperanza de ver una luz distante que nunca acababa de aparecer. Cuando por fin salimos, tuve que taparme los ojos para tolerar la luz. Miré el reloj. Habían pasado tres horas.

Ocho años.

Inimaginable.

Justo debajo de la entrada de la mina había un cable tendido a través del valle hasta un molino triturador instalado en la ladera opuesta. Dos vagonetas metálicas abiertas iban y venían con su carga de mineral. «¿Puedo montar?», pregunté a gritos al guardafrenos. Cuando llegó la siguiente vagoneta, el cargador la retuvo cortésmente mientras yo me montaba a ella. «Estás majara», dijo John.

El hombre liberó el freno y en un momento me vi volando a través del valle, mientras el chirrido del cable adquiría proporciones de grito primigenio. Miré hacia adelante justo a tiempo para quitar la mano de la trayectoria de la segunda vagoneta, que pasó como una exhalación junto a la mía. A varios cientos de metros de altura no se veía la basura que sofocaba el río ni se distinguían los cimientos tambaleantes de las chozas de los mineros. Nambija parecía incluso bastante pintoresca, acomodada en su lecho de verdor selvático.

«A mí no me montan ahí ni atado –fue el saludo que me reservaba el desdentado cargador al final del recorrido–. El mes pasado se rompió el cable. Un tipo iba en una de las vagonetas.»

Levanté la vista hacia la estación del otro lado del valle. John ya se estaba montando. «¿Podemos parar las vagonetas desde aquí?», pregunté.

El hombre sacudió la cabeza, señalando con el cigarrillo al guardafrenos a través del valle. Le faltaban tres dedos de la mano. No pregunté por qué.

«¿Con qué frecuencia se rompe el cable?», inquirí, mirando cómo salía la vagoneta de John. Las correas vibraron y empezaron a chirriar.

«Unas pocas veces al año.»

La vagoneta de John perdió velocidad, después aceleró y por fin se paró en seco al chocar contra el neumático preparado para recibirla. Mi compañero gruñó y descendió del vehículo sin pronunciar palabra.

Cuando regresamos a nuestra diminuta habitación de minero, reuní jabón y una muda de ropa limpia. Como no quería desnudarme a plena luz del día, llené un cubo de agua y lo arrastré hasta el cuartucho de las letrinas. De puntillas entre la inmundicia, busqué a mi alrededor con creciente frustración un gancho de donde colgar la toalla, cuando de pronto lo comprendí todo. Ganchos, cascos, ventilación... aquí nada de eso importaba. El pueblo existía a causa del oro, vivía para servir una única adicción que lo consumía todo. Nambija es como un ser vivo: las máquinas son su corazón y la mina, su alma. Todos llegan con la misma intención: robar una parte del tesoro de Nambija y escapar, como los héroes legendarios que penetraban en la guarida del dragón en busca de un resplandeciente botín de oro. O los españoles que atravesaron océanos e hicieron frente a imperios hostiles por amor al precioso metal amarillo. Tareas como poner un clavo en la pared para colgar toallas o arreglar las tablas sueltas del suelo para que el balcón sea un poco más seguro deben de parecer un derroche de tiempo cuando cada minuto del día encierra la promesa de descubrir la fabulosa veta del dragón.

Pero aun así la vida sigue. Las mujeres friegan la ropa en el suelo del patio de cemento. Las tiendas instaladas a lo largo de la escalera venden pilas y bombillas. Los niños crecen jugando entre antiguos esqueletos de máquinas abandonadas. Y en las entrañas de la tierra los jóvenes se cortejan y con el tiempo nacen bebés. Cuando salía del patio me llegó una bocanada de un aroma totalmente incongruente con la peste habitual de estiércol de cerdo y basura quemada: era olor a pan recién sacado del horno, que me atrajo como a un perro famélico.

La dueña del bar se echó a reír cuando vio el hambre y la esperanza pintadas en mi cara, y me señaló una silla. «Dentro de diez minutos», me dijo, mirando por encima del hombro una cocina ennegrecida. Me senté. Un borracho se acercó a la barra, trastabillando y agitando una botella medio vacía, pero la patrona lo ahuyentó como a una mosca molesta. Entonces el hombre vino hacia mí, se quitó el sombrero y me ofreció un trago. Finalmente se marchó tambaleándose y se puso a vomitar sobre uno de sus colegas que yacía inconsciente en un charco de sangre seca.

La propietaria del bar se presentó como María Celeste, nombre que me sonó demasiado femenino para sus manos encallecidas. Tenía nueve hijos y había construido su pequeño comercio con restos de madera después de que su marido se fuera con otra mujer. Los mayores de sus chicos estudiaban en un internado de Zamora, la única ciudad de cierta importancia de los alrededores. Los medianos iban a la escuela del pueblo, uno de ellos estaba haciendo los deberes en un cuaderno medio desarmado entre los borrachos dormidos, y los más pequeños se quedaban con ella en el bar. Se las arreglaba para salir adelante vendiendo carne de cerdo guisada y ofreciéndose para limpiar la sangre y la orina de su clientela más alcoholizada. Se la veía erguida y orgullosa, con una mano sobre el hombro de la niña de tres años. Sí, sabía dónde vivía su marido, y no, no quería que volviera.

Finalmente, cuando conseguí llenarme la tripa de pan recién hecho y tender la ropa lavada en el balcón de mi habitación, salí escaleras abajo en busca de uno de esos molinos que trituraban la roca y exhalaban fuego. Después de ver dónde se cosechaba el mineral, quería ver cómo se lo comían y digerían las máquinas y lo que salía del otro lado.

Una anciana de voluminosas faldas me señaló el cobertizo de chapa acanalada, sin necesidad de que yo le hiciera ninguna pregunta. Cinco minutos después ya estaba yo en pleno trabajo, removiendo cubos de piedra pulverizada.

El mineral procedente de la mina se vuelca en recipientes semejantes a gigantescas mezcladoras de cemento con pesados rodillos de metal, junto con agua y un poco de mercurio para separar el oro. Varias estruendosas horas más tarde, las rocas se han convertido en una pasta acuosa que se vierte en cubos como el que yo tenía entre las manos y que me empeñaba en remover bajo la atenta mirada de la vieja. La porción más ligera de la pasta sube en suspensión y se extrae del cubo, donde quedan solamente la grava de grano más grueso y el oro. Cuando no quedaba más que un puñado de grava en el fondo, lo pasamos a una especie de sartén. A partir de entonces la anciana se hizo cargo del trabajo, que consistía en remover con cuidado el agua, dando vueltas y más vueltas, y desechar grano a grano la grava. Por mucha atención que puse, no conseguí distinguir ni una sola mota de oro entre las piedrecitas. Con un par de centímetros de agua en la sartén, la mujer pasó lentamente tres dedos a través de la grava. Varias temblorosas serpientes de mercurio salieron de la nada y se perdieron culebreando en el fondo de la sartén. Repitió la operación y apareció una segunda burbuja, un poco más pequeña, que se unió a la primera. Con exquisito cuidado, la anciana empujó hacia un lado el mercurio flotante y lo recogió con un trapo. Después escurrió el trapo y levantó la bolita plateada para examinarla a la luz, antes de dejarla caer en la parte frontal de su sujetador.

«¿Y ahora?», pregunté.

Para ganarme la respuesta, tuve que trabajar una hora más. Las bolitas de mercurio y oro se dejaban secar durante todo un día y después se llevaban al horno en miniatura del tejado. Cada grumo se calentaba con un soplete de acetileno para vaporizar el mercurio. Cuando las bolitas se enfriaban, ya no eran plateadas, sino de un dorado luminoso. ¿Por qué se tomaban el trabajo de subir al tejado para quemarlas?

«Es muy venenoso –dijo el marido de la anciana señalando el mercurio–. Mareos, dolor de cabeza... –añadió, pasándose la mano por los ojos, y finalmente indicó la chimenea de un metro de longitud que salía del horno–. Hace falta ventilación.» Me pregunté cuánta gente habría tenido que morir en un lugar donde los cascos se consideraban una molestia innecesaria, para que se decidieran a soldar esa chimenea.

Pero los vapores no se desvanecen en la nada. Hay docenas de hornos en Nambija y todos regurgitan humos tóxicos. Las consecuencias son más graves que una simple jaqueca: temblores, insensibilidad, pérdida de la agudeza visual y, en los casos graves, demencia, insuficiencia renal y muerte. Los niños son particularmente vulnerables. Los vertidos cargados de mercurio de los molinos trituradores pasan directamente al río, que abastece de agua para beber a todo el pueblo.

A última hora de la tarde me senté en mi balcón medio podrido a contemplar el crepúsculo y los tejados de chapa acanalada iluminados por la dorada luz del sol. Nambija es un pueblo bonito y peligroso. Pero no a causa de los rufianes sin ley contra los que advierten las guías de viaje (a mí hasta los borrachos me habían tratado con respeto), sino por culpa de los túneles sin apuntalar, la dinamita de fabricación casera y el caos imperante en la mina, pendiente del inevitable desmoronamiento que tarde o temprano enviará otras mil almas a reunirse con los espectros que ya recorren aquel lugar infernal. Y fuera de la mina, tablones astillados, agua infestada de parásitos, aire cargado de mercurio... Ni siquiera en la cama se está a salvo en Nambija. Hace unos pocos años, tras una temporada particularmente lluviosa, todo un lado de la montaña se desmoronó, sepultando a ochocientas personas dormidas bajo una sofocante manta de barro. Casi la mitad de los habitantes del pueblo murieron aquella noche. Cuando alguien me lo contaba, se le borraba toda expresión del rostro, como había visto que les pasaba a los trabajadores que esperaban turno para entrar a la mina. Al final mi interlocutor se encogía de hombros: «Levantamos casas nuevas sobre el barro. Todavía asoma algún cadáver de vez en cuando, y entonces lo sacamos y lo enterramos». Me señalaron el lugar de la catástrofe, pero no fui capaz de distinguir ni una sola señal del desastre entre las casuchas. Las desgracias se abaten sobre el pueblo. La vida sigue. El oro permanece.

Después de tres días de comida liofilizada, incluso John estaba dispuesto a desafiar el olor a fritanga de cerdo para buscar algo vegetal que no hubiese salido de un envase de plástico. Bajamos trotando las escaleras con ánimo de investigar.

En el primer bar sólo vendían carne y arroz. En el segundo nadie había oído hablar jamás de cocina vegetariana. En el tercero dimos con algo interesante: un guiso de lentejas y verduras, en una salsa oscura y espesa de aspecto tentador. John quería asegurarse del contenido. ¿No lo habrían hecho con caldo de gallina o de ternera? «Nada de eso», nos dijo la mujer, pero al servirnos, usó el mismo cucharón que había estado en la olla del pollo hervido. «Contaminado», declaró John con disgusto, y se marchó del bar.

El siguiente y último café estaba regentado por una matrona de aspecto temible, envuelta en varias capas de delantales mugrientos, que blandía en la mano una pesada cuchara de metal. Me senté, dispuesta a comer lo que me echara. Pero John no se conformaba tan fácilmente.

La mujer vino resoplando para tomarnos el pedido. John pasó a la carga. ¿Tenía algo vegetariano? Nada que tuviera carne, ni siquiera caldo de carne. Ni tampoco pollo, cerdo o buey. Ni queso, ni huevos.

«¿Pescado?», ladró la patrona.

«El pescado –dijo John, enunciando lentamente cada palabra– no es vegetal.»

Pues sí, dijo ella, tenía sopa de yuca. Suspiré aliviada. Para entonces yo estaba muerta de hambre y todavía lamentaba el exquisito guiso de lentejas que nos habíamos perdido. Pero John aún no estaba satisfecho. Pidió una lista de los ingredientes de la sopa y acompañó a la mujer a la cocina para comprobar la veracidad de sus afirmaciones. Por fin regresó. Harta de nosotros, la mujer nos tiró los platos sobre la mesa mugrienta, resopló dos veces y se marchó arrastrando los pies.

Para mí plátanos fritos, arroz blanco y una ración de carne de buey guisada, dura como suela de zapato. John ya se había tomado las dos terceras partes de la sopa cuando sacó con la cuchara algo sospechosamente parecido a un trozo de pescado. Yo me hundí en el asiento. Él llamó a la patrona.

«¿Qué es esto?», preguntó, señalando con la cuchara el dudoso ingrediente.

La mujer le echó un vistazo: «Yuca».

De la yuca asomaban varias espinas. John exigió una confesión. La mujer se mantuvo en sus trece. Yo callaba cobardemente. Al final, la mujer cogió el plato y se fue a la cocina como alma que lleva el diablo. Con gran tristeza, renuncié a mis planes de repetir, temerosa de lo que podía ganarme por asociación.

Pero le dejé una sustanciosa propina.

Cuando volvimos a subir las escaleras, estaba oscuro como boca de lobo. Me espantaba la idea de pasar otra noche en aquella sofocante habitación de minero, limpiando cámaras y organizando notas. Nos cruzamos con tres hombres jóvenes que a pesar de la hora parecían sobrios. «¿Qué hay para hacer por aquí un viernes por la noche?», pregunté. Miraron a John, después a mí y otra vez a John. Comprendí exactamente lo que estaban pensando. En Nambija había un déficit sangrante de mujeres. La paga de una dura semana de trabajo, una botella de aguardiente...

Les seguimos hasta una nave cuyas delgadas paredes de madera contrachapada vibraban al son de una música trepidante. Entré con prudencia. Yo había trabajado con prostitutas durante mi breve período como voluntaria en los Cuerpos de Paz y me preocupaban más las consecuencias de invadir su territorio que el hecho de ser la única mujer blanca en un club nocturno perdido en la selva ecuatoriana.

Varias docenas de pares de ojos se clavaron en nosotros como otras tantas miras de francotirador, mientras nos abríamos paso hasta un rincón apartado. Inclinados sobre las mesas había mineros de manos encallecidas que aferraban botellas de licor y llevaban en la cara la memoria de peleas con navaja y accidentes en la mina. Las mujeres con excesivo maquillaje y poca ropa que se sentaban a su lado tenían todo el aspecto de estar tan endurecidas como ellos. Sobre dos de las paredes se alineaban compartimientos del tamaño de los cubículos que ocupa cada caballo en una cuadra, cada uno con su número y con una lámpara encima. De vez en cuando, una de las mujeres se levantaba y desaparecía en uno de los cubículos seguida de un hombre de rostro grave. La puerta se cerraba, se apagaba la luz y en menos de cinco minutos los dos estaban de vuelta, sentados entre los demás. «¿Cuánto cuesta?», pregunté a uno de los tres jóvenes que nos habían traído. «Veinte mil sucres», me respondió sonriendo con cierta incomodidad. Cuatro dólares.

Dos prostitutas se sentaron con nosotros y John fue a buscarles una copa. Vivían en Zamora, a unas seis horas de distancia. En días hábiles trabajaban por la noche en las calles del centro y los fines de semana salían a los pueblos más alejados. Fuera de la ciudad la tarifa era más baja, pero la abundancia de trabajo era más que suficiente para compensar la diferencia. Una de las mujeres era esbelta y elegante, con piernas largas y bonitas y manos finas, pero su compañera, más chaparra, desaparecía con mayor frecuencia en los cubículos numerados. La prostituta con menos éxito se señaló la piel del brazo con un dedo. «Yo soy morena», dijo. Morena en un país que desdeña los rasgos indígenas y prefiere un aspecto más europeo. Se encogió de hombros. La noche era joven. Cuanto más bebían los hombres, menos selectivos se volvían.

El hombre sentado a mi lado había ido sacando sus propias conclusiones de mis preguntas. Se fue acercando a mí y su mano empezaba a deslizarse por mi pierna. Me puse de pie. John me imitó, no sin cierta reticencia. Los tres jóvenes eligieron a sus mujeres y se dirigieron a los cubículos numerados.

Al cuarto día de estancia en Nambija, el ruido de las máquinas se había convertido en parte de mi vida, hasta tal punto que tenía que hacer un esfuerzo para escucharlo, pues de lo contrario ni siquiera lo percibía. Me pregunté si los corazones de la gente llegarían a latir en sincronía con el ritmo de aquel tambor, especie de marcapasos para todo un pueblo.

Pasé la mañana preguntando aquí y allá, por si alguien tenía noticias de ruinas o restos incaicos en los alrededores. El dueño de una tienda me señaló un hueco en la pared rocosa del otro lado del valle. «Ahí era donde excavaban —me dijo—. Pero el oro se agotó.» Ni siquiera me molesté en subir a investigar porque sabía que los incas casi nunca buscaban oro en las minas, sino en el agua de los ríos. Después de todo, ¿qué esperaba descubrir en un pueblo que ha aprendido a olvidar las decepciones del pasado, para pensar solamente en las posibilidades que ofrece cada nuevo día? Allí no hay lugar para el pasado, sino únicamente para el presente. Y para el futuro.

Cuando salía de Nambija, me detuve junto a la última trituradora. Curiosamente, me costaba marcharme. El golpeteo interminable era como un parásito que se había abierto paso en mi pecho y empezaba a latir de dentro hacia fuera. Me senté y me puse a contemplar el ejército de hombres jóvenes que dejaban caer su carga de roca en los grandes recipientes de la trituradora. Me había equivocado al juzgar a la gente de Nambija. No era la codicia lo que atraía a los mineros. Era la esperanza. La esperanza de una vida mejor para ellos y para sus hijos, o por lo menos de salir un poco mejor parados de lo que habían venido.

CAPÍTULO 8

CAMPOS MINADOS EN EL PARAÍSO

NOTAS DE CAMPO: «¿Quiere que salte encima de ESO? Debe de estar de broma».

En el camino de regreso a la carretera Panamericana, el autocar tuvo que parar en media docena de controles militares. Nos abrieron las maletas y miraron todos nuestros papeles. Estábamos cerca de la frontera con Perú, y la tensión se palpaba en el aire. Los soldados sujetaban los fusiles con las dos manos. Nadie sonreía.

Desde el accidente del helicóptero, yo había estado pensando en la guerra. ¿Por qué razón un país como Ecuador, del tamaño del estado de Colorado, se enfrentaba con Perú, que mide lo que Texas y California juntas?

La respuesta está en un conflicto cuyos orígenes se remontan a una sangrienta guerra civil entre dos príncipes incas, uno de ellos de Quito (capital del actual Ecuador) y el otro de Cuzco (actualmente en territorio de Perú). Cuando los españoles llegaron y conquistaron, aparentemente pusieron fin a las disputas fronterizas locales, pero la tregua no duró mucho. Parte de los conquistadores se estableció en Quito y, preocupados por las posibles incursiones de otros españoles procedentes del sur, enviaron casi de inmediato una misión para marcar la frontera con Perú. La línea trazada estaba destinada a reverberar a través de los siglos.

En 1802, la corona española puso bajo la jurisdicción de Perú a la región ecuatoriana, que hasta entonces había formado parte del mismo virreinato que Colombia y Venezuela. Después de las guerras de independencia surgieron entre los jóvenes Estados nuevos conflictos fronterizos que desembocaron en tratados confusos y a veces contradictorios. Las disputas eran en realidad batallas libradas sobre el papel, con reglas y con mapas llenos de anónimas manchas verdes, pues ninguna de las partes había conseguido asentarse en aquellas remotas regiones que figuran entre las más inaccesibles del mundo.

Se difundió entonces el rumor de que aquella tierra hostil de montañas agrestes, profundas gargantas y selvas impenetrables encerraba un tesoro secreto: petróleo y oro. En 1941, Perú invadió Ecuador. Era fácil suponer quién saldría vencedor, ya que la población peruana era cuatro veces mayor que la ecuatoriana. Si la lucha hubiera continuado, Ecuador probablemente habría sido conquistado y absorbido por su vecino más poderoso. Pero finalmente las dos partes acordaron someterse a un arbitraje. Por desgracia para Ecuador, en ese momento se estaba librando la Segunda Guerra Mundial y Estados Unidos necesitaba desesperadamente que el hemisferio austral se mantuviera unido, para hacer frente a las potencias del Eje. Más importante aún, el cobre, el caucho y la quinina de Perú eran imprescindibles para el esfuerzo bélico aliado.

Como resultado, el protocolo de Río de Janeiro, firmado en 1942, supuso la cesión de casi la mitad del territorio ecuatoriano a Perú. El tratado se basó en las conclusiones de un árbitro brasileño que eligió como nueva frontera la cordillera del Cóndor, por considerarla el límite entre las cuencas de los ríos Santiago y Zamora. Ecuador aceptó, en realidad no tenía otro remedio, pero la tremenda impopularidad del tratado obligó al Gobierno a buscar una salida.

Cinco años después, el descubrimiento del río Cenepa permitió invalidar por un tecnicismo las premisas del protocolo de Río de Janeiro, pues de hecho la cordillera del Cóndor ya no podía considerarse la divisoria entre las dos cuencas. Ecuador había encontrado la excusa que estaba buscando para declarar la nulidad del tratado. A ambos lados de la frontera comenzaron los movimientos de tropas y, pese a la tensión internacional, Ecuador se negó a retractarse. Se sentía cada vez más acosado por su vecino hambriento de territorio. En los últimos 150 años, sus fronteras habían ido retrocediendo hasta convertirlo en el más pequeño de los estados andinos, cuya única función parecía ser la de servir de amortiguador entre las dos grandes potencias de la región: Colombia y Perú. Y, siendo como era el país con mayor densidad de población de América del Sur, Ecuador no podía permitirse el lujo de perder ni un trozo más de territorio.

Hasta aquí los hechos. Las opiniones son mucho más complicadas. Los taxistas peruanos llamaban a los ecuatorianos «monos». A ellos los ecuatorianos les llamaban «gallinas», en referencia a la guerra que Perú perdió contra Chile. «La tierra es nuestra», entonaban los peruanos, seguros de su superioridad militar. «¡Nos la robaron!», gritaban los ecuatorianos, quienes han transformado ese grito en una consigna de unión nacional. Pero más allá de las bravatas y de la política, había una gran tristeza. «Somos hermanos –me dijo un policía–. Celebramos las mismas fiestas, nos ponemos la misma ropa, reímos los mismos chistes. ¿Cómo vamos a matarnos entre hermanos? Es una infamia.»

En 1995, una guerra no declarada de un mes de duración se cobró vidas a ambos lados, y si bien acabó en una situación de estancamiento, tuvo una consecuencia terrible. En aquel momento, ambos ejércitos sembraron decenas de miles de minas con objeto de evitar que el enemigo atravesara la cordillera e intentara hacerse fuerte al otro lado de la frontera.

Pero nadie tuvo en cuenta a la montaña, o tal vez a los dioses de la montaña. La cordillera es abrupta, densa e impenetrable.

Cuando llegaron las lluvias, se produjeron deslizamientos de fango y las minas cambiaron de posición, como si la tierra intentara deshacerse de los explosivos incrustados bajo su piel. En poco tiempo, nadie supo ya dónde estaban sus minas, ni menos aún las del enemigo. Todos los mapas quedaron inutilizados. La cordillera se convirtió en una trampa mortal para hombres y animales. Neblinosas montañas pobladas de aves canoras y orquídeas rosas y violáceas. Un Edén, perdido para siempre.

EL CAMINO DEL INCA CONDUCE HACIA EL SUR, hacia la frontera con Perú. Si quería seguirlo, necesitaba una autorización del ejército ecuatoriano y una escolta militar hasta la frontera. Existía incluso la posibilidad de que me dejaran unirme a una patrulla para ver con mis propios ojos cómo se desarrollaba el conflicto. Cogí un autocar que me conduciría a Quito y pedí una cita con el ministro ecuatoriano de Defensa.

El coronel Borja era un hombre compacto, de uniforme impoluto y sonrisa infantil. Me recibió con un firme apretón de manos y al cabo de unos pocos minutos estábamos tomando café y mirando juntos un mapa enorme. Había un avión de abastecimiento que hacía el vuelo a Macas (me señaló una zona curiosamente vacía del mapa) una vez por semana. Podíamos viajar en ese avión si no nos importaba compartir el espacio con sacos de cebollas y patatas. No nos importaba en absoluto.

Hasta ese momento, todo bien. Inspiré profundamente y, con suma cautela, le pregunté si podíamos acompañar a sus tropas en una patrulla de desminado.

El coronel titubeó un momento e hizo vagas protestas de preocupación por nuestra seguridad. ¿No preferíamos volar a la Amazonia, seguir viaje río arriba en canoa y visitar una de las aldeas más remotas, donde cada indio tiene seis esposas?

Tentadora proposición, admití, pero lo que de verdad me interesaba era ir con la patrulla. El ministro descolgó el teléfono y dio las órdenes pertinentes. Hizo una pausa, con la mano todavía en el auricular. Había un cuartel de ingenieros en las afueras de Quito donde los soldados hacían ejercicios todas las mañanas como preparación para las operaciones sobre el terreno. Si quería, podía participar en una de esas sesiones y ver cómo trabajaban.

«Desde luego», contesté mientras tragaba saliva.

A la mañana siguiente me obligué a salir de la cama y a las siete tomé un taxi para el cuartel. Tenía dos factores en contra: la giardiasis que había contraído en Nambija y la altitud de Quito, que con sus 2.800 metros es la segunda capital más alta del mundo. Una vez en el cuartel, el oficial me presentó a mis compañeros de ejercicios, 20 robustos jóvenes, auténticos pulmones con piernas. Ninguno tenía más de 18 años. Un tercer factor en contra: aquello iba a ser un desastre.

Tras una rápida serie de ejercicios de calentamiento, formamos un pelotón para correr alrededor del patio del cuartel. *Esto lo puedo hacer*, me dije, intentando no prestar atención a la acidez del desayuno que me había obligado a tomar. El sargento trotaba a mi lado, inflamando los ánimos de la tropa con una vigorosa canción cuya letra resultaba un tanto desconcertante: «Los ingenieros nunca mueren, y cuando mueren, es porque ellos quieren». Miré por encima del hombro. Mis compañeros ni siquiera habían empezado a sudar. Traté de respirar, cantar y correr, todo a la vez. Los 15 minutos siguientes tardaron algo así como una hora en pasar. A lo lejos apareció la pista de obstáculos.

Seguro que puedo llegar hasta ahí, pensé. Pasamos de largo. Empezó otra canción y todos se pusieron a marcar el ritmo con las palmas. Yo intentaba respirar, cantar, aplaudir y correr, todo a la vez. Ni rastro de sudor en la frente de los soldados. Pero por nada del mundo iba a permitir que redujeran la marcha por mi causa.

Por fin llegamos al extremo más alejado del cuartel y giramos en redondo. A partir de ahí sólo tenía que concentrarme en llegar hasta la pista de obstáculos. ¡Ahí estaba! Me concentré en mantener el tipo hasta llegar al portón. Pasamos de largo. Dejé de batir palmas. ¿No pensarían hacernos correr otra vez hasta el punto de partida?

Eso era exactamente lo que pensaban hacer. Después, sin una mínima pausa para recuperar el aliento, los soldados formaron para hacer una serie de carreras rápidas. Al sonido del silbato, me dejaron atrás como si yo hubiese sido un coche estacionado. Nos alineamos para repetir el ejercicio. Esta vez me adelantaron con tal rapidez que tuve la total sensación de estar corriendo para atrás.

«¡Eh, Karin! –me gritó John mientras volvíamos a formar en pelotón para seguir corriendo–. Eso ha sido el calentamiento, ¿no?» Lo hubiera asesinado. Pero lo peor era que tenía razón.

La mañana transcurrió en una nebulosa de plataformas, barras de equilibrio, cuerdas, trampolines, carreras y, finalmente, la pista de obstáculos. Eché un vistazo rápido: un montón de alambres de espino por debajo de los cuales debía deslizarme y varios muros para trepar o saltar, el tipo de juego que me encantaba de niña. Cuando iba por la tercera parte del recorrido, levanté la vista y comprobé que todos habían llegado ya al final y me estaban esperando, menos el sargento, que me acompañaba, pegado a mí como un trozo de Velcro.

Volvimos a formar. ¿Y ahora qué? ¡La piscina! Hubiera sido incapaz de correr, trepar o saltar aunque de ello dependiera mi vida, pero podía nadar. De hecho, soy tan buena nadadora que ya iba por la mitad de la piscina cuando me di cuenta de que no tenía ni gota de aire. Deseé con todas mis fuerzas reencarnarme en tortuga marina, o en ave fragata, o en cualquier cosa con pulmones más grandes. Recé para no tener que enfrentarme nunca en el campo de batalla con militares ecuatorianos. Juré no volver a probar los caramelos ni los refrescos de cola. Silbando alegremente, con las toallas al cuello, mis compañeros de fatigas se marcharon a cumplir su jornada de trabajo. Yo monté como pude al autocar que me llevaría al centro y me arrastré hasta la cama.

Por la tarde sonó el teléfono. El avión a Macas salía al día siguiente. Podíamos unirnos a la patrulla.

Nos presentamos en el aeródromo militar a primera hora de la mañana. Mientras esperábamos a que llegara el avión de abastecimiento, desplegué un mapa y tracé la línea de la disputada frontera de 1942 a través de la extensa mancha verde de la Amazonia occidental ecuatoriana. El resultado fue desconcertante. De pronto, Ecuador parecía diminuto al lado del poderoso Perú. Quizás el temor de los ecuatorianos estuviera más que justificado. Aquélla no hubiera sido la primera vez que unos conquistadores seguían desde el sur el camino de los Andes para saquear y violar a sus vecinos del norte.

En el siglo XV, el sur de Ecuador vivía en paz bajo el control de los cañari, hasta que aparecieron los incas. Durante años los cañari lucharon con bravura contra sus poderosos vecinos, pero al final fueron derrotados. El Inca vencedor contrajo matrimonio en Quito con una princesa cañari y tuvo con ella un hijo. Con el tiempo, el muchacho fue padre a su vez de un niño, al que llamaron Atahualpa, «Pavo Heroico». Desde muy temprana edad Atahualpa acompañó a su padre al campo de batalla, y antes de que pasara mucho tiempo se había convertido en un guerrero curtido, y también despiadado.

Entonces el desastre se abatió sobre el imperio. El Inca reinante contrajo lo que probablemente era viruela, una enfermedad europea que había atravesado América Central y se había difundido por los Andes mucho antes de la llegada a Perú de los primeros blancos. La enfermedad que segó su vida se llevó también a su heredero, preparando así el terreno para el conflicto.

La designación del sucesor correspondía a la nobleza de Cuzco. El único requisito era que el nuevo monarca fuera descendiente directo de Inti, el dios del sol, y cualquiera de los muchos hijos del Inca lo cumplía. La corte se decidió por un hombre que respondía al nombre de «Amable Colibrí»: Huáscar.

Pero no todos estaban de acuerdo. El ejército, concentrado en el norte, prefería al guerrero Atahualpa antes que al colibrí educado en la corte de Cuzco. El imperio se dividió en dos.

Respaldado por los nobles, Huáscar exigió que Atahualpa acudiera personalmente a presentarle sus respetos. Sabiamente, Atahualpa dio largas al asunto, enviando en su lugar un auténtico río de suntuosos regalos. En un constante cruce de mensajeros, el Camino del Inca entre Quito y Cuzco fue testigo durante cinco largos años de una batalla de voluntades. Al final, en un acceso de rabia, Huáscar mandó torturar a los mensajeros de Atahualpa y quemar sus regalos. Ahora sólo faltaba que su rival recogiera el guante.

Repentinamente, en plena recuperación de la catastrófica epidemia de viruela, el país se vio envuelto en una guerra civil.

El Amable Colibrí tenía pocas probabilidades de vencer al Pavo Despiadado. Cuando Atahualpa ganó su primera batalla, mandó revestir de oro el cráneo del general adversario, otro de sus muchos hermanos, y lo utilizó desde entonces para beber. Con su piel se fabricó un tambor. El siguiente encuentro fue decisivo, ya que el propio Huáscar fue capturado y su ejército disgregado. Le llevaron de vuelta a Cuzco, donde le obligaron a presenciar la ejecución de sus familiares y consejeros. Los cadáveres, incluidos los de los niños y los fetos que ni siquiera habían llegado a nacer, fueron atados a postes y exhibidos por toda la ciudad como sangrienta advertencia a todo aquel que se atreviera a desafiar la supremacía de Atahualpa.

Atahualpa se retiró entonces a las termas de Cajamarca para disfrutar de la victoria que tanto le había costado conseguir y de la perspectiva de reinar sobre uno de los grandes imperios del mundo. En el horizonte, una banda de 160 desharrapados españoles avanzaba desde la costa para salirle al paso. El Inca estaba al corriente de la llegada de aquellos pálidos y barbudos extranjeros y había mandado vigilar sus movimientos. Le preocupaban muy poco. Unas fuerzas tan reducidas no podían ser una amenaza para una nación de diez millones de habitantes.

Estaba muy equivocado.

UNA AVIONETA ATERRIZÓ en el aeródromo militar y nos subimos a bordo. Me senté junto a un hombre de gafas y cabello gris metálico, cuyo porte marcial no acababa de encajar con su traje de paisano. Me dijo que era coronel, uno de los dos cirujanos militares asignados a la región de la cordillera del Cóndor. Tenía experiencia en traumatología, pediatría, hernias, medicina interna, parásitos y obstetricia, aunque por fuerza había adquirido una práctica poco común en amputaciones y otras operaciones propias de la guerra. Todos los meses trataba por lo menos tres casos de lesiones por explosión de minas. La mayoría sobrevivía. Y los que no... Se encogió de hombros. Si se recibía una llamada de socorro al caer la noche de un día lluvioso, los helicópteros de rescate prácticamente no podían hacer nada hasta el alba. Todos los meses enseñaba a los nuevos soldados la técnica de practicar un torniquete y les mostraba cómo proceder en caso de encontrarse con unas extremidades mutiladas.

«¿A qué se dedicaría si no hubiera guerra?», le pregunté.

Sonrió y se le entristecieron los ojos. «A la obstetricia –dijo con añoranza. Sus manos hicieron un gesto involuntario, como de acunar algo muy frágil–. Ver nacer a un niño... es un milagro.»

Aterrizamos en un lugar remoto, en una pista trazada en medio de una densa alfombra verde cerca de un poblado que no había visto en ningún mapa. Era Patuka, una base militar situada en lo más profundo del corazón de la selva ecuatoriana. El coronel nos dejó junto a una hilera de casas de cemento, todas idénticas, y siguió viaje en coche para ir a batallar con miembros arrancados y huesos destrozados, sin dejar de soñar con el primer llanto de un bebé.

Nos instalamos, a la espera de las órdenes de los militares ecuatorianos. Hasta varias horas más tarde no se nos ocurrió pensar que nadie estaba al corriente de nuestra llegada. Por un momento me tentó la idea de echarme la mochila al hombro y salir a buscar algún medio de transporte a través de la selva, pero me pareció que ésa no era manera de agradecer la generosidad del coronel. Al final decidimos esperar. Yo me entretuve mirando una gruesa fila de hormigas que trepaban por la ventana del baño, atravesaban un atormentado paisaje de pintura desconchada y desaparecían por un desagüe en desuso. John probaba y comprobaba las luces y las baterías de su cámara. Con la caída de la noche se produjo una invasión de hormigas voladoras que nos obligó a taponar cada ventana, orificio o grieta. Al cabo de unos instantes nos encontramos encerrados herméticamente, empapados de sudor y acurrucados en silencio bajo las aspas de un ventilador de techo que no hacía más que mover el aire agobiante. Serían las nueve de la noche cuando decidí hacer frente a las hormigas, a los militares e incluso a la posibilidad de perderme para siempre entre las casas idénticas de los oficiales vecinos, a cambio de algo que llevarme a la boca.

Tres centinelas más tarde, entramos en un local con música estruendosa, patatas cocidas... y un encuentro que no nos esperábamos. Braga. Estaba tan aturdida que me llevó cierto tiempo relacionar su cara con el helicóptero accidentado. Parecía que hubiesen pasado siglos desde aquel día en el ventoso páramo.

Intercambiamos abrazos de oso, al estilo brasileño, y nos sentamos para dar cuenta de las patatas y las jarras de cerveza.

«¿Qué sucedió cuando nos marchamos?», le pregunté.

Pasaron otras cinco noches en el lugar del accidente, durmiendo bajo una tela encerada, hasta que llegó un helicóptero más grande capaz de levantar y llevarse al vehículo accidentado. Braga se estremecía con sólo recordar el frío que pasaron. Por lo visto, más que echarnos de menos a nosotros, había echado de menos nuestra tienda. El helicóptero derribado fue enviado a Estados Unidos, donde los expertos llegaron a la conclusión de que la causa del accidente había sido «un fallo en los motores». Después de varias cervezas más, Braga nos sugirió que tratáramos de viajar a la frontera a bordo de uno de los helicópteros del MOMEP, las fuerzas de paz. Brindamos por última vez por la eterna amistad y nos despedimos.

A la mañana siguiente, guiados por el golpeteo de las palas de un rotor en descenso, llegamos hasta un grupo de pulcras casas prefabricadas entre las tiendas del MOMEP. En medio del calor pegajoso, dos hombres sentados bajo un toldo bebían refrescos light. Cuando nos presentamos, un tercero asomó la cabeza por la ventana de una cocina cercana. «¿Os apetece una hamburguesa?», nos preguntó como si fuéramos viejos reunidos para compartir una barbacoa en el jardín.

Eran mecánicos estadounidenses, contratados por un año por una empresa aeronáutica para hacerse cargo del mantenimiento y las reparaciones de los helicópteros del MOMEP. Los tres llevaban anillo de casados. El sudor les perlaba la frente y formaba collares de cuentas en las latas de bebida que sujetaban entre las manos. «¿Qué hace que uno acepte un trabajo en un sitio como éste?», pregunté.

Los dos que estaban sentados a la mesa se echaron a reír. «El primer año es la necesidad. Después, la codicia», recitó uno de ellos en tono uniforme. Tenía un pequeño bigote y era un hombre corpulento que seguramente sufría con el calor. «Mi mujer tiene esclerosis múltiple —añadió en voz baja, recorriendo la lata con los dedos como masajeando unos músculos insensibles—. Con esto pagamos las facturas.»

El otro, Frank, era un hombre flaco y entrado en años, con el escaso pelo gris que le quedaba peinado cuidadosamente alrededor de la cabeza. «Yo me jubilé hace un tiempo y estuve un par de años en casa —dijo—. Pero como mi mujer no me aguantaba, me he venido para aquí.»

Un joven bien parecido salió de la cocina y nos puso delante una hamburguesa para mí y unas patatas fritas para John. «Tengo mujer y un hijo. Vine porque nos hacía falta el dinero y firmé por un año más para poder comprar una casa.»

Parecían ansiosos de hablar de sus hogares y sus familias. «Aquí nadie tiene unas relaciones normales de pareja —dijo Frank—. ¿Cómo íbamos a tenerlas si estamos separados durante meses?»

Recordé Achupallas, todo un pueblo de mujeres, con sus hombres trabajando durante 30 años en las fábricas de Guayaquil.

De pronto, Rob se echó a reír. «Hace unos meses volví a casa. Mi mujer se ocupa de todo: cambia las bombillas, paga las facturas, lleva el coche al mecánico. Es asombroso lo independiente que se ha vuelto», sacudió la cabeza.

«Lo más importante –dijo lentamente Frank, retorciendo su botella por el cuello– es tener a alguien esperándote en casa. Te mantiene centrado.» Todo el mundo asintió con la cabeza. Casi sin darme cuenta, yo hice el mismo gesto.

Frank se ofreció para enseñarnos las instalaciones, pero el tema de la conversación siguió siendo el mismo.

«Aquí nadie trae mujeres. Son las reglas del campamento», dijo, mientras empujaba la puerta de una habitación diminuta con una cama metálica y un pequeño baúl a los pies de la cama. El zumbante aparato de aire acondicionado derramaba una corriente milagrosamente fresca. «Nadie se mete con las mujeres que vienen a limpiar. Ni siquiera les pedimos que nos laven la ropa.»

«¿Qué pasa si alguien se salta las reglas?»

«Hubo uno que se las saltó. En dos semanas estaba fuera de aquí. Es mejor así. Menos tensión.»

Me puse a mirar las fotos pegadas a las paredes. Era asombroso lo mucho que se esforzaban aquellos hombres solitarios por sentirse como en casa.

Pero no todos compartían su manera de ver las cosas. «Los argentinos y los brasileños se odian mutuamente», dijo Frank cuando atravesábamos el hangar de los helicópteros. No me sorprendió. Casi todos los países sudamericanos han estado en guerra al menos con uno de sus vecinos a lo largo de los últimos doscientos años. «Antes había peleas a cada momento aquí en la base, pero desde que el comandante las prohibió, salen de la base para pelear. Cuando han tenido unos días libres, se nota si han estado con alguna mujer por lo habladores que están. A veces vienen y ni siquiera saludan.»

Estuve un buen rato charlando con ellos, pero no por el aire acondicionado ni por los refrescos helados. Aquellos hombres no estaban allí para conseguir una promoción o ganar más dinero. Los tres estaban trabajando por las personas queridas que habían dejado en casa. Su amor se traslucía en su hospitalidad y en la costumbre de juguetear con el anillo de casados. Para un alma solitaria como la mía, aquello era tan atractivo como la luz para las polillas. Me costó mucho despedirme.

Al final los ecuatorianos dieron con nosotros, pero por desgracia no pudieron concretar sus excusas en un helicóptero que pudiera sacarnos de allí. Nos dijeron que se habían suspendido todos los vuelos mientras duraran las negociaciones de paz. Por otra parte, su único helicóptero estaba temporalmente fuera de servicio a raíz de un accidente reciente. Sin embargo, con mucho gusto nos proporcionarían un jeep militar y un chófer para que nos llevara a una de sus bases en la cordillera del Cóndor.

En veinte minutos habíamos recogido nuestras cosas y estábamos de camino. El entusiasmo de estar avanzando por fin hacia nuestra meta se nos agotó enseguida cuando nos vimos restregados como ropa sucia por la tabla de lavar de la carretera. La lluvia incesante había abierto cráteres tan profundos que en muchos de ellos hubiésemos podido bañarnos. Pasaron tres, cinco, seis horas. Después de cada curva en U nos dábamos cuenta de que el estómago se nos había quedado doscientos metros más atrás. Empezamos a pensar que no habría sido tan mala idea quedarse en la base esperando el helicóptero.

De pronto nos paramos en seco detrás de una larga fila de camiones maltratados por la intemperie. Nunca me habría esperado un atasco en medio de la selva. Nos bajamos del jeep y recorrimos andando la fila de 15 o 20 vehículos, cuyos dueños yacían en la hierba como ropa recién lavada que se hubiese caído de la cuerda. Un desprendimiento de tierra había desgarrado el costado de la montaña, dejando a su paso un reguero de peñascos y árboles derribados. Donde había estado la carretera, burbujeaba alegremente un torrente.

El tráfico se había acumulado desde primera hora de la mañana. Estuve preguntando aquí y allá por si alguien sabía cuándo repararían la carretera. «La semana que viene», dijo una mujer que estaba cortando hierba. «Dentro de un tiempo», dijo un conductor. «¡Quién sabe!», dijo un hombre que llevaba dos caballos cargados de sacos de arroz. «Mañana», me aseguró el conductor de un camión, con un amplio gesto de la mano.

«Eso de ahí –dijo nuestro chófer señalándonos un asentamiento bastante grande más abajo en el valle– es Gualaquiza.» Después de siete horas en la carretera, el desmoronamiento nos había bloqueado a menos de 10 kilómetros de nuestro destino. No había nada que hacer, excepto dar la vuelta y...

Una oleada de murmullos se extendió por la fila de camioneros tendidos en la hierba. Había llegado un bulldozer. Ahora que la maquinaria pesada estaba de su parte, los hombres se remangaron y pusieron manos a la obra. En menos de una hora estábamos atravesando los flamantes portones de la base militar de Gualaquiza. Tras recibir el marcial saludo de una serie de uniformes almidonados con gorras blancas, nos depositaron en otra vivienda prefabricada para oficiales para pasar la noche. Nos dijeron que estuviéramos listos a las cinco y media de la mañana siguiente.

Íbamos a escalar la montaña.

Esta vez no se olvidaron de nosotros. Antes de que el sol rozara las cumbres cercanas, estábamos de camino en compañía de un teniente de cara redonda y mejillas de ardilla, con sonrisa de calabaza. Se llamaba Duval. Nos describió el itinerario con tan confiada indiferencia que por un momento llegué a creer que era posible subir en coche la montaña, completar el recorrido a pie hasta el observatorio, realizar la patrulla de desminado, ver una demostración de explosivos y regresar a tiempo para cenar en la base.

Todo fue a pedir de boca hasta que llegamos a un río ancho y torrentoso, donde había un transbordador de madera amarrado a la orilla. El operador salió a nuestro encuentro haciendo un gesto universal con la mano que significa que algo no funciona. Se había roto un acoplamiento de madera, que por sus gestos al describirlo debía de ser del tamaño de un balón de fútbol, y no se podía cambiar hasta el lunes. El transbordador estaba fuera de servicio. Dimos media vuelta y volvimos por donde habíamos venido. Nos estacionamos junto a una estrecha pasarela sobre el río y todo el mundo se apeó.

«¿Vamos a ir andando?», pregunté un tanto acobardada ante la idea de tener que acarrear nuestros bultos montaña arriba. Duval y el chófer se echaron al hombro los sacos y las mochilas y abrieron la marcha a ritmo militar. Mágicamente, un camión nos estaba esperando al otro lado del puente.

«¿Cómo ha hecho eso?», pregunté a Duval. Se echó a reír, señalándome el walkie-talkie. Nos instalamos entre la carga y proseguimos viaje.

Veinte minutos después, el camión se paró. Nos apeamos y lo vimos marcharse. Miré a Duval, que hizo el mismo gesto que antes con la mano. «Los baches –dijo, arrugando la nariz–. Esos camiones no aguantan la montaña.»

Esperamos. Yo leía un libro y hacía como que no oía la conversación por radio de Duval. No me enteré de mucho, aparte de que nosotros éramos Azul (o tal vez estábamos en el sector Azul) y de que todos hacían gala de una cortesía sobrehumana, a pesar de los ruidos de la estática y de los repetidos fallos que se producían en las transmisiones.

Llegó un camión. Nos montamos. Bajamos. Retiraron un neumático pinchado y un soldado se lo llevó carretera abajo, corriendo y haciéndolo girar con un palo, siempre bajo la mirada impertérrita de Duval. Yo no había visto una sola casa, ni menos aún un taller de recauchutado en los últimos 10 kilómetros, pero para entonces tenía una fe ciega en la poderosa combinación de la radio y la sonrisa descarada de Duval.

Caminé por el borde de la selva, espiando entre la maraña de trenzadas enredaderas y gruesas raíces de aristas afiladas. Por todas partes se veían orquídeas y ranas fluorescentes. Era tan bonito como un libro infantil, pero la realidad era mucho más mortífera. Los primeros exploradores que intentaron abrirse paso a golpe de machete desaparecieron sin dejar rastro o se rindieron y cayeron como moscas. Los pocos supervivientes describieron la jungla como un lugar venenoso y palúdico, lleno de cosas que picaban, mordían y arañaban.

Las historias no han cambiado mucho hasta el presente. En 1953, seis soldados ecuatorianos fueron capturados por el ejército peruano mientras «inspeccionaban» los mojones fronterizos. Escaparon, se internaron en la selva y emergieron casi un mes después medio muertos de hambre. Los soldados peruanos han sufrido desgracias similares. Los propietarios van y vienen. La selva permanece.

Llegó una camioneta abierta. Cargamos nuestras cosas. Yo me puse de pie en la parte trasera para beber con la vista los umbríos claros coronados de guirnaldas de orquídeas blancas y violáceas. Las mariposas bailaban entre el verde denso de las hojas y las nubes se deshilachaban entre los árboles cargados de bromeliáceas. Era un lugar salvaje, un paraíso intacto. Sentí que una burbuja de júbilo me crecía en el pecho.

A nuestro lado vimos pasar los destellos de una fila de camiones y depósitos de gasolina camuflados.

En un hueco abierto entre la vegetación, el campamento fronterizo se aferraba a la ladera de la montaña. Había unas cuantas casuchas, una pista de voleibol, un mástil con una bandera y una gran valla de cemento que proclamaba el derecho de los soldados a «Ganar y no morir». En los muros había dibujos de sonrientes calaveras tocadas con boinas de color verde oliva. Había ropa tendida en los balcones y cuerpos cubiertos de sudor que se pasaban por el aire un balón sucio, como una bomba que se negara a estallar.

Duval reunió una docena de soldados y nos pusimos en marcha detrás de ellos por un sendero fangoso, sembrado de escaleras de mano de madera medio podrida que se abrazaban como enredaderas a unos húmedos muros de piedra. Una hora después llegamos a la cumbre, donde ondeaba otra bandera que a mí me pareció una señal para los misiles teledirigidos. A su lado había una choza diminuta, con cuatro sacos de dormir y una fila de ganchos para colgar fusiles. Los soldados hacían guardias de una semana para vigilar otro puesto similar del lado peruano, a unos 15 kilómetros de distancia. Era un sitio deprimente, que no mejoraba ni la neblina pegajosa ni la choza sin ventilación. Si hubiese sido por mí habría vuelto enseguida, pero Duval quería enseñarme algo que habían hecho los peruanos. Me sonó a número propagandístico, pero como no parecía hombre dado a insistir a menos que hubiese un motivo, acepté ir a ver. A unos 100 metros de la choza había una cruz amarilla de grandes dimensiones plantada en medio del sendero.

«Los peruanos se colaron hace unos dos meses», dijo Duval. Le había oído hablar en tono jovial y con la voz profesoral que adoptaba para explicar el mecanismo de las minas, pero esta vez era diferente. Estaba enfadado, triste y herido. «Nos plantaron minas. No una, sino 50 minas juntas, justo en medio del sendero por donde patrullamos todos los días. JUSTO EN MEDIO DEL SENDERO –sacudió la cabeza–. Dos hombres se vaporizaron y otros seis quedaron mutilados. No quedaron cadáveres que enterrar –hizo una pausa–. A veces, cuando caminamos por aquí, encontramos un trozo de bota, y una vez encontramos un pie, pero nada más.» Levantó una tira de tela chamuscada que estaba al pie de la cruz, la estiró y volvió a colocarla con cuidado en su sitio. «¿Por qué en el sendero, justo por donde sabían que íbamos a pasar? ¿Y por qué tantas minas? ¿Por qué?»

Nuestro estado de ánimo se había vuelto tan lúgubre y oscuro como los nubarrones de lluvia que se cernían sobre nuestras cabezas. Bajamos a toda prisa por la ladera.

En Gualaquiza me habían enseñado un vídeo de una patrulla de desminado. Los soldados no llevaban trajes protectores ni aparatos detectores de metales. Me explicaron que los detectores no funcionan bien en la cordillera del Cóndor debido a la elevada concentración de metales naturales en el subsuelo. Los trajes de Kevlar y las botas protectoras resultan prácticamente insoportables por el calor y las condiciones del terreno. Los soldados visten simples uniformes de faena y utilizan machetes para buscar las minas. Hunden las hojas en la tierra, en ángulo, y hacen palanca hacia arriba con la esperanza de tocar la mina por un costado o por debajo. En el vídeo parecían campesinos cosechando patatas.

Duval me enseñó los dos tipos más corrientes de minas que se ven en la zona. La primera era un pequeño cilindro del tamaño de un *puck* de hockey, con 80 gramos de TNT en su interior. Se activa enroscando entre sí las dos mitades hasta que quedan ajustadas. La segunda era una caja más grande de madera, con 200 gramos de TNT. Una vez más sentí brotar la ira de Duval, dirigida en esta ocasión contra la mina más grande.

«Ochenta gramos de explosivo es cantidad suficiente para mutilar una mano o un pie –me explicó–. Con 200 gramos salta toda la pierna por los aires, hasta la arteria femoral. El soldado muere desangrado.» Deduje que ése era el motivo de su ira. Mejor un compañero mutilado que un compañero muerto.

«Además –prosiguió–, las minas pequeñas son más destructivas desde el punto de vista psicológico. Imagínese que su mejor amigo pisa una de estas minas y pierde parte de la pierna.

Está gritando de dolor y su sangre le ha salpicado a usted la cara. Hay que llamar enseguida a un helicóptero para evacuarlo y la patrulla ha quedado emocionalmente arrasada. Se precisan muchos recursos para atender a un soldado herido, y sus camaradas se desmoralizan cuando lo ven con una prótesis –Duval sopesó la mina más grande–. En cambio, si alguien pisa esto, lo único que pasa es que se muere.»

La demostración estaba a punto de comenzar. El hombre en cabeza ya estaba sudando, con su mono de Kevlar y sus botas protectoras con plataformas de cinco centímetros de grosor. Nos habían dicho que todas las minas estaban desactivadas, por lo que John podía moverse libremente para filmar lo que quisiera. Resultó fascinante ver cómo uno de los soldados apartaba con infinito cuidado la tierra y las hojas muertas hasta dejar al descubierto una mina, que empezó a desenterrar con manos temblorosas. Me pareció un actor excelente, lo mismo que sus compañeros, quienes se fueron pasando la mina de uno a otro con exquisita delicadeza. De pronto advertí que uno de los hombres que estaban delante tenía los ojos fijos, sin pestañear, en los pies de John. «¿Están desactivadas?», pregunté al soldado que estaba junto a mí cuando la segunda mina empezaba a pasar de mano en mano.

«Claro que no.»

«¡John, no están desactivadas! ¡Ten cuidado! –le grité–. ¡Eh, Duval! ¿Por qué nos dijo que estaban desactivadas?»

«No quería asustarles», me contestó.

Después de tres series de tomas, hasta Duval había empezado a sudar. Recogimos las minas y volvimos al puesto fronterizo. Los soldados enterraron una de las más pequeñas en un claro. Con una cuerda, dos de ellos le colgaron encima un bloque de piedra bastante grande y echaron a correr como alma que lleva el diablo. Aunque esperaba la explosión, el estruendo fue ensordecedor. El bloque quedó como un trozo de hielo destrozado de un martillazo.

Aquella noche soñé que paseaba por un campo lleno de delicadas flores rojizas. Al inclinarme para recoger una, me vaporicé.

A LA MAÑANA SIGUIENTE NOS APIÑAMOS en la cabina de otro camión militar para visitar un conjunto de ruinas a unos 50 kilómetros de la base. Aunque no lo dije, yo estaba más interesada en nuestro guía que en la dudosa posibilidad de encontrar restos incaicos. Al tratarse de un indio shuar, tenía mejores razones que nadie para detestar la guerra.

El territorio de la nación shuar abarca la tierra de nadie que se extiende entre Ecuador y Perú. Antes de la guerra, todos sus integrantes vivían como una única familia extendida, viajando libremente de pueblo en pueblo y comerciando con sal, cigarrillos, cerdos y gallinas. Pero estalló el conflicto fronterizo y en algunas zonas hubo miembros de una misma familia que perdieron el contacto durante más de 50 años. En otras, los efectos han sido más sutiles. Los shuar peruanos que cultivan plátanos siguen atravesando la frontera para vender su producto del lado ecuatoriano, y los sábados se siguen jugando los partidos de fútbol. Pero año tras año, cuando se acerca el aniversario de la invasión, las tensiones se agudizan. Se suspende el comercio y los cónyuges binacionales se van a vivir cada uno con su familia durante un par de meses.

Los que lo tienen más difícil son los que se han unido a uno de los dos ejércitos. Los shuar han desempeñado un papel fundamental en la guerra como exploradores y expertos en supervivencia. Son famosos por su lealtad y su bravura en el combate.

Pero, ¿qué sucede cuando un soldado shuar apunta el fusil y ve a uno de sus hermanos vestido con un uniforme diferente? ¿Dónde pondrá su lealtad? ¿En su país o en su pueblo?

Mauricio era muy moreno, bajo de estatura y bien parecido. Su piel de color caoba y su uniforme moteado como el pelaje de un leopardo se confundían con los tonos de la selva. No parecía andar, sino deslizarse o tal vez fluir por los estrechos senderos que horadaban como galerías subterráneas el sotobosque impenetrable. Su pecho era el doble de ancho que el mío.

Su padre se había abierto paso a golpe de machete a través de 300 kilómetros de jungla desde Cuenca para labrarse un porvenir en la misma selva enfermiza que había derrotado a los españoles. Se construyó una casa, llegó a ser jefe, tomó dos esposas y tuvo diecisiete hijos.

Las ruinas, cuando finalmente las encontramos, resultaron ser un cementerio invadido por las malas hierbas. Limpiamos de enredaderas los sepulcros y trenzamos guirnaldas de flores, lo cual me valió una invitación para tomar el té en casa de Mauricio. La suya era una típica aldea shuar, con niños flacos y ágiles como arañas, y rechonchas cobayas. Tenía una mujer y cinco hijos, con nombres como Edison y Jefferson. Su casa no tenía puertas.

Nada más instalarnos, sus hijas sacaron un cuenco con yuca hervida, que aplastaron hasta conseguir una pasta muy líquida. La mayor cogió un poco con la mano y se lo llevó a la boca. Después de pasearla de un lado para otro con la lengua durante unos minutos, la escupió en la misma fuente, mientras su hermana pequeña hacía otro tanto.

«La saliva –me explicó Mauricio– sirve para hacer fermentar la pasta.» Las mujeres se ocupan de revolverla y meterse de vez en cuando un poco en la boca, para luego volver a escupir. Después, la fuente se tapa y se deja reposar durante uno o dos días. Finalmente, la mandioca fermentada se mezcla con azúcar, se filtra a través de un tamiz y se sirve a los invitados. Sabe a puré de patata diluido en zumo de limón y babas.

Después de beber dos vasos, había tragado suficiente saliva para digerir mis tres comidas siguientes. Un poco mareados, salimos a dar un paseo. Las casas estaban dispersas por el valle, unidas por una maraña de senderos del ancho exacto de un pie descalzo. Prácticamente en cada balcón había uno o dos uniformes puestos a secar en las barandas de madera.

«Mauricio –dije–. Imagina que estás patrullando en la selva. Oyes un ruido. Levantas el fusil, apuntas y por la mira ves a otro shuar. ¿Qué haces?»

«Disparo.»

Hasta hace 40 años, ni Ecuador ni Perú reconocían a los indios shuar como ciudadanos.

DUVAL FUE INFLEXIBLE. De ninguna manera iba a permitir que pasáramos a Perú atravesando la cordillera del Cóndor. Si queríamos proseguir viaje hacia el sur, teníamos que hacer el trayecto de diez horas en autocar por la carretera Panamericana hasta Cuenca, seguir desde allí en autocar hasta Quito, viajar en avión a Lima, hacer la conexión con la línea de Piura y tomar el autocar nocturno a Huancabamba, la capital de la provincia más septentrional de Perú, sobre el Camino del Inca. Y todo eso para llegar a un lugar que ya habíamos visto con nuestros propios ojos desde el puesto de observación fronterizo, arriba en la montaña.

A la mañana siguiente, Duval nos acompañó a la parada del autocar en Gualaquiza. Nos consiguió los mejores asientos, comprobó que nuestro material estaba bien guardado y me hizo prometer que le llamaría en cuanto llegáramos a Quito. Se quedó hasta que el autocar partió y nos dijo adiós con la mano. Durante las diez horas de viaje, pasamos tres controles en la carretera. En cada uno de ellos, un soldado subía al autocar, nos preguntaba si todo iba bien y transmitía la noticia a Gualaquiza. Fue maravilloso que nos cuidaran tanto.

Perú y Ecuador firmaron un histórico acuerdo de paz permanente. Después de 500 años de luchas sangrientas, tal vez haya llegado el fin de un conflicto que empezó en la época de los incas.

CAPÍTULO 9

VIAJE AL MUNDO DE LOS ESPÍRITUS

NOTAS DE CAMPO: El resultado fue unos doce tipos saltando como grillos, librándose alegremente de los malos espíritus, y una mujer escéptica con cara de asistir por primera vez a una clase avanzada de aerobic.

V IAJAMOS EN AVIÓN PRIMERO AL SUR, a Lima, y luego al norte, a Piura. Finalmente nos montamos en el autocar que cubre el trayecto a Huancabamba, para dormir intermitentemente sobre carreteras mal pavimentadas y apearnos a intervalos de una hora para presentar nuestros pasaportes en los controles policiales.

Nuestro destino era Huaringas, una región montañosa del norte de Perú sembrada de lagos sagrados y donde según nos habían dicho había más brujos que ovejas. Hombres y mujeres de todo el país acuden a purificarse en las gélidas aguas de Huaringa y a participar en ceremonias de curación que duran toda la noche. Traen consigo una pesada carga de preocupaciones pecuniarias o de relaciones malheridas, o a veces, simplemente, la necesidad de mirar más allá del mundo tangible y divisar el reino espiritual. Como parte de la curación se les administra una dosis del alucinógeno cacto de San Pedro, que entre otras cosas evita que se duerman durante las agotadoras ceremonias de limpieza, cuya duración puede ser de una noche y un día completos.

Tales curaciones no son meras rarezas locales del estilo de las que aparecen en la sección de «personajes extravagantes y lugares pintorescos» de la prensa dominical de Lima. La clientela de los curanderos procede de todos los sectores: médicos y señoritas de la buena sociedad, abogados y campesinos. El mismísimo presidente Fujimori visitó los lagos sagrados, lo cual duplicó las tarifas y triplicó la clientela de los afortunados brujos que casualmente estaban a mano cuando aterrizó el helicóptero.

El autocar entró en la estación de Huancabamba a las tres y media de la madrugada. Nadie hizo el menor gesto de apearse. El conductor ni siquiera se molestó en abrir el compartimiento del equipaje. Ni un solo taxista se acercó para aprovechar la llegada de veinte pasajeros adormilados con un montón de equipaje y un largo camino por delante. «Huancabamba, capital del misterio en Perú», rezaba con grandes letras el cartel en la pared de la estación. El lugar parecía completamente hechizado, como el país de la Bella Durmiente cuando la princesa se pinchó el dedo y todos se quedaron dormidos.

Finalmente conseguimos hacernos con una viejísima furgoneta de aliento asmático y arrancar nuestro equipaje al amodorrado conductor. Los otros pasajeros seguían clavados a sus asientos, esperando como en estado de trance a que llegara un camión que los llevara montaña arriba, hasta los lagos sagrados.

Aquella tarde pasamos revista a los brujos locales. Una de nuestras compañeras de autocar nos había ilustrado largamente al respecto. Era la tercera vez que venía a someterse a una ceremonia de curación, en esta ocasión para que su hijo aprobara los exámenes. «Tienes que encontrar a alguien de tu confianza que te sirva de guía en el viaje al mundo de los espíritus —me dijo con firmeza—, y asegúrate de que no haya hecho una curación la noche antes.» Al parecer, hasta a los brujos les cuesta concentrar las energías cuando están faltos de sueño.

Para subir a las montañas, alquilamos una furgoneta llamada Amor Loco, conducida por su dueño, el Gato. El camino era estrecho, empinado y fangoso como revolcadero de búfalos. «¡Esto no es nada! –exclamó el Gato, timoneando su herrumbrado vehículo entre charcas donde el agua nos habría llegado hasta la rodilla–. Seis meses al año, durante las lluvias, el pueblo queda incomunicado.» Le recordé que estábamos en plena estación lluviosa. Se echó a reír, asintiendo: «¡Si llueve esta noche, tendrán que volver por su propio pie!».

Nos llevaba a Salala, el pueblo con mayor concentración de brujos por kilómetro cuadrado de todo el país. Cuando todavía no habíamos cubierto ni un tercio del camino, el Gato detuvo el vehículo junto a una bonita casa con un patio soleado y varias ovejas pastando alrededor. Nos dio a entender que el propietario, un hombre llamado Cipriano, era el mejor curandero de la región. Al parecer, había reconsiderado la promesa de llevarnos hasta Salala ante los crecientes indicios de que Amor Loco no iba a ser capaz de superar el barro.

Yo quería seguir hasta el pueblo de la montaña como fuese, a caballo si era preciso. John prefería quedarse. De pronto, el Gato tenía la más completa certeza de que aquella noche en Salala nadie iba a hacer curaciones. Nos quedamos.

A LA MAÑANA SIGUIENTE, Cipriano emergió de su dormitorio vestido con un sencillo poncho de confección casera y unas chanclas de goma. De no haber sido por la mirada vidriosa que le había dejado el cacto alucinógeno ingerido la noche anterior, habría tenido todo el aspecto de un campesino a punto de salir a labrar la tierra.

Nos montamos a un camión abierto con otros seis recién llegados, todos ellos hombres procedentes de un pueblo de la Amazonia. De su conversación deduje que tenían negocios comunes, pero no quisieron revelarme por qué venían en busca de una curación. Sólo me dijeron que se trataba de un asunto de la mayor urgencia y que ya me enteraría esa noche.

Durante las tres horas siguientes, saltamos y nos sacudimos por el camino fangoso y sembrado de baches. El sol de última hora de la mañana pintaba un mosaico de luces y sombras en las colinas que se extendían a nuestro alrededor. Yuntas de bueyes iban y venían con la cabeza gacha por campos color chocolate. Aquí y allá, la techumbre de paja de una casita dejaba escapar un hilo de humo, que desaparecía lentamente en un cielo sin nubes. Vi varios campesinos que regresaban a casa a caballo, desplegados los ponchos a su alrededor, pensando seguramente en el guiso de patatas que ya estaría humeando en la cocina y en las ovejas que había que recoger antes del mediodía. Era un escenario utópico. Así exactamente habían imaginado la vida en los Andes los europeos del siglo XVI al leer las primeras crónicas de los españoles.

Al final llegamos a una posada donde había una docena de caballos esperando. Los seis hombres saltaron del camión, eligieron un animal cada uno y se largaron. Nosotros fuimos detrás, más lentamente, con el aprendiz de don Cipriano y su bolsa llena de espadas, conchas marinas y toda clase de material hechiceril.

La ceremonia en la que estábamos a punto de participar era mucho más que una interesante experiencia cultural. Es imposible entender la sociedad andina si no se conocen al menos en alguna medida sus fundamentos chamánicos. Los curanderos y su filosofía definen toda la psicología de la vida indígena.

El curanderismo ya existía antes de que llegaran los incas y los conquistadores españoles. Nunca ha tratado de competir con el cristianismo ni con la ciencia occidental; de hecho, muchos de sus adeptos son católicos devotos. Simplemente, habita una realidad paralela. A diferencia de la ciencia moderna y sus laboriosos métodos, el curanderismo funciona en un plano mitológico, batallando con espíritus, magia y encantamientos, y refleja una sociedad más inclinada a aplacar las fuerzas naturales y adaptarse a ellas que a dominarlas.

El Cotopaxi (SUPERIOR) parece tranquilo, al menos de momento,
en la Avenida de los Volcanes de Ecuador. Con su metro ochenta
y ocho de estatura, John Armstrong se pregunta cómo hará para
usar una letrina de poco más de un metro (ARRIBA).

Los indios otavalo (PÁGINA ANTERIOR, ARRIBA) conservan sus
tradiciones mientras tratan de adaptarse al mundo moderno.
Es día de mercado en Otavalo y una niña descansa entre
los artículos en venta (PÁGINA ANTERIOR, ABAJO). Los participantes
en la festividad de la Mamá Negra, en Latacunga (Ecuador),
se pintan la cara de negro con grasa y alquitrán (ARRIBA).

Unos campesinos (ARRIBA) trillan el trigo en el remoto pueblo ecuatoriano de Achupallas. El pueblo minero de Nambija (PÁGINA SIGUIENTE, ARRIBA) parece siempre a punto de deslizarse montaña abajo. Antiguos mausoleos se abren en la roca de Chachapoyas (PÁGINA SIGUIENTE, ABAJO).

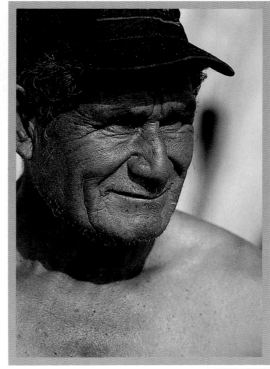

ASHTON PALMER

Cuando lo construyeron siguiendo las normas imperiales, el Camino del Inca era recto como una flecha y medía ocho metros de ancho a su paso por Cochabamba, en Perú (PÁGINA ANTERIOR, ARRIBA). Buso, el patriarca de playa Huanchaco (PÁGINA ANTERIOR, ABAJO), me ayudó a construir una barca de juncos y, contra lo que imponen las costumbres, me permitió acompañarle a pescar. Mis torpes intentos (ARRIBA) de remar a bordo de un «caballito», en las aguas costeras del norte de Perú, fueron motivo de diversión para los pescadores lugareños.

Cargar el paso del Señor de los Milagros durante la procesión por las calles de Lima (DERECHA) es un gran honor... y una carga tremenda. En la plaza central de Lima (ABAJO), las coloridas alfombras que los fieles disponen en el recorrido de la imagen están hechas con miles de pétalos de flores. La multitud es tan densa que resulta imposible moverse.

Puede que el chamanismo sea una religión, pero los chamanes no son sacerdotes. La autoridad de un sacerdote es el resultado del perseverante estudio de un conjunto de dogmas religiosos, mientras que el poder del chamán deriva de una experiencia psicológica personal. El sacerdote ha optado por dedicarse al sacerdocio, mientras que el chamán ha experimentado en algún momento de su vida la revelación de que posee un don. Más que un sacerdote, es un poeta. Utiliza sustancias alucinógenas para diagnosticar enfermedades, controlar el desarrollo de los acontecimientos y establecer contacto con el mundo paralelo de los espíritus ancestrales. Los participantes en una experiencia chamánica realizan un rito de paso hacia el mundo invisible de los espíritus.

El curanderismo es particularmente poderoso en la región de Huaringas en parte porque el catolicismo nunca consiguió arrebatar estas tierras sagradas a sus habitantes originales. Aunque en las ceremonias es corriente invocar a los santos cristianos, los curanderos mantienen un cuidadoso control de los vagabundeos psicodélicos de sus pacientes.

Me acerqué discretamente al aprendiz de Cipriano. Llevaba cuatro años con el maestro y pensaba pasar otros quince antes de llegar a ser un auténtico curandero. «¿Por qué quieres ser curandero?», le pregunté. ¿Había tenido alguna experiencia mística que lo había impulsado a elegir ese camino?

Se encogió de hombros y sacudió la cabeza. Dijo que la brujería era el oficio mejor pagado de todos los que conocía.

«¿Había curanderos en tu familia?», insistí. Me habían dicho que el don de la segunda vista es hereditario, que lo tienes o no lo tienes.

Estuvo unos minutos pensando. «Tengo un vecino curandero –respondió por fin–. Fue él quien me consiguió el puesto con don Cipriano.»

Llegamos a un lago y formamos una rueda alrededor de una manta cubierta de espadas, conchas marinas, un esqueleto de madera, varios fetiches, una imagen de la Virgen, un crucifijo y una estatuilla de Buda. El aprendiz comenzó a salmodiar, invocando al sol, la luna, las estrellas, las montañas cercanas, el viento, las nubes, los árboles... y así hasta llegar a los granos de arena en la ribera de nuestro lago. Nos dieron unas conchas manchadas, llenas de tabaco líquido, y nos dijeron que inhaláramos el jugo por la nariz. Cipriano prometió protegernos de la magia negra, de los encantamientos maléficos, de las malas mujeres, de la suerte adversa, de los vientos contrarios, de los problemas de dinero... Tomó un largo sorbo de un frasco de colonia y fue escupiendo un poco sobre cada uno de nosotros. Durante toda la hora siguiente bailamos, aplaudimos, nos frotamos talco en el pelo y fuimos rociados con una variedad de líquidos perfumados que el curandero nos escupió encima a través de la separación entre sus dos incisivos superiores. Llegué a estar íntimamente familiarizada con el interior de la boca de Cipriano. Yo hice lo posible para no desentonar, pero sin mucho éxito. El problema era mi educación. Crecí en el hogar de dos médicos; en mi familia, la única religión había sido la ciencia. El resultado fue bastante desafortunado: una docena de tipos saltando como grillos, librándose alegremente de los malos espíritus, y una mujer escéptica con cara de asistir por primera vez a una clase avanzada de aerobic.

Cuando por fin acabó la danza, nos dijeron que nos quitásemos todo menos la ropa interior y que nos zambulléramos en el agua mugrienta del lago. Cuando estuviéramos limpios, teníamos que vestirnos y echar al lago la ropa interior. Después de abrirme paso entre un mar de bragas y sujetadores medio podridos, me di un remojón.

Me coloqué la última de la fila para una limpieza espiritual final. Tenía veintiuna personas delante, todas empapadas y temblando en el viento mordiente de la montaña. Cuando me llegó el turno para recibir la protección contra enfermedades de cabeza, pelo, ojos, oídos, nariz, lengua... espalda, hígado, bazo... tobillos, talones y dedos de los pies... estaba tan rígida de frío que a duras penas conseguí llegar hasta el caballo y montar.

Agotados por el madrugón, el viaje y el remojón en agua fría, llegamos a casa de Cipriano exhaustos, pero dispuestos y completamente decididos a participar en la ceremonia de curación que iba a durar toda la noche.

Nosotros estábamos en mejores condiciones que Cipriano, ya que ésta era su tercera curación consecutiva y prácticamente no le quedaban fuerzas. Tenía la piel amarillenta y apagada y sus movimientos eran torpes. Se tomó una dosis del cacto alucinógeno y se le iluminó la mirada. Su discurso confuso se fue transformando poco a poco en un torrente verbal que recordaba el sonido de un conjunto de gaiteros. No le vi parar para respirar.

Abrió los ritos con una extensa plegaria a Dios y a Jesús, rogándoles que nos concedieran una ceremonia provechosa, prometiéndoles que sólo practicaría la magia blanca y repudiando a todos los que cultivaban las malas artes. A medida que avanzaba en sus invocaciones, fue incluyendo también al dios del sol, a la luna, al trueno y al rayo, a los santos y las deidades locales, y prácticamente a todo y a todos, con la posible excepción del fregadero de la cocina. Tal como me estaba temiendo, nos dieron otra vez las conchas manchadas de tabaco, llenas de aquel líquido negro y espeso. «Muy bien —dijo Cipriano—. Agarren la concha con la mano izquierda y aspiren por el agujero izquierdo de la nariz. Entre inhalación e inhalación, repitan conmigo: "Ceniza a la ceniza. Polvo al polvo...".» Después de pedir perdón para mis adentros a la Madre Tierra, vertí el contenido de la mía en el suelo, tratando de no oír el ruido de los ahogos y las arcadas a mi alrededor. Más jugo de tabaco. Mano derecha, fosa nasal derecha. Sabía que el tabaco, junto con la mezcalina del cacto, era para agudizarnos los sentidos y mantenernos despiertos, pero sencillamente fui incapaz de castigar una vez más mis senos nasales con aquel líquido negro y maloliente. La Madre Tierra recibió otra dosis.

«¿Alguien conoce a algún Carlos? —dijo Cipriano de pronto. Se hizo un silencio incierto. Esperó tres segundos—. ¿Y una Olga?»

Alguien levantó la mano. «¡Bien! –gritó Cipriano, como el presentador de un concurso de la televisión–. ¡Cuénteme!»

El hombre dijo que Olga era una prima suya que le estaba causando muchos problemas en su negocio y en su matrimonio.

«¡Lo sabía! Es una mala mujer. Lo estoy sintiendo. Es... –se detuvo de pronto, como si estuviera hablando con alguien por teléfono–. ¿Y qué me dicen de Lucho?» Alguien conocía lejanamente a un tal Lucho. Don Cipriano sonsacaba información de sus clientes con gran habilidad, pasando por alto sus errores y repitiendo sus aciertos con tanta pericia que parecía como si él mismo lo estuviera adivinando todo. Tuvimos que estar de pie durante horas, entonando una extraña combinación de plegarias cristianas, invocaciones y fórmulas de magia blanca. Bailamos en círculos, nos desprendimos de nuestros pecados y levantamos los brazos por la suerte, por la vida y por el amor... Yo perdí toda noción del tiempo aturdida por el oleaje de voces humanas, campanillas y el ir y venir de los ayudantes del curandero que continuamente escupían sobre nosotros una fina lluvia de colonia o agua de hierbas, hasta envolvernos en nubes de aire perfumado. Cipriano estaba recurriendo a todos los elementos del ritual religioso (la repetición, la sobrecarga sensorial y la desorientación causada por la oscuridad) para provocar un estado hipnótico, en el cual un cambio abrupto de las condiciones ambientales puede catapultar a la mente a un plano totalmente distinto.

Por fin Cipriano nos indicó que nos sentáramos sobre una fila de sucias colchonetas alineadas junto a la pared del patio. A codazos aparté a un perro pulgoso y me hundí agradecida en el irregular acolchado. El alucinógeno de San Pedro no me había hecho nada, aparte de transformarme el estómago en una hirviente bola de náuseas. El hombre que se sentó a mi lado balbuceaba incoherencias y olía a fábrica de perfume barato. Me arrimé un poco más al perro.

Poco después, uno de los aprendices me sacudió para que me despertara y me condujo al cuarto de don Cipriano. Estaba a punto de empezar sus consultas privadas y me invitaba como oyente. Tal como imaginé, los seis hombres de la Amazonia eran propietarios de un negocio (camiones y autobuses) y hasta ese momento habían estado ganando «millones». Pero las cosas habían empezado a ir mal de repente: contratos perdidos, discusiones con las esposas y los parientes políticos, accidentes, deudas... Habían venido para que el brujo descubriera el motivo de tanta desgracia.

«Los persigue la mala suerte –les dijo Cipriano, mientras yo me acomodaba en un rincón apartado–. Hay poco trabajo para sus camiones. ¡No me diga nada, amigo mío! Veo una mujer.»

El hombre levantó la vista y exclamó :«La esposa de mi hermano».

Cipriano asintió triunfalmente. «¡No me diga nada! La veo llorando... –titubeó por un momento–. No me gusta el comportamiento de esta mujer. No quiere que ustedes trabajen juntos.» El hombre estaba claramente de acuerdo.

«¿Tienen limpio el corazón? ¿Tienen limpios los camiones?»

El hombre hizo un rápido gesto afirmativo. «Siempre estamos limpios. Tenemos suficiente para vivir. Pero... –se puso a dar vueltas a la gorra que tenía entre las manos y las palabras le salieron a borbotones–. Estoy a punto de perder la casa. Tengo deudas. Tengo todo hipotecado. Voy a visitar a mis amigos y el dinero me desaparece. Mi hijo necesita una operación. Cada vez que tratamos de empezar de nuevo, alguna cosa sale mal.» Se perdió entonces en los detalles de una larga historia sobre un coche nuevo que había comprado, se había averiado y ahora nadie parecía capaz de reparar.

Cipriano levantó una mano para hacerle callar, con la mirada perdida una vez más en la distancia. «Siento que hay algo en su casa –dijo abruptamente–. Un animal –hizo una pausa que duró varios segundos–. El próximo sábado, a las cinco de la mañana, salga a la puerta y bendiga su casa en nombre de Dios. Salpique todas las habitaciones con agua bendita. El animal que está viviendo bajo el suelo de su casa se marchará asustado y todo volverá a irle bien.»

El siguiente fue John.

«Ha estado casado, ¿verdad?», dijo Cipriano.

«Sí.»

Cipriano pareció satisfecho. Recordé que su ayudante me lo había preguntado esa misma tarde.

«¿Por qué no tiene hijos?»

«Nos casamos bastante tarde y nos separamos antes de tener hijos –respondió John algo incómodo ante el cariz que estaba tomando el interrogatorio–. ¿Cómo va a ir este viaje?»

«Bien –dijo Cipriano–. Habrá muchas cosas malas, pero las superarán. Debe tener fe. Hay una mujer en su futuro...» Me miró y yo, sin darme cuenta, le hice un gesto negativo con la cabeza.

«¿Quién es ella?», preguntó John.

«La tengo en la mente –dijo Cipriano–. Pero la imagen se está desvaneciendo... ¡Ay! ¡La he perdido!»

Después llegó mi turno.

«Tiene buenos propósitos –me dijo–. Su padre y su madre viven.»

«Así es.»

«Uno de ellos se quedó huérfano de niño.»

«No», dije.

«Tiene un hermano.»

«Sí.»

«Y una hermana.»

«No.»

Cipriano estaba empezando a perder el hilo. «Va a salir adelante porque tiene una gran fortaleza de carácter. Va a tener éxito y prosperidad –hizo una pausa y me miró con cierta socarronería–. También a usted le espera el matrimonio más adelante, pero ya ha estado enamorada.»

Asentí con la cabeza, sin saber muy bien qué era lo que afirmaba.

«Siempre le ha ido mal. Tiene mala suerte en el amor.»

«¿Por qué?», pregunté. Aunque a mi pesar, había conseguido interesarme.

«Debe usted tener más cuidado, tomar más precauciones. No creerse que ha encontrado al hombre perfecto porque enseguida verá que no es así. Espere antes de actuar.»

Evidentemente, el curandero había estado hablando con mi madre.

«Además –añadió–, conviene mantener siempre un perfume.»

«No le entiendo.»

Se quedó pensativo. «Amor Salvaje –dijo–. Compre este perfume y haga la cura durante una semana, todos los días, de sábado a sábado, antes de que salga el sol. Levante el frasco con las dos manos, tome un sorbo en la boca y rocíelo por toda la habitación donde duerme. Pídale a Dios su favor y su intervención. Ya verá como todos sus problemas se arreglan. Siempre se arreglan.» Me dijo que el frasco de Amor Salvaje estaba a mi disposición, para que pudiera comprarlo después de la ceremonia.

«¿Conoce a un tal John?», me preguntó de pronto.

«Sí, claro que sí», dije riendo. A su ayudante se le había olvidado transmitirle nuestros nombres, junto con los datos de nuestro estado civil.

«¿Quién es?»

Le señalé el objetivo de la cámara. «Ahora mismo lo está mirando.»

La noticia lo cogió totalmente por sorpresa. Se quedó mirando a John con expresión de asombro. «¿Él es John?»

«En carne y hueso.»

Se volvió hacia él. «¿Usted se llama John?»

«Así es.»

«Bien. Está muy bien.» Por un momento se quedó mirando por encima de nuestras cabezas y, de golpe, dijo: «Los espíritus están cansados. Es hora de cerrar».

Regresamos a Huancabamba con los seis comerciantes de la Amazonia. Estaban satisfechos con el resultado de la ceremonia de curación y confiaban en un inminente cambio de su suerte. A cada uno don Cipriano le había indicado pequeñas cosas que hacer o rituales que celebrar y a todos les había dicho que eran hombres buenos y que iban a superar sus actuales dificultades. Estaban listos para intentarlo de nuevo y triunfar.

Pasé la tarde lavándome el pelo y la ropa para quitarme el talco, la colonia y las semillas de limón. En aquella capital de provincia había agua corriente dos veces al día. Podía estar fría o congelada, dependiendo de la temperatura exterior. La que salía del grifo era exactamente del mismo tono marrón fangoso que la del río que pasaba por el mercado. Huancabamba fue en el pasado una urbe del imperio inca, un gran centro administrativo y un importante puesto fronterizo para vigilar a los levantiscos indios cañari. Hoy no queda en pie ni una sola piedra inca, aunque se dice que la iglesia fue construida sobre cimientos incaicos y que todavía hay huesos de infieles sepultados bajo el suelo donde los creyentes rezan sus rosarios. Lo que yo esperaba era encontrar algún resto del Camino del Inca, pues fue en Huancabamba donde los españoles lo contemplaron por primera vez en 1532. ¡Y qué espectáculo debió de ser! «No creo que en toda la historia humana se haya construido nada tan grandioso como este camino –escribió un cronista–. Salva los valles más profundos y las más altas montañas, pasa junto a cascadas y cumbres nevadas, atraviesa paredes de roca sólida y bordea tortuosos torrentes de montaña. En todas partes, el camino está sólidamente construido, sostenido por terrazas en las laderas, abierto en la roca en las riberas de los ríos y protegido por muros de contención. En los tramos a mayor altura hay peldaños y bancos donde los viajeros pueden sentarse a recuperar el aliento, y en toda su longitud se mantiene abierto y libre de escombros en todo momento.» ¡Qué diferencia con los caminos de Europa en el siglo XVI, donde había que tener «vista de halcón, boca de perro y pie de venado» para llegar a destino sano y salvo!

Lamentablemente, cuando llegué a Huancabamba el gran camino había desaparecido sin dejar rastros. Ni siquiera se había conservado el recuerdo de los lugares por donde antaño había discurrido. Preguntando, encontré a un maestro local que me dijo que las ruinas incaicas más cercanas estaban en Caxas, una antigua ciudad situada a unas ocho horas de distancia. En poco tiempo, el maestro consiguió una camioneta para hacer el viaje y localizó a otro maestro que conocía el camino.

Nos pusimos en marcha a las cuatro de la madrugada. La furgoneta avanzaba por la carretera martilleando las piedras y abriendo profundos surcos en el fango, donde hasta poco antes crecía una blanda capa de musgo. Los dioses de la montaña no tardaron en vengarse. El resplandeciente cielo andino se oscureció en un enfermizo tono grisáceo. Cuando ya nos acercábamos al paso que finalmente nos conduciría a Caxas, nos vimos inmersos en un banco de niebla espesa, helada y pegajosa.

A primera vista, la «ciudad» me pareció una extensión de prados de montaña entre campos recién sembrados. Pero gradualmente empecé a distinguir, justo debajo de la hierba, alineaciones de surcos y protuberancias semejantes a las cicatrices que los masai se provocan con fines cosméticos. Caxas se extendía hasta el horizonte, y por primera vez comprendí lo grandiosa que debió de haber sido aquella ciudad en ruinas. Una ancha franja de un tono más oscuro de verde discurría recta como una flecha por uno de los bordes. El Camino del Inca. Eché a correr para comprobarlo. La niebla se espesó en el valle, como un guiso que llevara horas al fuego. Encontré el lugar y llamé a John.

«¿Esto es el camino? –me dijo, fijando la mirada en la hierba que tenía entre los pies–. ¡Vaya aburrimiento!»

Tenía razón. Pero las ruinas eran otra cosa. Me paseé entre los muros que apenas me llegaban a las rodillas, imaginando lo que debió de ver Hernando de Soto cuando llegó por primera vez: calles pavimentadas, plazas, fortalezas, un templo donde vivía medio millar de doncellas y cientos y cientos de casas...

En realidad, no fue del todo así. Lo primero que vio De Soto fueron tres cadáveres colgados de un árbol a la entrada de la ciudad. Los hombres habían sido sorprendidos cuando intentaban colarse en el templo de las vestales sagradas del dios del sol. La justicia incaica era rápida y despiadada.

En 1532, los habitantes de Caxas acababan de salir de una sangrienta guerra civil y estaban hartos de todo lo relacionado con los incas. Recibieron a los recién llegados con los brazos abiertos y los colmaron de regalos. A cambio, De Soto, «un hombre lleno de buenos impulsos, un caballero y un soldado», ordenó sacar del templo a las quinientas vírgenes del sol. Para los soldados fue «como ver los frutos del paraíso». De Soto dejó que cada hombre eligiera la que más le gustaba. Cuando todos estuvieron satisfechos, un anciano de la ciudad cargado de cadenas fue invitado a conducir a los conquistadores a Cajamarca y a su histórico encuentro con Atahualpa y el destino.

Durante años soñé con descubrir una ciudad antigua, con apartar una espesa maraña de enredaderas y encontrar de pronto un muro de piedra. Nadie sabe con certeza hasta dónde llegan las ruinas de Caxas bajo tierra ni lo que puede haber bajo cinco siglos de polvo acumulado. Yo sólo tenía una navaja, pero puse manos a la obra con irrefrenable entusiasmo. Arranqué plantas y trozos de musgo, removí puñados de tierra y finalmente descubrí una segunda hilera de piedras incas, alineadas bajo las primeras. John me había abandonado hacía tiempo para irse a dar una vuelta, pero el maestro vino a mirar lo que estaba haciendo. Me dijo que cuando era niño, los muros eran el doble de altos y el suelo estaba sembrado de bloques de piedra perfectamente rectangulares. «¿Qué ha pasado?», le pregunté. Se encogió de hombros. La gente había utilizado los bloques para construir casas y vallas. Eran muy buenos para los cimientos, y algunos de aquellos bloques se habían usado incluso para construir la escuela.

Me quedé mirando mi hilera de piedras incas recién descubiertas. Tal vez fuera mejor dejar las cosas tal como las había encontrado. Poco a poco, volví a rellenar todo lo que había excavado.

En el mapa parecía muy sencillo. Desde donde yo estaba, en Huancabamba, sólo había que seguir la carretera para llegar a Chachapoyas, otra capital provincial. La fina línea blanca de la carretera avanzaba paralela al río Huancabamba, hacia el sur, por una distancia no mayor que el largo de mi dedo pulgar. Después se convertía en una línea amarilla un poco más gruesa que era a todas luces una carretera de dos carriles. En todo el camino no parecía atravesar más que una pequeña zona montañosa.

Pero los mapas pueden ser engañosos. Aplanan cordilleras vertiginosas rellenan cañones y resucitan con trazos gruesos e ininterrumpidos carreteras destrozadas hace años por una riada. A menudo me pregunto por qué no usan para los mapas una medida más útil que los kilómetros, como por ejemplo la distancia que puede recorrer un hombre mientras mastica una bola de hojas de coca. Los indios llevan siglos midiendo de esa forma el tiempo y las distancias.

Tomando como referencia las bolas de hojas de coca masticadas, las montañas del centro de Perú se expandirían en el mapa hasta adquirir las proporciones del Sahara, y la zona costera se reduciría al grosor de una línea. La Amazonia, por su parte, se llenaría de líneas entrecortadas y sinuosas, indicadoras de lo desconocido o tal vez del infinito.

Pregunté aquí y allá. Tal como me habían dicho, la carretera a Huancabamba había desaparecido. Nos indicaron que teníamos que regresar a la costa, seguir camino hacia el sur por la carretera Panamericana y torcer al este para subir a las montañas. A la mañana siguiente estábamos traqueteando sobre carreteras llenas de baches, de camino a Piura.

Pasamos el día zigzagueando por el borde de los Andes, cubriendo kilómetros de camino montañoso para descender solamente unos cuantos cientos de metros. El paisaje se arrugaba a nuestro alrededor, como un esqueleto bajo el sol del desierto. Las algodonosas ovejas cedieron paso a correosas cabras, condenadas a toda una vida de pastos espinosos y hojas amargas. Los buitres planeaban sobre nuestras cabezas. A nuestro alrededor, aserradas montañas desgarraban el cielo como dientes de dragón. Finalmente, las ruedas del autocar descubrieron una cinta de asfalto junto a la fina franja de desierto que abraza el mar. Casi no presté atención a las playas arenosas que pasaban a nuestro lado. Mi mente ya había volado allá arriba, a las neblinosas montañas que eran nuestro destino. Al lugar donde vive el Pueblo de las Nubes.

CAPÍTULO 10

EL PUEBLO DE LAS NUBES

NOTAS DE CAMPO: A la mañana siguiente llegó nuestro carro. Un Toyota de 20 años con un volante que se tambaleaba como un diente flojo y los neumáticos más cansados que nadie haya visto nunca. Una verdadera amenaza sobre ruedas.

VARIOS MESES ANTES HABÍA LEÍDO lo siguiente en uno de los cubículos de la silenciosa Biblioteca del Congreso: «En la zona de Chachapoyas hay más ruinas sin descubrir por kilómetro cuadrado que en cualquier otro lugar de Perú.» El artículo se titulaba «La nueva frontera arqueológica de América del Sur». Inmediatamente apareció en mi mapa un gigantesco círculo amarillo que marcaba las agrestes montañas del norte, a 300 kilómetros de ninguna parte.

Sólo después comprendí por qué las ruinas llevaban tanto tiempo ocultas. «Chachapoyas» deriva de los términos quechuas *sacha*, «árboles», y *puyu*, «nubes». Toda la región está perennemente envuelta en una espesa capa de nubes y en un denso e impenetrable manto de árboles y enredaderas. La región es tan inaccesible que hasta hace dos años mantuvo celosamente escondidos unos restos de la mayor importancia arqueológica: más de doscientas momias e innumerables piezas de cerámica, textiles y otros objetos, todo a escasos kilómetros de una población importante.

Del Pueblo de las Nubes que vivió en esos bosques antes de la llegada de los españoles, e incluso de la de los incas, se sabe relativamente poco, en parte por la incesante actividad de los huaqueros, ladrones de tumbas que saquean las sepulturas en busca de cerámica y piezas textiles de valor. Su fuente de información suelen ser los campesinos locales, que a veces encuentran una gruta o una tumba cuando queman la selva para hacerse con nuevos campos de labranza. El saqueo de tumbas está penalizado por la legislación peruana, según prevé la *Ley de Conservación de las Antigüedades Nacionales*, pero los campesinos son pobres, los ladrones, ricos, y pocas piezas llegan intactas a manos de las autoridades. La mayoría de los descubrimientos importantes, como el de las doscientas momias, sólo sale a la luz cuando los arqueólogos advierten un oferta masiva de cerámica en el mercado negro, varios meses después de iniciado el saqueo.

Los indios chachapoya destacaban en el arte de labrar la piedra y solían trabajar a alturas de vértigo. Algunos de sus mausoleos se encuentran a cientos de metros de altura, en cuevas abiertas sobre la pared de la montaña. Nos han dejado imágenes de sangrientas decapitaciones y feroces jaguares, así como tejidos de hilos finísimos con tramas de una complejidad casi sobrehumana. Los chachapoya fueron conquistados por los incas, pero el imperio nunca llegó a absorberlos del todo. Se rebelaban constantemente. Los incas se vengaron con la deportación y al final recurrieron al genocidio.

Pero donde los poderosos incas fracasaron, triunfaron los microbios. Durante los dos primeros siglos de dominación española, la población de los chachapoya se redujo de 500.000 a menos de 10.000, diezmados en su mayoría por enfermedades europeas. Actualmente casi no queda nada de aquel pueblo misterioso que adoraba a las serpientes y atesoraba con igual entusiasmo sus primorosos tejidos y las cabezas de sus enemigos.

La estación de autobuses de Cajamarca es un patio de tierra

rodeado de casuchas de chapas. «Para la ciudad de Chachapoyas hay autobuses los miércoles y los sábados», dijo la señora de la taquilla. Estábamos de suerte. Era sábado. Compré los billetes. Le pregunté cuánto duraba el viaje. Las 16 horas que aparecían en el horario tenían que ser un error porque Chachapoyas estaba tan sólo a 130 kilómetros de distancia.

«Cinco horas», dijo.

¡Aleluya! Miré los billetes. «¡Pero si son para ir sólo hasta Celendín!»

«Ahí tienen que cambiar de autocar.»

Maldición. Ya sabía yo que era demasiado bueno para ser verdad. «¿A qué hora sale el autocar de Celendín?», pregunté.

«A las doce y media.»

Miré el reloj. «No llegaremos a Celendín antes de las doce y media.»

«Entonces pueden esperar en Celendín al siguiente autocar.»

«¿El del miércoles?», exclamé.

La mujer asintió con la cabeza y cerró de un chasquido la ventanilla de plástico. Volví con John y le expliqué lo inexplicable. Un taxista aprovechó la ocasión para abordarnos como quien no quiere la cosa y ofrecernos sus servicios y los de su furgoneta hasta Chachapoyas por el imbatible precio de 200 dólares.

A John se le iluminó la cara. Detestaba los autobuses. Ir a Chachapoyas en coche sería todo un lujo. Regateamos, lo dejamos en 100 dólares más la gasolina y nos fuimos a desayunar juntos.

El taxista se llamaba José Luis y había estado con su furgoneta blanca en todos los rincones de Perú. «Sesenta y dos horas desde Lima hasta Leymebamba sin dormir», me dijo orgulloso. Tenía cuatro hijas. Le hubiese gustado tener un chico, pero no se atrevía a intentarlo de nuevo. Sólo el gasto en muñecas durante la temporada navideña estaba a punto de llevarlo a la ruina. Parecía dispuesto a llevarnos a Chachapoyas en ocho horas, costara lo que costase. Aferraba con fuerza el volante y se le tensaban los músculos de los antebrazos cuando luchaba con la furgoneta para obligarla a seguir sin rechistar las curvas cerradas de la abrupta carretera de montaña. Cuando llegamos a Balsa, un pueblo polvoriento en la mitad del trayecto, yo estaba pegada al respaldo del asiento trasero tratando con escaso éxito de mantener el estómago dentro del coche a pesar de las curvas.

La primera vez que el fondo del chasis chocó con la carretera deteriorada experimenté cierto alivio, porque supuse, correctamente, que se enfriarían un poco los ánimos de nuestro piloto de carreras. Al poco tiempo, piedras del tamaño de un puño martilleaban el vientre del vehículo, como un extraño que llama insistentemente a la puerta. José Luis empezó a sudar.

Era casi medianoche cuando a duras penas llegamos a Leymebamba. Una piedra particularmente vengativa había perforado el cárter y estábamos perdiendo demasiado aceite para arriesgarnos a cubrir las cuatro horas de viaje que quedaban hasta Chachapoyas. Encontré alojamiento para José Luis, le pagué la carrera y las muñecas navideñas y le deseé buena suerte en el viaje de regreso. Después John y yo nos fuimos a buscar un sitio donde cenar antes de tomar el autocar de las tres y media de la madrugada para Chachapoyas.

Como era sábado, la plaza del pueblo estaba llena de borrachos que andaban haciendo eses. Se nos quedaban mirando, asombrados por la repentina aparición de un par de extranjeros, miraban las botellas en busca de una explicación y se recuperaban con otro trago. Me detuve en una parrillada donde vendían pinchos de carne y patatas para llevar, y compré la cena para John y para mí. La carne consistía en órganos internos no identificados, y dentro de las patatas había multitud de grumos blandos y relucientes.

«¿Qué son?», le pregunté a la parrillera.

Echó un vistazo a las patatas «Gusanos», respondió.

«¿Dentro?»

«Sí, a veces vienen en las patatas.»

«Ah.» Decidí no decírselo a John.

A LA MAÑANA SIGUIENTE NOS QUEDAMOS DORMIDOS, perdimos el autocar y finalmente fuimos al museo de Leymebamba. Un hombre joven de improbables guantes blancos nos explicó las diferencias entre los utensilios incas y los de Chachapoyas. Tenía el cuerpo compacto y curvado de un campesino, esculpido por años de empujar el arado. Hizo como que no se daba cuenta cuando yo me adelanté para acariciar un huso de hilar, desgastado por el contacto de laboriosas manos durante 500 años. Cuando terminó la visita guiada, Federico se quitó los guantes inmaculadamente blancos y los guardó en un cajón, dejando al descubierto las palmas callosas y las uñas castigadas de un cultivador de patatas. Le invité a un café. Se sentó con las manos entre las rodillas y los hombros echados hacia adelante y nos describió con detalle de tesis doctoral todas las ruinas existentes en 50 kilómetros a la redonda. Supuso que queríamos ver el sitio donde poco antes se habían encontrado las doscientas momias y nos ofreció alquilar unas mulas para llevarnos hasta allí. Le dije que preferíamos algo menos publicitado. Asintió, pero nos sugirió que viésemos de todos modos las famosas momias antes de marcharnos del pueblo.

Doscientos cuerpos desecados, la mayoría envueltos aún en los sudarios originales que hacían que parecieran un montón de sacos de patatas. ¿Sería interesante? Al entrar en la pequeña sala con temperatura y humedad controladas, me paré en seco. Una mujer me estaba mirando, unas pocas briznas de cabello sobre la frente, las manos extendidas sobre la cara, como protegiéndola, y los labios tensos en un grito eterno. La carne de los dedos se le había disuelto, dejando a la vista las gruesas articulaciones y las uñas protuberantes. Parecía tan viva que estuve a punto de mirar por encima de mi hombro para ver qué horrorosa visión provocaba su expresión de grito. A su lado yacían varios niños pequeños, con la piel acartonada colgando en pliegues como si llevaran ropas de varias tallas más grandes que las suyas. Era una hazaña extraordinaria preservar los cadáveres en tan buenas condiciones en una región de lluvias incesantes y aire cargado de humedad. El cuidador de los restos nos describió el proceso gráficamente y con todo detalle. Una vez extraídas las vísceras por el ano, la cavidad resultante se rellenaba con una mezcla de hierbas y polvos naturales. A continuación, el cuerpo se envolvía en capas y más capas de paño. Los arqueólogos modernos dedican días enteros a desenvolver una sola momia, y paran cada pocos minutos para fotografiar y bosquejar las tiras de tela hasta la última hebra.

La momificación era una técnica corriente de enterramiento en toda la región andina, pero los incas la convirtieron en un auténtico culto a los muertos. Según sus creencias religiosas, si el cuerpo se mantenía intacto, el alma viviría para siempre. En los días de fiesta sacaban en procesión los cuerpos momificados de sus monarcas muertos, los llevaban a visitar a los familiares, igual de rígidos, y les asignaban doncellas para que satisficieran todos sus caprichos.

Pero la vida eterna podía ser una pesada carga para quienes venían detrás. Las momias incas exigían los mismos privilegios que cuando estaban vivas. Seguían viviendo en palacios, atendidas por sirvientes y rodeadas de su familia. Gradualmente se impuso un sistema llamado *panaca*, por el cual la corte de cada monarca fallecido podía seguir utilizando las rentas de las tierras conquistadas para cubrir sus gastos por toda la eternidad. Al cabo de un tiempo, las mejores tierras agrícolas formaban parte de ese tipo de legados que aseguraban un considerable poder político a las familias de los reyes muertos. Así pues, cada nuevo Inca que subía al trono heredaba el dorado cascarón de un reino, sin nada dentro. Para cubrir sus gastos y mantener su corte, no tenía más remedio que conquistar nuevos territorios.

El resultado fue uno de los imperios más poderosos de América del Sur. Un efecto secundario del culto a los muertos.

Federico llegó al alba con dos caballos y dos mulas. Al poco tiempo estábamos muy por encima de Leymebamba recorriendo un antiguo camino inca que aún se mantiene gracias a una contribución anual de trabajo comunitario. Nuestro guía se puso a enumerar con orgullo a los arqueólogos y buscadores de tesoros extranjeros que había conocido en los últimos años. A mí me interesaba mucho más nuestro cultivador de patatas convertido en conservador de museo que unos cuantos cazadores de huesos llegados de Estados Unidos. Federico medía aproximadamente un metro sesenta, tenía oro en los dientes y unos hombros cuadrados que no acababan de encajar en su cuerpo más bien delgado. A los 34 años seguía viviendo con sus padres, que según explicó eran ancianos y necesitaban de sus cuidados. No quería casarse antes de que murieran porque no tenía dinero para mantener dos casas y no le parecía bien que esposa y suegra convivieran bajo un mismo techo. Era excepcionalmente bueno en el trato con los caballos y las mulas. Sabía calmarlos con la confianza adquirida a lo largo de toda una vida en el campo.

A última hora de la tarde llegamos a una casita de piedra rodeada por una cuidada pradera, donde pastaban unas llamas gordas y algodonosas. Los bloques de cimentación habían sido cuidadosamente cortados y en la base de cada pilar de la terraza había motivos incas labrados. El dueño salió y nos ayudó a desensillar los caballos, y por un momento casi pude creer que éramos viajeros del antiguo camino, a punto de pasar la noche en una de las muchas posadas que lo jalonaban.

El propietario se llamaban Willerman. Nos invitó a sentarnos junto al fuego mientras calentaba café y preparaba unas patatas para la cena. Willerman había trabajado durante 20 años como empleado administrativo en la lejana Lima, pero ante la perspectiva de ver crecer a sus dos hijos en un paisaje de cemento y contaminación se había «retirado» con su esposa a Leymebamba, para llevar aquí la vida mucho más ardua del campesino.

¿Pero qué niños se pueden criar entre paredes de piedra, sin agua corriente ni electricidad? Muy pronto lo averigüé. Juan Gabriel, el hijo de 12 años de Willerman, se puso a recorrer el suelo de tierra batida invocando a los cielos, riendo y llorando. Nos ofreció un electrizante recital de poesía española que duró una hora y pasó como un suspiro. Se sabía todos los poemas de memoria.

Nos levantamos con el sol, desayunamos un café aguado y patatas frías y salimos a visitar una de las necrópolis. Diablowasi, la «casa del diablo», resultó ser una pared acantilada con cientos de cámaras fúnebres horadadas en la roca, para que cada una de ellas sirviera de alojamiento a una momia que permanecería sonriente para la eternidad.

Desde cierta distancia, la pared parecía lisa y sin mácula. A medida que nos fuimos acercando, empezamos a distinguir pequeñas manchas de diferentes colores. Gradualmente, las manchas se convirtieron en puertas y ventanas, rodeadas de un exquisito trabajo de albañilería que se fundía con la roca fisurada como una capa de maquillaje. Más cerca aún pude ver varios cráneos de oscura boca sonriente dispersos por los umbrales y algún costillar apoyado en el muro exterior.

Nos abrimos paso entre la vegetación colgante hasta el pie del acantilado. En el suelo a nuestro alrededor había más cráneos medio hundidos en la tierra, con enredaderas que les brotaban de las cuencas oculares vacías. Seguimos andando entre los restos de esqueletos desechados por los saqueadores de tumbas en su frenética búsqueda de cerámicas y otros artículos apreciados en el mercado negro. Algunos de los torsos descabezados conservaban aún la piel acartonada, y casi todos estaban envueltos en tejidos de incalculable valor. Recorrí con los dedos una fina tira de paño de delicadísima trama. La lluvia lo había mojado y había empezado a pudrirse por un lado.

Recorrí la primera fila de cámaras mortuorias al pie del

acantilado, pero todas habían sido saqueadas. Según Federico, el Instituto Peruano de Cultura no disponía de equipos adecuados de montañismo para descender con cuerdas por el acantilado, por lo que nadie sabía si las cámaras superiores estaban intactas o no. Por desgracia, los actuales saqueadores de tumbas tienen fama de ser tan ingeniosos como sus antepasados chachapoya. Es poco probable que las cuevas más altas conserven todavía algo de valor.

Antes de irnos pregunté a Federico si podíamos recoger algunas de las piezas textiles más hermosas que yacían por el suelo para llevarlas al museo de Leymebamba. Sacudió la cabeza.

«Si nos llevamos cualquier cosa sin autorización expresa y aprobada por todas las autoridades competentes, nos podrían acusar de todos los saqueos que se han cometido por aquí.»

«¿Cuánto tiempo tardaríamos en conseguir los permisos?», pregunté.

«¿Para llevarnos piezas arqueológicas? –Se encogió de hombros–. Tal vez un año.»

Tejidos de 600 años de antigüedad condenados por ley a pudrirse y desaparecer. Por unos segundos consideré la posibilidad de guardarme un trozo pequeño en la mochila para llevármelo a casa, enmarcarlo y colgarlo en la pared de mi cuarto de estar. Pero el recuerdo de los saqueadores de tumbas y del daño que han hecho habría mancillado su belleza. Dejé el tejido en el suelo, donde estaba, y me alejé.

Volvimos a la casa de los Willerman, quienes nos recibieron como si fuésemos parientes o amigos de toda la vida que hacía siglos que no veían. Para mí, esa casa se ha convertido en una especie de emblema: construida con piedras incas y llena de calor, risas y generosidad. Lamentablemente, Juan Gabriel no estaba. Se había ido por la mañana a Leymebamba con nada más que un cuchillo y un abrigo. Su padre no estaba ni remotamente inquieto. Según nos dijo con la mirada reluciente de orgullo, su hijo era capaz de cubrir en tres horas el trayecto que nosotros habíamos recorrido en ocho.

En cambio, estaba preocupado por nuestro itinerario. Había nueve horas de marcha, a ritmo andino, hasta nuestra próxima etapa, la ciudad de Cochabamba. Incluso Federico, que hasta ese momento había soportado con paciencia sobrehumana nuestras constantes paradas y desvíos para filmar o fotografiar, temía que no llegáramos al paso más alto en la montaña con suficiente luz como para completar el descenso. Antes de caer exhaustos en la cama le prometimos solemnemente que mantendríamos el ritmo de la marcha pasara lo que pasase.

Para la población andina, las caminatas tienen muy poco de paseo y mucho de carrera a ritmo relativamente lento pero sostenido, mantenida durante kilómetros a pesar de la altitud. A la mañana siguiente tuvimos que comernos las palabras. Hasta las mulas se veían obligadas a trotar de vez en cuando para mantener el ritmo impuesto por la zancada regular y elástica de Federico. Poco a poco fuimos dejando atrás el bosque nuboso y subimos cada vez más y más y más arriba por un antiguo camino inca. Las escaleras eran tan empinadas que los caballos temblaban de miedo en los peldaños resbaladizos y mojados por la lluvia. Nuestros animales no fueron los primeros en rebelarse ante la ingeniería incaica. Cuando llegaron los españoles con sus pesadas armaduras, sus caballos estuvieron a punto de sucumbir víctimas de la inesperada altitud y el frío atenazante. Los caminos incas estaban hechos para hombres de baja estatura y ropa ligera, con pantorrillas de atleta, bazo hipertrofiado y pulmones enormes, y no para veloces corceles montados por guerreros de reluciente y pesada armadura.

Tampoco estaban hechos para gringos. Mantuvimos un trote continuado, a medida que el camino se estrechaba hasta convertirse en una senda de llamas. Los árboles se redujeron a arbustos, después se retorcieron en artrítica agonía y, por último, desaparecieron. Estábamos otra vez en el páramo, las praderas andinas de las cotas más altas que absorben como una esponja los seis meses de lluvias para luego ceder el agua en pequeñas dosis a los ríos que fluyen hacia la Amazonia o el Pacífico. La niebla cayó sobre nosotros y la temperatura bajó en picado. Más que trotar, teníamos que correr para evitar que el frío punzante se filtrara a través de todas las capas de ropa que llevábamos y nos hiciera sentir tan descarnados como las momias de la necrópolis. Cuando finalmente le dimos alcance, Federico estaba mirando fijamente la niebla que se arremolinaba a nuestro alrededor.

«¿Nos hemos perdido?», le pregunté al cabo de unos minutos.

«No. Pero tenemos un obstáculo.» Indicó la niebla.

Probé a preguntarlo de otra forma. «¿Tienes idea de dónde pueda estar el sendero?»

«Sí, pero habrá que esperar a que se levante la niebla.» Me entregó las riendas y se fue a buscar el sendero. En pocos segundos había desaparecido.

«Nos hemos perdido», dijo John llanamente, mientras yo me apoyaba en uno de nuestros sufridos caballos para calentarme. Yo no estaba particularmente preocupada. Por debajo de esos tontos guantes blancos del museo había visto las manos de un campesino de los Andes. Si el tiempo no mejoraba, siempre nos quedaba la posibilidad de dar nuestro brazo a torcer y volver a casa de los Willerman.

Apareció un fantasma, que la niebla tardó unos segundos en transformar en nuestro guía. Había encontrado el sendero.

La cima. El viento, entre aullidos, desgarró la niebla para revelar un espléndido paisaje de cumbres atormentadas que se erguían como dientes de cocodrilo sobre una base de carnosos valles verdes. Quebramos nuestra promesa y nos paramos para filmar. Cuando nos dimos la vuelta, Federico y los animales ya habían desaparecido. No teníamos nada para desafiar el frío de la noche excepto la ropa empapada de sudor que llevábamos puesta. Contuvimos el aliento y nos dirigimos a toda prisa hacia un lago semejante a una gema que relucía varios cientos de metros más abajo, con la esperanza de que la noche no se abatiera sobre nosotros sin haber hallado el camino.

Lo primero que encontramos fueron los caballos. Detrás venía Federico, agitando orgullosamente cuatro gordas truchas que había atrapado en el lago. Al ver su ancha sonrisa y su saludo alegre y despreocupado, el temor que habíamos experimentado en la cumbre nos pareció ridículo. Aun así, no habíamos recorrido más que la mitad del camino hasta Cochabamba, y el sol se estaba poniendo detrás de las montañas. Teníamos que darnos prisa.

En el descenso volvimos a adentrarnos en una niebla líquida y lechosa. La temperatura subió como un cohete y en menos de una hora pasamos de un frío de echarse a tiritar a un calor de manga corta. Habíamos atravesado los Andes en menos de tres días, desde las polvaredas de la desértica vertiente occidental, pasando por el bosque nuboso y las cumbres desnudas, hasta el mundo acuoso de la Amazonia.

Cochabamba. Calles que nunca han visto un automóvil y rebaños de ovejas que impiden que la hierba invada las aceras. Con sus burros, caballos, cerdos y ovejas, la plaza mayor parece un belén de tamaño natural. El maestro de la escuela nos cedió su habitación para pasar la noche y su madre, generosamente, se ofreció para cocinar las truchas de Federico.

Lo único que se conserva del pasado incaico de Cochabamba, que fue un importante centro administrativo, es una de las puertas de la ciudad, dos baños públicos medio derruidos y unos cuantos bloques de piedra tan grandes que los campesinos simplemente los rodean cuando aran sus campos. ¿Qué había pasado con los miles de bloques de piedra que constituyeron antaño los muros y edificios de esta ciudad? La respuesta era tan evidente que tardé un tiempo en descubrirla. Casi todas las vallas tenían piedras angulares de una regularidad asombrosa. Los bloques que formaban las dos primeras hileras de los muros de cada casa eran perfectamente rectangulares. El antiguo acueducto todavía estaba en uso, aunque cubierto de vegetación y medio obstruido por el musgo. La mayor parte de las piedras de la ciudad antigua se habían reencarnado en los muros de la iglesia. Me pareció un sacrilegio someter a todo un pueblo, convertirlo a otra religión, saquear sus grandes obras de ingeniería y utilizar sus piedras para levantar un templo al dios de los recién llegados. Pero los incas habían reservado el mismo trato a quienes ya estaban allí antes que ellos. Cochabamba no era un museo, sino un trozo vivo de historia. Probablemente los que labraron aquellas piedras habrían estado de acuerdo en que el fruto de su labor continúe siendo utilizado por manos vivas y encallecidas por el trabajo.

Federico iba y venía por el pueblo como una gallina preocupada, asegurándose de que tuviéramos animales para llegar a Pusak, el final de nuestro trayecto. No parecía preocuparle lo más mínimo la perspectiva de tener que atravesar una vez más el paso montañoso y llegar a Leymebamba en un solo día. Cuando finalmente recogió sus escasas pertenencias, me di cuenta de lo mucho que iba a echar de menos su compañía. Si hubiese podido seguir con nosotros... Pero no, sus padres le esperaban y tenía unos campos que atender. Me quedé viéndole marchar. Se volvió por última vez para saludar, en las afueras del pueblo, y desapareció.

Pusak. Canastas de mimbre llenas de pan de hace una semana. Sandalias hechas con neumáticos viejos. Toldos azules de plástico, agrietados por el sol y descoloridos de tan viejos hasta adquirir un tono semejante a la piel humana. Seis tiendas diminutas que todas vendían aproximadamente las mismas baratijas. Una polvareda permanente sobre la plaza donde los niños del pueblo jugaban al fútbol. En una esquina, una anciana sentada detrás de una carretilla vendía plátanos demasiado maduros. Me bebí una botella de refresco medio tibio, tratando de recordar los vientos gélidos y los dedos ateridos de sólo hacía un día.

El coche que había contratado para regresar a Leymebamba no aparecía por ningún sitio. El partido de fútbol terminó abruptamente, y los dos equipos decidieron ir a investigar las novedades extranjeras. Me comí una docena de plátanos negros.

Ni señal del coche. Observé la rápida descomposición de las pieles vacías sobre la acera, mientras los jugadores de fútbol me observaban a mí. A las ocho, la luna estaba en lo alto del cielo y los niños se habían ido a sus casas. Teníamos las calles para nosotros solos y ningún sitio adónde ir. La dueña de la carretilla nos vendió un último racimo de plátanos y acto seguido, inesperadamente, nos invitó a dormir en el suelo de su pequeñísima tienda, a una calle de distancia de la plaza.

Se llamaba Mamita Teresa. Era cordial y habladora y, a la manera de las mofetas, tenía una franja blanca en el centro de la cabellera negra como el carbón. Su marido la había dejado por otra hacía 20 años y ella todavía no le había encontrado sustituto.

Vivía en la diminuta vivienda de encima de la tienda, donde los techos eran tan bajos que tenía que andar inclinada. Tras años y años de semejante ejercicio, la columna vertebral se le había convertido en un signo de interrogación. Tenía cuatro hijos y los cuatro se habían marchado de Pusak para buscar fortuna. Con orgullo me contó que la llamaban de vez en cuando al único teléfono del pueblo. Cuando la empleada de la sucursal de correos salía a buscarla, todo el pueblo sabía que la llamaba uno de sus hijos.

La electricidad no había llegado a Pusak ni estaba previsto que llegara en un futuro próximo, pero Mamita Teresa, como la mayoría de sus vecinos, tenía un pequeño televisor que funcionaba con una batería de automóvil. Cuando la batería se agotaba, podía recargarla en el taller de enfrente por el módico precio de 21 plátanos. ¿Por qué comprar un televisor antes que un farol de gas, un retrete que funcione o un frigorífico? Por la misma razón, me dijo, que cada mañana llenaba su carretilla y la estacionaba en la plaza del pueblo, a menos de 10 metros de su tienda. De ese modo disponía de una ventana sobre la vida del pueblo, algo que ver y en que pensar y algo de que hablar. Aquí la televisión era la forma de ver más allá del borde del pueblo hacia un mundo misterioso de aviones, aparatos de fax, pelícanos y osos polares.

En los anaqueles de su tienda había unos cuantos mangos arrugados, unas botellas polvorientas de cerveza y algunas verduras medio marchitas. Las ratas y las cucarachas habían probado casi todo lo comestible, pero el suelo estaba inmaculado. Más milagroso aún: en una esquina de la habitación había un enorme fregadero de hormigón. Con cierto esfuerzo conseguí meterme bajo el grifo y quitarme de encima varios días de sudor y suciedad. A mi alrededor flotaban envases de cerveza y algo blando rodó bajo mi rodilla. Una zanahoria podrida. Apagué las velas, comí unos plátanos más acompañados de cerveza y me fui a la cama.

Mamita Teresa sacudió suavemente mi saco de dormir. Eran las cinco y media. Delante de la puerta se había estacionado un automóvil de unos 20 años. Un hombre ya mayor, de pelo blanco, dormía inclinado sobre la palanca de cambios, roncando estruendosamente.

Se llamaba Santiago. Examiné su coche con cierta preocupación. Los neumáticos estaban lisos como el culito de un bebé, y la rueda de recambio estaba todavía peor. Era una locura desafiar con esa cafetera los estrechos y sinuosos caminos de la montaña. Ningún problema, insistió Santiago, golpeando cariñosamente el volante, que se tambaleó como un diente suelto. «Este auto es sólido como una roca», dijo. Afirmó que era incluso mejor que el que pensaba traer, que se había quedado en Leymebamba con el parabrisas roto y por eso no había podido presentarse el día anterior.

Antes de irnos, Mamita Teresa nos sugirió que llevásemos provisiones para el viaje: unas naranjas, una bolsa de cacahuetes, o tal vez quisiéramos una estatuilla de madera. Según nos dijo con sonrisa cómplice, muchos extranjeros venían a Pusak a comprar antigüedades. Si nos interesaban las momias o las piezas de cerámica, podía pasarles el pedido a los saqueadores de tumbas para que nos consiguieran lo que queríamos. ¿La viejecita y bondadosa Teresa era una intermediaria de la mafia local de cazadores de huesos? Era como descubrir que la abuelita del vecindario, que nos invitaba a todos con pastelitos caseros, tenía un burdel montado en el sótano de su casa.

Rechacé las antigüedades ilegales, pero apunté el número de teléfono de la sucursal de correos. Teresa había sido amable con nosotros y me dije que algún día la llamaría desde un país lejano, para que la empleada de correos corriera a buscarla y todo el pueblo supiera que la llamaban por teléfono.

SANTIAGO ERA MUCHO MÁS QUE UN TAXISTA. Él era el centro de comunicaciones de varios pueblos remotos, con pocas líneas telefónicas y menos carreteras. Era el supermercado y la centralita de la región, como pudimos comprobar por sus constantes paradas para hablar y negociar con casi todos los coches que nos encontramos a lo largo del camino. A cada uno le ofrecía algún trato, como un par de cestas de mangos a cambio de transportar a la ciudad dos haces de heno, o le recordaba algún compromiso, como el de desviarse para recoger una remesa de aguacates como pago por el favor de haberlo ayudado hace un tiempo a desatascar su vehículo del fango. Parecía recordar cada deuda contraída y cada trato hecho en su vida, además de docenas de trozos sueltos de información sobre todos los campesinos de la región, sus familias y sus cosechas, sus opiniones políticas y sus pequeños escándalos. Y conocía la carretera.

«El año pasado sin ir más lejos –nos dijo mientras avanzábamos junto a una pared rocosa que caía en picado en el valle a nuestros pies–, un Toyota rojo con tres pasajeros y conductor se salió aquí mismo de la carretera, en medio de la noche. Cayó unos 80 metros por el barranco y gracias a Dios nadie resultó herido, excepto el conductor, que se hizo un pequeño corte en la cabeza. Dicen que fue porque el coche no se despeñó rodando, sino que cayó por el aire y la vegetación amortiguó la caída –un buen truco para recordar si algún día caigo por un acantilado, me dije–. El coche –añadió con expresión compungida– quedó totalmente destruido.»

«Y allí –dijo señalando un reborde engañosamente ancho de la carretera, desde el cual se podía contemplar un río que discurría varios cientos de metros más abajo–, un camión con muchos pasajeros desapareció y no fue posible encontrarlo en varios días. Yo estaba presente cuando lo izaron a la carretera. Parece ser que el conductor era un aprendiz y que había bebido. Una desgracia terrible.» Miró fijamente por el retrovisor a su hijo de 17 años, sentado a mi lado en el asiento trasero.

El problema no siempre era el alcohol o la inexperiencia. A veces la carretera era la culpable. Durante la estación lluviosa se deslizaba por la ladera, como el helado por el borde del cucurucho. Otras veces la muerte llovía del cielo, en forma de peñascos del tamaño de una casa que aplastaban a los vehículos como si fueran pelotas de ping-pong. En la última temporada de lluvias, un solo pedrusco monumental se había llevado por delante 10 metros de carretera, dejando en completo aislamiento la ciudad de Leymebamba y los pueblos de los alrededores durante varias semanas.

Paramos para comer patatas calientes en un pueblo polvoriento y sin nombre. Mientras Santiago bromeaba con los dueños del local, nosotros mirábamos a su hijo de seis meses, jugando con un gatito en el suelo de hormigón. Cuando llegó el momento de irnos, advertí que nuestro chófer llevaba una bolsa de plástico que se movía y se retorcía como si dentro tuviera una serpiente.

«¿Qué es eso?», le pregunté.

«¡Sssh! No digas nada», me susurró, haciéndome un gesto de silencio con la mano. Sólo cuando hubimos salido del pueblo, metió la mano en la bolsa y sacó al gatito asustado.

«¿Has *robado* un gato?», le pregunté, cogiendo en brazos la diminuta bola de pelo.

«¡Es broma! —se apresuró a explicarme Santiago—. No creí que de verdad fueran a dármelo. El gatito era del vecino y se les estaba colando todo el tiempo en el restaurante. Querían quitárselo de encima —se encogió de hombros—. Se lo daré a mi hija.»

El paquetito de media libra de curiosidad y garras diminutas pasó las seis horas siguientes explorando hasta el último rincón del coche, nuestro material, la comida y la ropa. Yo lo acogí con gusto, caliente y ronroneante, en la palma de mi mano. No podía recordar cuándo había sentido por última vez una caricia suave sobre la piel. Me quedé dormida, acunada por las canciones de amor que Santiago entonaba para mantenerse despierto y por el ronroneo de un tibio pelaje junto al cuello.

El autocar a Cajamarca, que tenía que salir a primera hora de la mañana, llegó pasado el mediodía. Sí, podíamos subir, dijo el conductor. No, no había asientos. Pasajeros y equipaje ya ocupaban el pasillo central. Una anciana sentada cerca del conductor reparó en el huso de hilar que asomaba por una esquina de mi mochila y enseguida nos hizo sitio en la parte delantera del autocar. Examinó mi lana y la pasó a las otras mujeres, quienes se pusieron a cloquear entre ellas y convinieron que necesitaba una limpieza antes de seguir hilando. Cada una de las pasajeras a menos de un brazo de distancia cogió un poco de lana y se puso a separar concienzudamente los abrojos y los trocitos de estiércol de alpaca, abriendo con cuidado las fibras. Cuando se hubo formado en el pasillo una pila de lana etérea como una nube, todas, una a una, se fueron turnando para hilarla.

Pude medir el tiempo en ovillos de lana de alpaca que caían sobre mi regazo. Cuatro ovillos, o cuatro horas más tarde, se oyó una brusca explosión y el autocar se detuvo. Todo el mundo se apeó y aprovechó la ocasión para echarse a la sombra. El conductor y el cobrador tuvieron que abrirse paso entre cajas y maletas para llegar a la rueda de repuesto más cochambrosa que he visto en años. Tenía parches en los parches. Vista de lado, el caucho descascarado presentaba el aspecto de los anillos de un árbol de 500 años.

Enseguida apareció un gato de grandes dimensiones y poco después un martillo. Cuando vi que revolvían en la caja de herramientas en busca de un cortafrío comprendí que teníamos problemas. Un vistazo a la maltrecha tuerca de orejetas fue suficiente para irme a buscar un lugar cómodo y cubierto de musgo junto a la carretera donde poder echar una siesta. El día iba a ser largo.

El sol se estaba poniendo detrás del horizonte cuando unos dedos artríticos me tiraron de la manga. Volvimos a montarnos en el autocar, dejando atrás un solitario tiznón negro y una buena peste a goma quemada.

La oscuridad nos sorprendió cuando aún estábamos en la montaña. El conductor, un veterano de mil viajes por estos mismos caminos, tenía que luchar con el volante para obligar al vehículo a seguir las curvas cerradas que bordeaban los acantilados. De vez en cuando indicaba a su joven ayudante que hiciera algo con una enredada maraña de cables que había junto a su asiento. Una hora después de la puesta de sol hizo una parada para que el muchacho saliera y desconectara una de las luces de los faros. Nuestro imperturbable conductor estaba empezando a perturbarse. Veinte minutos después hubo que desconectar otra luz y después una tercera. Con toda calma, me explicó que el alternador estaba averiado y que las baterías se estaban agotando. El pinchazo nos había obligado inesperadamente a circular por la noche. Todo parecía indicar que íbamos a tener que iluminar el camino con luz de velas mucho antes de llegar a medio camino de Celendín.

Pero aquél no era nuestro único problema. Había al menos 80 personas a bordo y, cuando el autocar tenía que describir una curva cerrada, el conductor hacía descender a la mitad del pasaje para que el vehículo sobrecargado no provocara un desprendimiento del arcén con el consiguiente riesgo de precipitarse al vacío. Lo más sensato habría sido bajarse del autocar y cubrir a pie, con la mochila a la espalda, los 50 kilómetros restantes. Pero me porté como una cobarde y simplemente me dormí.

Llegamos a Celendín pasada la medianoche. La mayoría de los pasajeros se quedó en el autocar las cinco horas que faltaban hasta poder conectar con la línea de Cajamarca.

Me despedí de las mujeres que habían compartido conmigo su increíble habilidad para hilar. Ellas me habían dado algo más que cuatro ovillos de lana perfectamente hilada. El jersey que pensaba tejer me recordaría por siempre sus rostros amables y sus manos encallecidas.

Los asientos angulosos del autocar no habían sido hechos para acomodar la larguirucha estructura de John. El pobre necesitaba urgentemente un hostal. A la mañana siguiente me cuidé mucho de mencionarle siquiera los transportes colectivos. Salí a primera hora en busca de otro taxi para cubrir los últimos 80 kilómetros hacia el sur, a través de una tierra de árboles esbeltos y onduladas praderas, de rebaños de ovejas y campos bien labrados, hasta Cajamarca.

CAPÍTULO 11

EL CREPÚSCULO DE UN IMPERIO

NOTAS DE CAMPO: 160 hombres contra 10 millones. ¿A que no adivinas quién ganó?

E N EL FRESCO VERDOR DE LOS ANDES, Cajamarca es una perla que los turistas muchas veces pasan por alto, por las prisas de ver Cuzco y sus tesoros más palpables. Pero la falta de piedras bien cortadas se ve más que compensada por el papel protagonista que tuvo la ciudad en una de las batallas más extraordinarias de todos los tiempos entre el último soberano de los incas y una banda heterogénea de españoles.

Fue el 15 de noviembre de 1532. Los 160 hombres de Francisco Pizarro coronaron la sierra que domina Cajamarca con la intención de interceptar a Atahualpa, el reciente vencedor en una guerra civil de cinco años de duración contra su medio hermano Huáscar. Pero lo que vieron los españoles desde aquellas montañas les hizo olvidar sus sueños de oro y de gloria. Las hogueras del campamento enemigo tapizaban el valle a sus pies, «tan abundantes como las estrellas en el cielo». Aunque los aspirantes a conquistadores temblaban dentro de las armaduras, no se atrevían a expresar abiertamente su temor: «Los indios que venían con nosotros nos habrían matado». Ni siquiera tenían adónde huir. Estaban en el corazón de un imperio hostil. El segundo sistema montañoso más alto del mundo se interponía entre ellos y la seguridad de sus barcos.

Pasaron la noche escribiendo sus testamentos. Un sacerdote circuló por el campamento administrando la extremaunción. «A muchos de los españoles se les aflojaron los esfínteres de puro terror», escribió un testigo presencial. Sólo Pizarro se mantuvo imperturbable. Hasta parecía agradecer la adversidad de la situación, convencido de que sus hombres lucharían con más bravura al no tener la menor posibilidad de escapar. «Haced de vuestro corazón una fortaleza, porque es la única que vais a tener», les arengó.

Atahualpa, por su parte, estaba pasando un buen rato en los baños termales a escasa distancia de la ciudad, rodeado de su séquito. Estaba al corriente de todos los movimientos de los españoles. Desde su llegada unos meses antes, había mandado vigilar de cerca a aquellos extranjeros pálidos y barbudos. Pero no eran más que un puñado de hombres. ¿Qué podían hacer ellos contra 10 millones de leales súbditos?

A la mañana siguiente, Pizarro mandó un mensajero para solicitar una audiencia con el emperador de los incas. Hernando de Soto y los hombres que lo acompañaban tuvieron que atravesar las líneas enemigas, donde sintieron la hostilidad de 8.000 soldados curtidos en el arte de la guerra. De pronto, conociendo el miedo que los caballos infundían a los incas, De Soto inició una carga a galope tendido que sólo detuvo en seco cuando se vio a escasos centímetros de la nariz de Atahualpa. La espumosa saliva del corcel salpicó la túnica del monarca, quien ni siquiera parpadeó. Los hombres de su séquito que se movieron, con intención de proteger al soberano, fueron ejecutados poco después.

Atahualpa acordó recibir a Pizarro al día siguiente en la plaza central de Cajamarca. Tranquilamente ordenó a sus hombres que esperaran hasta el crepúsculo, convencido erróneamente de que los españoles no podían utilizar sus caballos por la noche.

Mientras tanto, De Soto regresó al campamento español y Pizarro ordenó a sus hombres que se escondieran en los edificios que rodeaban la plaza central. Pasaron todo el día en una tensa expectativa. Atahualpa no apareció hasta última hora de la tarde. Estaba tan confiado en su superioridad que no se presentó en traje de combate, sino luciendo todas sus galas de ceremonia. Iba sentado en un palanquín revestido de oro y de plata y adornado con multicolores plumas de guacamayo. Llevaba un collar de esmeraldas, y los motivos de su túnica estaban tejidos con hilo de oro. Abría el cortejo una guardia honorífica con tambores, flautas y caracolas que resonaban como clarines. A su alrededor danzaban cientos de bailarines y un coro interpretaba canciones en honor del monarca, mientras docenas de niños barrían el suelo por el que iba a pasar su rey-dios.

Las danzas finalizaron y el palanquín de Atahualpa se detuvo. No había nadie en la plaza, excepto un fraile dominico con una cruz en una mano y una Biblia en la otra. Se adelantó y tendió al monarca las Sagradas Escrituras. Atahualpa se puso el libro junto al oído y, al no oír nada, lo tiró al suelo. Era la excusa que los españoles necesitaban. Al grito de «¡Santiago y cierra España!», se abrieron las puertas del infierno. Retumbaron los cañones. Cargaron los caballos. Un muro de un metro de ancho se desplomó, cediendo ante la oleada de guerreros que huían aterrorizados de la escena apocalíptica. Pizarro se fue directamente hacia Atahualpa. Aunque los nobles incas que cargaban el palanquín a sus espaldas estaban siendo aniquilados sin poder defenderse, continuamente llegaban otros que sustituían a los caídos. Pero Pizarro se abalanzó sobre el emperador y lo hizo caer al suelo.

Cuando finalmente se despejó la espesa humareda de los cañones, Atahualpa estaba encadenado. Siete mil de sus guerreros yacían muertos en la plaza y en los campos cercanos. Ni un solo español había resultado herido, excepto Pizarro, que sufrió una lesión leve en una mano cuando intentaba proteger al Inca de un mandoble de uno de sus propios hombres.

Dicen que Roma cayó en un día. El imperio incaico cayó en menos de una hora.

Atahualpa era más que un monarca. Era un dios. Con su captura, el imperio quedó decapitado. Nadie, ni siquiera el mejor y más valiente de sus generales, se hubiese atrevido a atacar a los españoles por temor a que éstos se vengaran asesinando al dios cautivo.

Pero Atahualpa no tardó en elaborar un plan. Había estado observando a aquellos ingeniosos extranjeros y conocía su codicia por el oro. En un último y desesperado intento, les ofreció llenar toda una habitación una vez con oro y dos veces con plata, a cambio de su libertad. Era el mayor rescate ofrecido en toda la historia.

Durante los nueve meses siguientes, el Camino del Inca se transformó en la ruta del oro, mientras tesoros invalorables fluían a Cajamarca desde todos los rincones del imperio. Delicadas obras de arte, planchas de oro que habían revestido los muros de los templos del sol e infinidad de figurillas de plata, todo a cambio de la vida y la libertad del dios viviente.

Mientras, Atahualpa pasaba el tiempo jugando a los naipes y practicando su español. Incluso aprendió a leer un poco, superando así a Pizarro, que era analfabeto. Le permitieron conservar muchos de los signos y privilegios de su elevada posición, como el manto de piel de murciélago que tanto admiraban los españoles. Cientos de mujeres atendían constantemente todos sus caprichos. A la hora de comer, sólo tenía que señalar con el dedo lo que quería para que alguien corriera a llevárselo a la boca. Si se le caía un cabello, una de las doncellas del servicio lo levantaba de inmediato y se lo comía para evitar los hechizos, que aterrorizaban a Atahualpa. El mismo procedimiento se aplicaba a sus escupitajos.

Las cosas empezaban a ir bien para los hombres de Pizarro. El oro y la plata llegaban por toneladas desde los rincones más remotos del imperio. Los conquistadores, muchos de los cuales habían sido hasta hacía pocos años los parias de la sociedad española, de pronto podían poner herraduras de oro macizo a sus caballos y jugar con naipes de oro puro.

Finalmente el rescate estuvo completo. Pero temiendo las consecuencias de liberar a su rehén, los españoles lo acusaron de un montón de falsedades y rompieron su promesa. Delante de un tribunal improvisado, Atahualpa fue juzgado por traición y condenado a la hoguera.

Los incas creían que para acceder al otro mundo tenían que abandonar éste con el cuerpo completamente intacto. Para Atahualpa, la incineración era un destino mucho peor que la muerte. En el último momento aceptó convertirse al cristianismo a cambio de que lo ejecutaran por estrangulamiento.

En cuanto estuvo muerto, los españoles quebrantaron una vez más sus promesas: le cortaron la cabeza y la colgaron a la vista de todos a las puertas de la ciudad. Se congregó entonces una vasta multitud para adorar la siniestra reliquia, cuyo rostro, según cuentan, se fue tornando cada vez más hermoso a medida que pasaban los días. Finalmente, una noche, los españoles descolgaron la cabeza y la enterraron. Pero para entonces era demasiado tarde. Ya había nacido la leyenda de Inkarri, conservada hasta nuestros días. De la cabeza de Atahualpa, sepultada en un lugar secreto, brotará algún día un nuevo cuerpo. Cuando así sea, el Inca se levantará de entre los muertos y regresará para devolver a su pueblo la gloria que conoció en el pasado.

Había otros nobles incas que también eran descendientes directos del dios del sol. Algunos se pasaron al bando español y llegaron a asumir cargos de importancia. Otros organizaron la resistencia y acosaron a los conquistadores por todo el territorio de Perú durante los 35 años siguientes. Pero todo eso no fue más que un epílogo del día aciago en que 160 españoles desesperados desafiaron a un poderoso imperio... y ganaron.

EL PATRIARCA
DE PLAYA HUANCHACO

NOTAS DE CAMPO: «Las mujeres están para cocinar el pescado, no para pescarlo», dijo.

EL VIAJE LLEGÓ A UNA ENCRUCIJADA. El Capac Ngan (el «Camino Alto del Inca») discurría hacia el sur, desde Cajamarca hasta Cuzco, siguiendo la espina dorsal de los Andes. Pero había un camino secundario que se desviaba al oeste y atravesaba las estribaciones de la cordillera para conectar con el ramal costero del antiguo Camino del Inca en la localidad de Chanchán, antaño la capital del reino chimú.

El sol y la brisa del mar me resultaban tentadores, lo mismo que la cultura chimú, la cual rivalizó con los incas tanto en arte como en obras de ingeniería. Pero entre Cajamarca y el mar había una franja ancha de desierto despiadado.

La mayor parte de la costa de Perú es una larga cinta de arena y rocas, bordeada por la corriente de Humboldt, que transporta agua fría desde la Antártida casi hasta el ecuador. En el litoral, el viento sopla siempre en dirección a la costa y enfría el aire sobre tierra firme. Como resultado, las temperaturas son suaves y el aire es seco. Las montañas se yerguen al este como una barrera que impide el paso de las lluvias. Pero la misma corriente que enfría y reseca el aire también aporta al litoral su principal bendición: el afloramiento a la superficie del agua fría de las profundidades, creando una de las fuentes de vida marina más ricas del mundo.

A intervalos, el valle de un río se abre paso a través de la arena interminable, para devolver al mar el agua de las esponjosas praderas andinas. Esos valles fértiles donde abunda la comida y el agua dulce, fueron colonizados rápidamente y se convirtieron en escenario de algunas de las culturas sudamericanas más avanzadas. Una de ellas fue el reino de Chimor.

Chimor hundía sus raíces en otra antigua cultura cuyo apogeo lo alcanzó en torno al año 600 de nuestra era, a orillas del río Moche, cerca de la actual ciudad de Trujillo. Los mochica, o moche, fueron un avanzado pueblo guerrero que conquistó varios valles vecinos y construyó sistemas de regadío para mantener a una población compuesta por 50.000 habitantes. Cazaban leones marinos desde sus embarcaciones de totora y abatían a los venados que bajaban a pastar en las riberas del río. Sus canales de regadío se extendían hasta perderse de vista por las yermas tierras del desierto. Tenían perros domesticados y cultivaban judías, calabazas, maíz, cacahuetes y pimientos. Viajaban a Chile para adquirir lapislázuli y al golfo de Guayaquil, al norte, para conseguir las raras conchas de *Spondylus*. Incluso llegaron a desarrollar una técnica de galvanoplastia que les permitía aplicar baños de oro a los objetos de cobre. Aunque carecían de un sistema de escritura, todo hace pensar que deseaban conservar para la posteridad cada detalle de su cultura. Escultores y artesanos eximios, utilizaron su habilidad artística para legarnos una representación casi fotográfica de su vida cotidiana. En sus piezas de cerámica podemos ver sangrientas ceremonias, guerreros con cascos cónicos emplumados y túnicas resplandecientes, hombres y mujeres entrelazados en todas las variantes posibles del acto sexual, cabezas cortadas, quenas y flautas. Sus dibujos son tan realistas y detallados que nos proporcionan información incluso de los males que padecieron: enfermedades venéreas, ceguera y tal vez cáncer.

Después, en algún momento entre los años 650 y 700, sobrevino el desastre. Las lluvias torrenciales de El Niño destrozaron sus sistemas de regadío, causando hambre y desolación. El pueblo mochica se hundió en el olvido.

Pero no por mucho tiempo. Dos siglos después resurgieron, reencarnados en el reino de Chimor. La fundación de Chanchán, la capital chimú, se remonta al año 800. Con la conquista de casi 1.000 kilómetros de territorio a lo largo de la costa, los chimú estaban destinados a edificar el mayor reino de Perú antes del apogeo de los incas. Hicieron de Chanchán una ciudad magnífica, con templos amurallados, mausoleos, parques y lagos artificiales. Su población estaba compuesta principalmente de hilanderas, orfebres y alfareros.

Chimor se encontraba en su mejor momento cuando los incas iniciaron su expansión. El conflicto era, pues, inevitable. Lenta pero inexorablemente, los ejércitos incas superaron la barrera del desierto. Pero al final ni siquiera tuvieron que recurrir a la fuerza. El mismo río que había insuflado vida a la cultura chimú provocó su caída. El Inca Topa Yupanqui sólo tuvo que obstruir el curso del río antes de su paso por Chanchán, la capital del reino, para que los chimú se rindieran sin luchar. Una vez absorbido el reino, su tecnología se diseminó por todo el imperio incaico.

ME ENCONTRABA A UNOS OCHO KILÓMETROS DE CHANCHÁN, avanzando con esfuerzo por una extensión arenosa caliente como el infierno, cuando di con los restos del Camino del Inca. Aunque prácticamente habían desaparecido los muros, que en otro tiempo eran altos, el camino propiamente dicho aún se distinguía con claridad. De unos 10 metros de ancho, se extendía en línea recta hasta el horizonte, como una prehistórica pista de aterrizaje. Un poco más allá estaba el mar.

Huanchaco es un puntito en la costa del norte de Perú, un bonito pueblo con blancas playas de arena, grandes olas, pescadores de piel tostada y embarcaciones de totora, réplica casi exacta de los antiguos barquitos de junco representados en las piezas de alfarería mochica del siglo VII. La proa fina y alargada contrasta con la popa truncada. Los pescadores los llaman «caballitos», y verdaderamente lo parecen cuando regresan a la playa cabalgando sobre las olas. Cuenta la leyenda que los caballitos son descendientes de la embarcación de madera de balsa que trajo hasta la costa peruana a Tacaynamu, el fundador del pueblo chimú.

Yo había viajado a Huanchaco para aprender todo lo posible acerca de aquellas antiguas embarcaciones, junto a los pescadores que aún las utilizan. Abrigaba la secreta esperanza de que me ayudaran a construir mi propio caballito y confiaba en aprender a timonearlo entre las olas.

Elvira era la dueña de una pensión de Huanchaco cuyo apropiado nombre era Caballitos de Totora. Tenía toda la jovial energía y el entrañable encanto de un cachorro de labrador. En cuanto supo lo que yo quería, me envió a ver a un hombre llamado Buso, el patriarca de playa Huanchaco. Lo encontré remendando redes, acompañado de cuatro de sus diez hijos. Era redondo y achaparrado. No tenía las curvas escultóricas ni los ángulos cincelados de los culturistas, pero era enormemente fuerte. Era el tipo de hombre capaz de entrar en la cocina, echarse al hombro el frigorífico y salir por la puerta silbando.

Varios pescadores se congregaron a nuestro alrededor para escuchar respetuosamente nuestras negociaciones. Yo sabía que si Buso decidía no colaborar conmigo, ya podía recoger mis cosas y marcharme. Le hablé de mi sueño de construir una embarcación y cabalgar las olas... Él escuchó mi discurso en silencio y finalmente sacudió la cabeza. «Las mujeres no salen al mar», me dijo. Intenté hacerle cambiar de opinión con un auténtico despliegue de carisma y encanto personal, pero fracasé estrepitosamente. Entonces le ofrecí dinero. Se aclaró la garganta un par de veces, con la vista fija en el mar, y finalmente dijo que a veces se puede hacer una excepción. Cuando se fue, llevaba un fajo de billetes en la mano. Evidentemente, hacía falta mucho más que conocer los caprichos del mar para ser el patriarca de playa Huanchaco.

Yo había practicado un poco el piragüismo y hasta había remado en un kayak en aguas bravas cuando estudiaba en la universidad. Los caballitos parecían inestables, pero el principio tenía que ser más o menos el mismo. Me instalé en la depresión de la popa y cogí el remo, un simple trozo de caña al que le habían extraído los tabiques internos. Salí en línea recta a mar abierto, disfrutando de la agilidad con que la embarcación tomaba las olas. Todo fue bien hasta que di media vuelta para cabalgar a lomos de la primera ola en dirección a la playa. Por sus líneas alargadas, la embarcación no parecía capaz de mantenerse perpendicular a la cresta espumosa de la ola y a la menor oportunidad describía un giro de noventa grados y empezaba a rodar como un tronco a la deriva en el agua. El remo de caña me servía para muy poco, aparte de aplazar lo inevitable y de hundirse dolorosamente en mis manos sin callosidades protectoras. Después de varios intentos apareció Buso, quien llegó nadando lentamente por el agua helada. Saltó a bordo, tomó posesión del remo y me dijo que me había sentado en el compartimiento que normalmente se reserva para el pescado.

En las expertas manos de Buso, la embarcación empezó a surcar el océano como un escalpelo en manos de un cirujano. Primero nos internamos un poco más en el mar y, cuando estuvimos a cierta distancia de la costa, Buso saltó del barco y comenzó a dirigirme desde el agua, con el rostro iluminado por una sonrisa paternal.

Cuando llegué a la orilla a lomos de la última ola, Buso salió del mar, chorreando agua y temblando de frío. Levantó la embarcación de 100 kilos, se la echó a la espalda y se alejó andando. Yo recogí el remo y salí corriendo detrás. «Mañana te hacemos el caballito», me dijo con la voz un tanto sofocada bajo el peso de la embarcación.

A la mañana siguiente, con Buso y su hijo Carlos, salimos a buscar los juncos que llaman totoras. Anduvimos hasta poco más allá de la marca de la marea alta, donde una cresta arenosa bajaba abruptamente y se hundía en una serie de pozas cavadas a mano, cada una de ellas del tamaño de una piscina, llenas de las verdes y carnosas espigas de las totoras. Cada poza produce suficientes juncos para fabricar unos cinco caballitos al año, lo cual está muy bien porque la mayoría de las embarcaciones duran sólo un par de meses antes de sucumbir a la diaria batalla con el mar.

Buso puso en mis manos una guadaña y yo me interné en el barro, no sin cierta reticencia. Había que cortar las totoras en ángulo, unos cinco centímetros por encima de la superficie del agua, dejando en su lugar un lecho de púas de aspecto maligno, semejante a una trampa para fieras. Me estaba abriendo paso con el barro hasta las rodillas, cortando y apilando totoras, cuando sentí que algo se movía entre mis tobillos. «¿Suele haber algún bicho por aquí?», pregunté a Carlos con mal fingida indiferencia.

«Cangrejos –contestó–. Y a veces serpientes.»

«¿Qué clase de serpientes?»

Señaló el océano con la barbilla, sin parar de trabajar. «Vienen del mar. Las trae la marea.»

Serpientes marinas. Las más venenosas del mundo. Encogí los dedos de los pies y seguí cortando.

Cuando tuvimos tres montones grandes, los arrastramos hasta la arena y los extendimos al sol. Normalmente el proceso de secado lleva unas dos semanas, a lo largo de las cuales los jugosos juncos verdes se endurecen y gradualmente adquieren el color del trigo maduro. Pero Buso no tenía intención de aguantarnos durante tanto tiempo en el pueblo, por lo que enseguida nos llevó un poco más adelante por el camino, hasta el lugar donde nos esperaba una remesa de juncos perfectamente secos. Los recogimos, los limpiamos y los llevamos por una callejuela hasta la puerta de la casa de Buso.

El pasillo delantero desembocaba en una estrecha conejera distribuida en dos pisos, con habitaciones diminutas y una cocina cavernosa con espacio suficiente para preparar la comida de un ejército. Y para eso exactamente se utilizaba, ya que siete de los diez hijos de Buso todavía vivían en casa. Todos los varones, menos dos, trabajaban de pescadores, y las chicas se habían casado con gente de mar. Algunos ya tenían hijos. También formaban parte de la familia varios niños huérfanos que Buso había recogido como quien se lleva a casa lo que trae la marea. «12, 14, 18, 23...», se puso a contar para sus adentros. En total eran 25 bocas que alimentar todos los días. Para ir tirando, cultivaba un huerto a cierta distancia del pueblo, tierra adentro, y criaba un cerdo en un corral de ladrillos, al lado de la cocina.

Me presentó a su esposa, una mujer cálida, redonda y serenamente capaz. «La reina de Huanchaco», la llamó él cariñosamente, y los ojos de ella desaparecieron entre los pliegues de su sonrisa. Mientras tanto, Carlos metió dos dedos por las órbitas oculares de un pez y se puso a juguetear con él, mostrándoselo a un bebé de cuatro meses amarrado a su cochecito. «¿Estás enseñando a pescar a la próxima generación?», le pregunté. «No, no —replicó enseguida, mientras devolvía el pez a la pila de pescado—. Es una niña.»

En la pared del cuarto de estar había una desvaída foto en blanco y negro de un niño pequeño sentado en un barquito en miniatura. «Empezaste pronto», dije a Buso al reconocer en aquella cara de cuatro años sus pómulos anchos y su sonrisa. Hizo un gesto afirmativo. «Solamente estudié hasta el tercer año de escuela, antes de salir a la mar.»

«¿Por qué?», le pregunté, segura de que iba a contarme una historia de problemas económicos o tragedias familiares.

«Nunca me gustó la escuela –me contestó, encogiéndose de hombros–. Prefería el agua. Remar, anticiparme a las olas. En el mar siempre sé exactamente lo que hay que hacer.» Su indiferencia por los estudios preocupaba a los maestros, que cada poco tiempo intentaban convencerlo para que cambiara de actitud. «¿No te gustaría ser médico o abogado, tener alguna profesión?», le preguntaban. «Yo ya tengo una profesión –respondía él–. Soy pescador.»

A lo largo de los años, mientras otros memorizaban los diálogos de Platón y aprendían a calcular raíces cuadradas, él estudiaba el mar y sus cambiantes estados de ánimo. Aprendió a conocer los peces que nadan justo del otro lado de la rompiente y a prever las tormentas que llegan rugiendo desde el horizonte con la furia de un dios vengativo. Y poco a poco se fue ganando el respeto de todos por sus conocimientos y su comprensión de los secretos del mar. Ahora, a los 60 años, con dedos gruesos y ojos lechosos de tanto mirar el reverbero del sol sobre las olas, era el maestro indiscutido, el patriarca del mar.

Salimos a la calle con tres de sus hijos para empezar la construcción del caballito. Se movían con una precisión casi militar, adquirida al cabo de años de fabricar decenas de aquellas efímeras embarcaciones. Mientras uno de los chicos clasificaba los juncos por su longitud, otro se sentó aparte en el suelo para labrar el remo con un cuchillo. Buso y Carlos, el mayor, empezaron a atar los haces de junco con una soga deshilachada recuperada de una embarcación anterior. Daban vueltas y más vueltas a la soga, apretando cada vez hasta que las manos se les ponían blancas y la soga les abría surcos en los dedos encallecidos. Rechazaron todos mis ofrecimientos de ayuda. «Las mujeres no fabrican barcos», dijo Buso.

Bajo sus manos expertas, las gráciles líneas de un caballito fueron cobrando forma poco a poco. Después de colocar los haces más cortos dentro de los más largos, amarró fuertemente las dos mitades y en poco más de una hora la embarcación estuvo lista.

Buso había cedido en todo, pero se negaba a que yo saliera a pescar con los hombres. Me dijo que antes de hablar tenía que verme cargar la embarcación hasta la orilla y dirigirla con mano firme mar adentro, a través del rompiente.

La playa estaba a tres manzanas largas de distancia. Mi caballito recién construido pesaba algo más de la mitad de lo que podían pesar las embarcaciones mojadas al salir del mar. Pero aun así, eran unos 60 kilos distribuidos en una estructura dos veces más alta que yo.

Sentí cómo las manos de Buso me moldeaban la espalda en la postura adecuada y ayudaban a levantar y depositar el caballito sobre mis hombros, de tal manera que quedara perfectamente equilibrado. En ese momento comprendí que a pesar de su empecinada actitud acerca de las mujeres y el mar, en realidad quería que yo lo consiguiera.

El resto fue fácil.

Era el viaje inaugural de mi embarcación. Salí remando y me dispuse a batallar con las olas. Esperé una ola de dimensiones moderadas, lo bastante grande como para causar buena impresión, pero no tanto como para ponerme en un aprieto. Me senté a horcajadas en la embarcación (por algo las llaman caballitos) y me puse a remar con todas mis fuerzas. No pasó nada. La ola pasó de largo. Se oyeron risas entre el público congregado en la playa. La gente comentaba y sacudía la cabeza. Lo intenté de nuevo, esta vez con una ola más grande. Nada. Me volví subrepticiamente, para comprobar que nadie me hubiera puesto un ancla mientras yo no miraba. Yo misma me la había puesto: eran mis piernas. Causaban tal resistencia, que el efecto era semejante al de estar amarrada a un poste.

Recogí las piernas y las extendí hacia adelante, levantando tanto mi centro de gravedad que, inevitablemente, la siguiente ola me derribó. Lo intenté de nuevo. Y una vez más. Cuando al fin conseguí que el caballito se moviera en la dirección correcta y conmigo encima, recibí un curso intensivo sobre cómo no había que timonear.

Durante dos horas me debatí entre las olas, mientras Buso me contemplaba desde la playa, con las piernas separadas y las manos a la espalda, sacudiendo la cabeza o sonriendo con orgullo paternal, al ritmo de mis fallos y mis aciertos. Sólo cuando regresé a la orilla y me encontré cara a cara con mi público de pescadores, advertí el revuelo que había causado. «No te preocupes –me dijo Buso dándome unas palmaditas en la espalda–. Mañana salimos a pescar.»

A LAS CUATRO DE LA MADRUGADA estaba yo acurrucada en la popa de un caballito, tratando desesperadamente de no volcar la embarcación y de no vomitar, mientras el hijo de Buso remaba mar adentro. Me lo había pensado bien y había decidido no salir a pescar con mi caballito. ¿A quién pretendía engañar? Bastaba echar una mirada a los bíceps y a los hombros de aquellos pescadores para comprender que incluso con mucha suerte sólo les daría alcance al día siguiente de que echaran las redes.

Más allá de la línea del rompiente, el mar estaba reluciente y en calma. La neblina de la madrugada apoyaba su peso en el agua, haciendo del cielo y el mar una burbuja gris e indistinta por la que remábamos interminablemente en dirección a ninguna parte. Yo me sentí algo tonta, sentada en el hueco donde normalmente se llevan los peces. Una carga inútil. Buso guiaba su embarcación con mano firme por el agua. No parecía tener dificultades para seguir el ritmo a sus hijos. Debían de estar orgullosos de él.

Su hijo Carlos sonrió afirmativamente, pero añadió: «El año pasado casi se nos muere. Ahora ya no le dejamos salir solo».

Una joven posa con su llama a la sombra de un antiguo muro incaico en Cuzco (IZQUIERDA). La piedra de los doce ángulos, en Cuzco (ABAJO), es un símbolo de la extraordinaria habilidad constructora de los incas.

Las ruinas de Machu Picchu (PÁGINA ANTERIOR, ARRIBA) son el monumento inca más visitado. Los incas construyeron grandes ciudades de piedra sin conocer la rueda ni el arco (PÁGINA ANTERIOR, ABAJO). Manco Capac, el primer Inca, hace su aparición durante la representación anual de su desembarco a orillas del lago Titicaca (ARRIBA).

Después del rodeo, 1.600 vicuñas, el Vellocino de Oro de los Andes (ARRIBA), esperan encerradas en un corral. Muy pronto serán marcadas y esquiladas. Aquí estoy yo (PÁGINA SIGUIENTE, ARRIBA) disfrutando de un momento de paz en un lugar sagrado: la isla del Sol en el lago Titicaca. Para bailar con la Diablada en el festival de Oruro (PÁGINA SIGUIENTE, ABAJO), tuve que ponerme unas botas con tacón de aguja dos números más pequeñas, medias, pestañas postizas, peluca y una máscara que casi no me dejaba respirar, todo ello como penitencia, en homenaje a la Virgen.

CHARLES MALLOCK

Otros participantes en el carnaval de Oruro escogen atuendos todavía más extravagantes. Algunos llevan sombreros de plumas de ñandú de dos metros y medio de diámetro (PÁGINA ANTERIOR, ARRIBA). Este hombre (PÁGINA ANTERIOR, ABAJO) quedaba tan impedido por el traje que no podía utilizar las manos para enjugarse el sudor de la cara. Al final de la procesión, en la iglesia, llega la catarsis emocional (ARRIBA).

Veinticinco mil bailarines participan todos los años en el carnaval de Oruro (SUPERIOR). En las salinas bolivianas (ARRIBA), me alejo montada en mi moto hacia el crepúsculo.

Buso salió a pescar solo una mañana, a pesar de haber pasado mala noche. De pronto sufrió un violento acceso de vómitos y diarrea, se echó a temblar, se desmayó y cayó al mar. Con gran dificultad consiguió subirse de nuevo a la embarcación y mantenerse a bordo, sufriendo escalofríos y temblores, hasta que salió el sol. «Había perdido toda la fuerza, casi no podía levantar el remo. En cuanto llegó a la playa, cayó como fulminado por el rayo. Nos lo encontramos tendido en la orilla. Tenía cólera. Tardó un mes en recuperarse.»

«¿Sabe él que le vigiláis?»

Carlos me miró por encima del hombro, sonrió y sacudió la cabeza.

«Nos turnamos. Somos siete.»

Las sombrías figuras de los otros pescadores empezaron a aparecer entre los remolinos de niebla. Estaban todos anclados, con la popa en dirección al rompiente y las largas proas balanceándose sobre el mar en calma. Buso y Carlos desplegaron una larga red y la dejaron caer entre sus embarcaciones. Nos dejamos ir lentamente a favor del viento, arrastrando la red y escuchando los gritos de Buso, que llamaba a los otros pescadores y bromeaba con ellos acerca de la captura del día, sus familias y sus barcos. Yo tendí una mano hacia la red, más para pinchar a Buso que para hacer algo útil.

«Las mujeres están para cocinar el pescado, no para pescarlo», dijo en voz alta para que los demás también oyeran.

«Papá, creo que he pescado una sirena» dijo Carlos, ganándose así mi corazón para siempre. Tal vez haya esperanzas para la próxima generación de playa Huanchaco.

Por otro lado, tenía el trasero congelado de estar sentada en agua helada, y las manos azules de frío. Probablemente habría preferido quedarme en casa al lado de un buen fuego, preparando el pescado a la parrilla.

La embarcación de Buso se llamaba *El Maestro*, y Carlos era «el discípulo». Ambos trabajaban juntos en un silencio casi telepático. Cuando Buso daba órdenes, lo hacía siempre con gentileza, y Carlos le obedecía sin la menor vacilación. El viejo rebosaba orgullo por sus hijos y la forma en que conducían su vida y sus barcos. Sentía una alegría vital que pocas veces he visto en quienes trabajan en oficinas o dan a sus hijos las llaves del piso para que vuelvan solos de la escuela. Me dije que a pesar del cólera y la preocupación de los maestros por su futuro, era muy probable que Buso hubiese elegido después de todo el camino que más le convenía. Había encontrado el lugar donde a muchos de nosotros, al menos en cierta medida, nos gustaría estar.

CAPÍTULO 13

EL CAMINANTE

NOTAS DE CAMPO: Supe lo que siente la pasta de dientes cuando la aprietan para sacarla del tubo.

E L ANTIGUO CAMINO QUE DESDE HUANCHACO discurría hacia el sur había desaparecido casi por completo bajo las arenas del tiempo y el asfalto de la carretera Panamericana. No me sorprendió. Incluso en el apogeo de su gloria, el ramal costero del Camino del Inca se reducía a veces a una sucesión de mojones de piedra o señales de madera, y en algunos puntos sólo se distinguía por las huellas en el suelo. En la década de 1540, el famoso cronista Cieza de León lo llamó «el camino de los postes», por las filas de estacas de madera que marcaban su recorrido. Los que siguieron sus pasos menos de una generación después advirtieron que la mayoría de los postes había desaparecido, y que era necesario llevar un guía para atravesar las arenas del desierto. Los viajeros habían aprovechado la madera para hacer fuego.

El antiguo camino discurría pegado a la costa en los lugares donde eso era posible, pero en algunos puntos se internaba tierra adentro, para bordear desiertos con tramos de más de 100 kilómetros donde era imposible conseguir agua. En algunos de los valles más fértiles se conservan vestigios de una vía ancha, con muros de adobe a ambos lados. A unos 500 kilómetros al sur de Huanchaco, el Camino del Inca se adentra en los suburbios de Lima, la extensa capital de Perú, y desaparece.

Lima era una vasta burbuja de tráfico y contaminación producida por seis millones de habitantes. Me recordaba a un fumador impenitente, que a pesar de tener las arterias obstruidas y la respiración ruidosa, sigue absorbiendo con fruición sus humos tóxicos.

El centro de la ciudad se está deteriorando gradualmente a medida que aumenta el éxodo de sus habitantes más acomodados, quienes escapan a los barrios periféricos en busca de un lugar donde respirar. En las zonas más alejadas proliferan las chabolas y hacen estragos la droga y la violencia. Los llamados «pueblos jóvenes» absorbieron el grueso del crecimiento de la ciudad, cuya población se multiplicó por doce en menos de cincuenta años. Lima es como una úlcera tropical que crece de dentro hacia fuera.

Los barrios de las clases media y alta reúnen todas las características de la moderna sociedad industrial: más automóviles que taxis, más taxis que bicicletas, concesionarios de BMW y hamburgueserías. Los perros van atados y son de razas definidas. En Lima, la palabra inca parece asociarse más a una bebida sin alcohol, «Inca Kola», el refresco nacional, que a su propia historia.

ENCONTRÉ UNA PEQUEÑA HABITACIÓN cerca del centro de Lima, con espacio justo para la cama y una bombilla de 20 vatios por toda iluminación. Estaba arrinconada en la esquina de una azotea, como un montón de escombros listos para viajar de vuelta a Kansas con el siguiente tornado. Todas las mañanas, varias filas de pantalones vaqueros y blancas sábanas almidonadas aparecían tendidas de las cuerdas que zigzagueaban por todo el terrado. Despedían un suave olor a limón y formaban una barrera protectora contra el hollín y el humo de la calle.

Para ducharse había que seguir un complicado ritual de apertura de válvulas bajo el fregadero y detrás del calentador. El grifo de la ducha daba calambres de electricidad. Sólo una vez cometí el error de intentar cerrarlo antes de secarme las manos.

Todas las madrugadas, a las cinco, me despertaba un atronador golpeteo de patitas y un desesperado rasqueteo metálico sobre el techo de chapa acanalada. La primera vez pensé que serían ratas, hasta que finalmente se instalaron en un desagüe herrumbroso y empezaron a arrullar, como buenas palomas que eran.

Durante las dos semanas siguientes tenía pensado aprender a tocar la quena, estudiar los mapas y recoger material sobre la siguiente etapa de mi viaje por el Camino del Inca. También esperaba localizar a un peruano del que había oído hablar desde que llegué a Ecuador, un hombre joven al que apodaban «el Caminante».

Debía su fama, y su apodo, a un único acto de audacia. En 1995 se echó una mochila vieja a la espalda, se calzó unas sandalias de cuero y cogió un autocar hasta el extremo norte de Perú. Su objetivo era recorrer a pie, completamente solo, todo el litoral de su país.

Y eso fue exactamente lo que hizo.

LO QUE HABÍA COMENZADO como un acto simple y solitario, una meditación en movimiento, no tardó en encender la imaginación de una nación en busca de héroes y de sí misma. Los periodistas corrieron a la desolada costa peruana, esperando con impaciencia la aparición del imparable Caminante. El principal periódico de Lima publicó fragmentos de su diario en una serie de artículos que los habitantes de la gran ciudad leyeron con avidez entre la contaminación y el tráfico. En algún punto del trayecto, el Caminante se dio cuenta de que estaba siguiendo sin proponérselo lo que antaño había sido el ramal costero del impresionante Camino del Inca.

Incitado por la curiosidad, se puso a investigar toda la red viaria de los incas y descubrió los siete caminos principales que conectaban la ruta del litoral con el legendario camino que discurría a lo largo de la cordillera. Sin pensárselo dos veces, se echó de nuevo la mochila a la espalda y añadió otros 2.700 kilómetros a sus zapatos gastados y una cantidad invaluable de datos de campo a la poco conocida geografía del sistema de caminos incaicos, actualmente en pleno proceso de desintegración.

Yo había venido a Lima para conocer al Caminante, que en realidad se llama Ricardo Espinosa, y comparar notas con él sobre datos arqueológicos y sobre la ruta que aún me quedaba por recorrer. Pero más que nada quería conocer a ese hombre, ese vagabundo despreocupado capaz de emprender un viaje heroico del mismo modo que la mayoría de nosotros saldríamos a tomar un café. Necesitaba averiguar qué fuerza le impulsaba.

Estaba esperándolo sentada en las escaleras del MacDonald's, tal como habíamos quedado, cuando de pronto me di cuenta de que no sabía qué cara tenía. En el libro que había escrito, lleno de espléndidas imágenes de leones marinos y playas solitarias, no había una sola foto suya. Entonces, entre la multitud, vi a un hombre larguirucho flotando escaleras arriba, con lo que parecía una absoluta falta de esfuerzo. Es él, pensé. Poco después recibía un amistoso abrazo de bienvenida.

«No como carne –murmuró, antes de proponerme un restaurante vegetariano–. La comida no es muy buena –se disculpó–, pero me gusta la gente.» Eran Hare Krishnas, y lo recibieron como a un hermano que acabara de regresar de un largo viaje. En cierto modo lo era, porque se había unido a su secta a los veintitantos años en busca de sabiduría, y se había quedado con ellos el tiempo suficiente para ayudarles a poner en marcha un restaurante vegetariano en Cuzco que funcionaba con gran éxito. Por un momento no me pareció muy bien indagar en la vida de un hombre que acababa de conocer, pero la curiosidad ganó la partida.

«Pertenezco a una familia normal de la clase media de Lima», me dijo encogiéndose de hombros. Nunca había pasado privaciones, tenía una buena educación y había sido cuidadosamente programado para llegar a ser un engranaje útil en la maquinaria de la sociedad moderna.

Pero sus rarezas no se reducían al ensortijado pelo castaño que ahora llevaba recogido en una coleta, ni a su piel excepcionalmente clara. «A los 14 años tuve una... especie de crisis. De pronto me di cuenta de que los adultos que yo tanto admiraba no tenían todas las respuestas», me contó. Como resultado de la crisis, perdió la confianza en el mundo que le rodeaba y entró en una espiral de progresiva depresión y aislamiento.

Finalmente decidió terminar el bachillerato y salir en busca de su propia verdad en los rincones más remotos del mundo. Pese al acné y la angustia de la adolescencia, empezaban a cobrar forma en él los comienzos de una voluntad de hierro.

Cuando cumplió 19 años, finalizados los estudios, guardó sus cosas y se marchó. Pasó casi un año trabajando de jornalero en el campo peruano y acabó viviendo con un antiguo monje trapense en un remoto pueblo de montaña en Argentina. No era una vida fácil. «Trabajábamos ocho horas al día, meditábamos otras ocho y dormíamos de diez de la noche a dos de la madrugada.» Hizo todos los votos posibles, entre ellos el de pobreza y el de castidad. «A los nueve años de estar allí, adquirías el derecho a quedarte para siempre y a ser enterrado en aquel lugar», me explicó. No me pareció un trato particularmente bueno.

Evidentemente, a Ricardo tampoco. En cuestión de un año conoció a una iraní que dirigía un ashram en la India. «Esa mujer irradiaba poder —me dijo con la mirada iluminada, mientras recorría con las manos los bordes de un aura imaginaria—.

Sabía muchas cosas de mí que no tenía porqué saber.» Aceptó su invitación para estudiar en el ashram y se puso otra vez en camino.

«Cuando estaba en Lima, poco antes de partir para la India, me casé.»

Me quedé parada a mitad de un bocado. «¿Así, como si nada? Lo dices como si contaras que te caíste de una escalera.»

Se echó a reír. «Es que así fue. Comprende que yo no tenía experiencia en esas cosas. Un amigo me invitó a una fiesta. A mitad de la noche, su novia se enfadó y se marchó. Él salió corriendo detrás y ninguno de los dos volvió. La dueña de la casa lo dejó todo para ocuparse de mí. Pasamos juntos las 30 horas siguientes. De verdad fue como caerse de una escalera», dijo pensativo.

Un romance relámpago con un monje trapense. ¿Podía funcionar?

Ricardo sacudió la cabeza. Empezó varias explicaciones y por primera vez pareció como si la voz y las manos fuesen a fallarle. Ella pertenecía a una familia de la buena sociedad y estaba acostumbrada al dinero, pero sentía que su vida no tenía sentido y buscaba desesperadamente una salida. Él había pasado varios años recorriendo el camino hacia la iluminación y estaba convencido de que podía ayudarla a encontrar la felicidad.

«La rescataste», comenté.

Hizo un gesto afirmativo. «Te lo explicaré con una parábola –me dijo, uniendo las manos como hacen los Hare Krishna–. Imagina una fila interminable de gente que anda por el desierto. Llevan trajes, abrigos y muchísimo equipaje. Algunos van tan cargados que a cada paso se hunden en la arena. De pronto, un hombre desnudo se separa de la fila y se desplaza con total ligereza, un palmo por encima del suelo. Va bailando de alegría y como lo ves tan feliz, piensas: "Qué maravilloso debe de ser vivir como ese hombre". Entonces vas y le dices: "Enséñame a vivir como tú". Y te subes a sus espaldas. Llevas todo tu equipaje contigo. Un día miras para abajo y ves que ese hombre está hundido en la arena hasta las rodillas. "Me has engañado. No eres como yo había pensado", le dices.»

Siete años después se divorciaron. Para entonces tenían dos hijos, de tres y cinco años. La experiencia le ha dejado una profunda huella.

«Cuando estoy solo, me siento totalmente satisfecho –me dijo con convicción–. No necesito a la gente. Cuando voy caminando por el desierto nunca echo de menos la compañía. Nunca pienso: "Cómo me gustaría que Fulano o Mengana estuvieran aquí". Prefiero la soledad y la tranquilidad de estar conmigo mismo.»

Sin embargo, no me pareció nada huraño, sino más bien todo lo contrario: ingenioso, divertido, simpático, sociable y, tengo que admitirlo, francamente encantador.

«¿No crees que algún día, cuando tengas 65 años, repasarás el pasado y lamentarás no haber encontrado a alguien con quien compartir el resto de tu vida?»

«Cuando pienso en mi futuro, veo a un viejo sentado en una cueva, tirando piedras a todo el que se acerque demasiado», dijo con mirada risueña, pero parecía hablar en serio.

«¿Y cuando hayas completado el Camino del Inca?»

«Puede que algún día esculpa una montaña.»

«¿Qué esculpirías?»

«Un pájaro –se quedó pensando–, tal vez un águila.»

De algún modo supe que algún día también hará eso.

LIMA HA SIDO BENDECIDA CON PLAYAS ADORABLES y un océano turquesa. Su maldición es un espeso manto de niebla que se enrosca como un gato sobre la ciudad durante ocho meses al año. La pesada neblina impide que penetre la luz del sol y que la contaminación se aleje. Deja una gruesa pátina marrón sobre los edificios, coches y viejos que dormitan en los parques. Se filtra por las ventanas rotas y siembra peludas alfombras de musgo en los sótanos abandonados. A veces se condensa en un esbozo de llovizna que los limeños llaman garúa.

Durante los pocos meses del verano, la niebla se retira y resplandece el sol. Pese a las diarias advertencias sobre contaminación difundidas por los periódicos, empecé a levantarme al alba para ponerme las zapatillas y salir a correr por la playa.

Una mañana pasé junto a una casucha de cartones, construida a la sombra de uno de los restaurantes más caros del frente marítimo de Lima. Su dueño estaba manipulando un par de remos.

«¿Piensa salir al mar?», le pregunté.

Pasó la mano a través de los agujeros que tenía su red. «En cuanto arregle esto.»

«¿Puede llevarme con usted?»

Me miró de arriba abajo, con los ojos inyectados en sangre. «Sí, claro.»

Cuarenta minutos después subimos a bordo de su pesada barca de madera y pusimos proa al mar.

Después de dejar atrás la rompiente, él y su ayudante dirigieron la barca en paralelo a la costa, hasta el extremo de un espigón. Colocaron la barca entre las olas y el reborde de la roca y la mantuvieron allí, en un magnífico ballet de remos, espuma, oleaje y granito. Se llamaba Willy, según me dijo. Vivía con otros tres hombres en la casucha de la playa, no más grande que una despensa, y todas las mañanas salía al mar en su barca de remos para pescar en una de las playas más sucias de Lima.

Tiró la red una y otra vez en el agua sembrada de basura, gritando a su ayudante que mantuviera firme la barca, pero todas las veces la recogió vacía. Sacudió la cabeza. «El Niño», comentó amargamente. Había barrido la costa un año antes, aumentando en varios grados la temperatura del agua. Los peces se habían ido. «No quedaron más que las piedras y las algas», añadió. Al poco tiempo se fueron también los pescadores. Él mismo había abandonado la costa y se había instalado en Huaraz, donde trabajó de pintor durante casi nueve meses. Volvió a echar la red en un arco perfectamente circular que cubrió un área de agua del tamaño de una sombrilla de playa. La red se hundió, desapareciendo por completo. Al cabo de unos instantes la recogió. Vacía.

Tenía tres hijos: dos varones que vivían con su esposa en un pueblo cercano y una niña con otra mujer. Los chicos todavía estaban estudiando y la niña... De pronto vio algo por encima de mi hombro. «Hijos de perra.»

Me volví. ¡Delfines! Había cuatro, que emergían a través de la espesa capa de espuma gris, yendo y viniendo por la línea del rompiente en busca de peces. Me quedé embelesada contemplando la piel reluciente y los movimientos ágiles, mientras Willy apretaba los puños en un inútil acceso de rabia contra las elegantes bestias.

«¡Delfines! ¡Los cerdos del mar! ¡Ahora están protegidos, los cabrones! ¡Nos asustan a los peces y ni siquiera nos los podemos comer! ¡Mierda! –se volvió hacia mí–. Muy sabrosos. Más que las tortugas.»

Después de tres horas entre las olas, hasta los delfines de dorso reluciente habían perdido para mí parte de su fascinación. Hacía tiempo que no esperaba ver salir nada en la red perpetuamente vacía, y comenzaba a librar una difícil batalla interior con los rugidos de mi estómago. El sol había conseguido por fin abrirse paso a través de la contaminación limeña, y en mi nariz sin crema protectora se estaban formando ampollas, como en una pared mal pintada. Willy me había prometido un paseo de un par de horas, pero la frustración de la red vacía había multiplicado su determinación y no pensaba marcharse. Nuestra única captura, un langostino de unos siete centímetros, se agitaba en el compartimiento del pescado. Cada vez que achicábamos agua, estaba a punto de recuperar la libertad.

Pasó otra hora. Y otra más. Para mí era demasiado peligroso desembarcar en el espigón, que se extendía a unos tentadores cinco metros de distancia. Las protestas de mi estómago contra el oleaje se convirtieron en motín. Me tragué el orgullo y empecé a negociar.

«Vamos a ver, ¿qué te parece si echamos tres veces más la red y nos vamos si no sacamos nada?»

Willy accedió a regresar si no sacaba nada en una hora. Noventa minutos después, dos rocas rodaban de aquí para allá en el fondo de la barca. Volvimos a negociar. Una hora después, sacó otro erizo de mar.

«No se pueden comer», señalé.

«Los he sacado con la red», replicó. Tuvimos una conversación similar a propósito de varios manojos de algas y una lata vacía de refresco. Por un momento consideré la posibilidad de vomitar, pero no quería atraer a los pocos guppys que quedaran en la zona de la marea. Si atrapábamos un pececito, íbamos a tener que quedarnos por toda la eternidad.

Al final Willy hizo un gesto de dolor, se metió la mano en la boca, estuvo rebuscando un rato y sacó una muela ensangrentada. Pusimos proa hacia la playa.

Era la última hora de la tarde. Yo estaba medio aturdida por el sol y ya no sabía cómo cruzar las piernas después de ocho horas en una barca abierta sin lavabo. En cuanto la embarcación tocó la arena, salté a la orilla con la intención de correr en busca de un taxi. Pero Willy me llamó. Le dijo algo a su ayudante y me invitó a su casucha. Estuvimos media hora sentados conversando sobre generalidades, hasta que por fin regresó el otro hombre con una fuente de ceviche: pescado crudo, marinado en limón y cebolla. Willy me lo ofreció con una gran sonrisa, tan grande que pude ver al fondo el hueco sanguinolento donde antes había estado la muela. Miré por la ventana el agua sucia de donde había salido aquel pescado. Miré a Willy, que me ofrecía la captura de toda una jornada.

Me comí el pescado.

Por puro azar, mi estancia en Lima coincidió por fortuna con la procesión del Señor de los Milagros, la mayor fiesta religiosa de Perú. Más de un millón de fieles inundan las calles durante diez días, mientras una reproducción del mural del Señor de los Milagros recorre solemnemente las atestadas y estrechas callejuelas de la ciudad.

La imagen tiene una historia muy poco común. Fue pintada en 1651 por un esclavo angoleño «ignorante pero inspirado» en la pared de su habitación. Cuatro años después, un terremoto destruyó toda Lima, excepto el mural, que quedó milagrosamente intacto. Espontáneamente surgió un culto popular en torno al invencible «Cristo negro». Molesto por la imprevista competencia, el párroco pidió permiso a sus superiores para echar abajo el muro. Las autoridades enviaron un indio con una brocha e instrucciones de cubrir la imagen con una gruesa capa de pintura. Pero al acercarse al mural, el indio cayó víctima de intensas convulsiones y huyó. Contrataron entonces a un segundo hombre, que aceptó atraído por la buena paga. Pero nada más mirar la imagen sagrada, se quedó mudo. Confuso y aturdido, se marchó también. La iglesia ya estaba perdiendo la paciencia ante tan insolente conducta por parte de una pared de adobe. Las autoridades eclesiásticas enviaron entonces un soldado, quien se echó a llorar al contemplar la belleza de la imagen y se negó a ponerle la mano encima. En ese momento los cielos se oscurecieron y comenzó una lluvia torrencial. Tal vez con cierto retraso, el pueblo abrazó la causa de la imagen y obligó a las autoridades a retractarse.

Treinta y dos años después, la imagen sobrevivió a otro terremoto. De entonces data la costumbre de sacar en procesión una reproducción del mural por las calles de Lima, una vez al año.

Quería saber qué se siente al participar en una procesión de un millón de personas. También quería filmarla, pero me había quedado sin cámara. Me encomendé al Señor de los Milagros.

Hice bien, porque quizá por intercesión suya encontré a Welby Leaman, un joven estudiante de posgrado de la Facultad de Derecho de Yale que estaba trabajando para el Consejo de Turismo de Perú. En realidad, trabajar de cámara no formaba parte de las responsabilidades de su cargo, pero me dijo que lo haría con mucho gusto.

Welby me cayó bien desde el principio. Tenía largos dedos de pianista y una educación mennonita que se manifestaba en su diminuto apartamento de una sola habitación y en su costumbre de ir a pie prácticamente a todas partes. Era humilde y trabajador, y por lo general se le podía encontrar inclinado sobre el ordenador, dormitando o redactando sus complicados informes hasta bien entrada la madrugada. Además era muy listo. Me preguntaba si él se daba cuenta de dónde se estaba metiendo.

Cuando llegamos al centro, toda la ciudad estaba vestida con el color del Señor de los Milagros: globos morados, bebidas moradas hechas de maíz morado y bizcochos morados. Banderas, banderines y gallardetes morados. Lo que no era morado llevaba una imagen del Señor, ya fueran relojes, mangos de paraguas, básculas de baño o crucifijos.

Fuimos al local de los cofrades, los hombres que se encargan de organizar la procesión y acarrear por las calles la pesada imagen. Más que un edificio religioso, el local parecía la sede central de una empresa. Hombres de aspecto eficiente, con corbata y zapatos de calidad, entraban y salían en silencio. Me pareció oír en la distancia el discreto zumbido de un millar de teléfonos móviles.

Blandiendo nuestros pases de prensa, corrimos a una tienda cercana donde vendían túnicas moradas. Una señora mayor me ayudó a ponerme el traje de la procesión, me ató firmemente a la cintura la cuerda blanca de los penitentes y, después de echar un vistazo a mis mugrientas zapatillas deportivas, me aconsejó que fuera descalza.

En la plaza mayor de Lima, el perfume de los claveles casi podía tocarse. Había pilas enormes de flores, rodeadas de atareadas mujeres que arrancaban uno a uno los tallos y clasificaban los pétalos, semejantes al confeti, en montañas cada vez más grandes de diferentes colores. Sobre el pavimento de la calle rectangular que rodea la plaza los hombres estaban esbozando con tiza escenas religiosas, que luego rellenaban con serrín húmedo. Muy pronto me vi destrozando flores junto a un grupo de ajadas mujeres que el perfumado polen había manchado de amarillo. Las de mi grupo eran del pueblo de Barranca. Me dijeron que trabajaban todas las semanas de voluntarias en un comedor para pobres y que todos los años venían a confeccionar una alfombra de flores al Señor de los Milagros. Me dijeron que eran del campo y que sabían lo difícil que era la vida.

Las alfombras de flores empezaron a cobrar forma y color a medida que una lluvia interminable de pétalos se acumulaba en la calle. Yo iba de un dibujo a otro, maravillada ante la serena fe capaz de impulsar a tanta gente a fabricar elaboradas ofrendas que duran unas pocas horas antes de ser pisoteadas por la muchedumbre. Qué desperdicio, pensé. Había que hacer fotos, filmar los dibujos y crear así algún tipo de documento que justificara tanto trabajo. Las mujeres se rieron de mi frustración. «Esto es pura fe», me confesó una de ellas, abarcando con un movimiento del brazo el trabajo de miles de personas. Tenía razón. Lo importante no era el producto final, sino el acto de adoración. La naturaleza efímera de la ofrenda hacía que el gesto adquiriera un sentido mucho más profundo.

Aun así, yo deseaba algo más que un recuerdo desvaído del perfume de los pétalos mezclado con el olor del serrín. Welby y yo nos dedicamos a explorar los edificios alrededor de la plaza y muy pronto nos encontramos instalados en un sexto piso con estupendas vistas. Era una escena de otro mundo: lagunas de luz en la oscuridad de la noche que iluminaban una vasta alfombra de palomas con ramas de olivo, cálices y corazones sangrantes. De pronto comprendí la profundidad de la fe de aquellas mujeres. Al igual que las legendarias líneas de Nazca, estas obras de arte sólo podían apreciarse vistas desde arriba. Las artistas nunca veían el resultado de su trabajo. Era una ofrenda en el sentido más auténtico de la palabra.

Regresamos a la iglesia a las cinco en punto de la madrugada y, luchando para mantener los ojos abiertos, nos dispusimos a esperar a que el Señor de los Milagros iniciara su largo trayecto por las calles de Lima. Cinco mil fieles esperaban sentados en la fría explanada de piedra con la mirada fija en las enormes puertas de la iglesia. Miré a mi alrededor las estoicas caras de la gente de más edad, con sus chales de lana y sus dedos artríticos sobre los cirios y los rosarios.

Por fin, la monumental y pesada reproducción del mural emergió de la iglesia a hombros de dieciséis cofrades vestidos de morado. Nosotros nos deslizamos bajo las cuerdas que los separaban de los espectadores, cuyos ojos estaban arrasados por las lágrimas, e ingresamos en otro mundo. La plataforma se balanceaba de aquí para allá siguiendo un ritmo lento pero electrizante. En derredor, mujeres cubiertas de velos blancos llevaban quemadores de carbón que alimentaban con diminutas cucharillas de plata. Las varillas de incienso desprendían un perfume dulzón que me acariciaba las mejillas y me hacía cosquillas en la nariz. Las mujeres cantaban, mientras seguían descalzas el camino recorrido por la imagen. La muchedumbre se había multiplicado y las calles estaban atestadas de gente. Un mar humano crecía a nuestro alrededor como la marea.

El sol avanzaba por el cielo con más rapidez que la imagen por las calles. El día no tardó en tornarse sofocante. Los dieciséis cofrades de cabellos grises soportaban con dificultad el peso de la plataforma, hecha de roble macizo y decorada con media tonelada de plata. El sudor les caía a chorros por la cara y les empapaba las túnicas. Uno de ellos trastabilló varias veces, a punto de desmayarse, pero aun así se negó a ceder su lugar de honor. Los otros cofrades se limitaron a apuntalarlo con sus cuerpos y a enjugarle el sudor.

La plaza mayor era literalmente un mar de gente, con todo el mundo de puntillas para ver un poco mejor. La multitud era una presencia tangible, tan sólida como los diques de piedra construidos para controlar el cauce de un río. Andábamos directamente sobre las flores que alfombraban el paso abierto entre la muchedumbre. Pese a la hormigueante masa humana que esperaba para ver la imagen, las escenas permanecían completamente intactas. Pero al paso de la procesión, no quedó ni una sola flor que recordara una larga noche de trabajo.

La presión de la multitud fue aumentando progresivamente hasta que incluso a los cofrades empezó a costarles abrirse paso. Welby y yo decidimos volver al edificio donde habíamos pasado la noche anterior.

No estaba a más de quince metros de distancia, pero hubiese podido estar a cinco kilómetros. Puse por delante el estuche de la cámara, como el quitapiedras de una locomotora, y murmurando un ininterrumpido monólogo de disculpas intenté avanzar a través del mar humano. Me sentía como la pasta de dientes cuando la aprietan para que salga del tubo. Seis metros después comprendí que estaba atascada. En un último y desesperado intento por recuperar la libertad, agaché la cabeza y me puse a reptar entre un vasto andamiaje de piernas, gritando aún una retahíla de disculpas y asomando de vez en cuando como un perrito de la pradera para ver dónde estaba. Pero tampoco así pude seguir avanzando por mucho tiempo más, inmovilizada desde los hombros hasta los dedos de los pies por un denso entramado de rodillas, muslos, pechos y codos. Una mujer se desmayó, pero no se cayó. Gradualmente nos disolvimos en una única masa viviente, con la respiración sincronizada de tal modo que cuando uno exhalaba el aire el otro tenía espacio para inspirar. Estábamos unidos no tanto por la devoción compartida como por el espacio compartido.

La imagen, indiferente a nuestro sufrimiento, pasó calle abajo.

EL BALCÓN DEL QUINTO PISO ESTABA ABARROTADO de europeos y limeños ricos que contemplaban el espectáculo desde sus localidades de primera fila. Desde las alturas, toda la plaza era una masa variopinta de cabecitas de alfiler. Una pequeña isla morada y blanca avanzaba sobre las alfombras florales. La música subía flotando y la brisa traía una insinuación de incienso.

«Deberían ir a verlo desde allí abajo», comenté a una pareja de ingleses que estaban junto a mí. Les ofrecí mi pase de prensa para que pudieran entrar al círculo de la cofradía.

La mujer reaccionó como si yo pretendiera venderle una manta infestada de chinches. «¿Por qué íbamos a querer hacer semejante cosa? —me preguntó, asomándose al borde del balcón para echar un vistazo a la multitud—. Tiene que ser horrible estar ahí abajo.»

Recordé la sensación del serrín húmedo bajo mis pies descalzos y las nubes de incienso que me envolvían como un velo de seda. Esa mezcla de olores me devolverá por siempre a aquel lugar.

Ofrecí mi pase a otras personas que estaban en el balcón, pero no encontré ningún interesado. Hubiese tenido que dárselo a una de aquellas mujeres que esperaban junto a mí en el frío y la oscuridad anterior al alba y que rompieron a llorar cuando apareció la imagen.

El Señor de los Milagros concluyó su lento recorrido alrededor de la plaza y desapareció.

CAPÍTULO 14

UN MANGO ENTRE LAS OLAS

NOTAS DE CAMPO: No vayas nunca solo de noche por el campo boliviano, sobre todo si lo único que llevas es un cascabel.

ME ABRÍ PASO TRABAJOSAMENTE HUNDIDA en la arena hasta las rodillas, mirando cómo titilaba y bailaba el horizonte. Ricardo, el Caminante, había seguido ese mismo camino durante casi cinco meses. ¿Cómo había hecho para encontrar agua y comida en el desierto? Lo que en un principio consideré un triunfo de la disciplina y la tenacidad, comparable a la hazaña de recorrer de un extremo a otro la ruta de los Apalaches, debió de haber sido en realidad un ejercicio de supervivencia mucho más peligroso.

«Sí que lo fue», me dijo cuando regresé al coche. Estábamos recorriendo la costa al sur de Lima para ver algunos tramos de su peregrinación. El carísimo 4x4 que yo había alquilado para el viaje perdía gasolina como un colador. Como habíamos salido a las cinco de la madrugada, estaba medio atontada y me costaba mantener los ojos abiertos, pero las historias que Ricardo me contó acerca del camino me despejaron por completo. Era un narrador electrizante.

«En una ocasión estuve al borde de la muerte –me explicó–. Sabía que me acercaba a un largo tramo de desierto y pregunté a los pescadores qué distancia había que recorrer para conseguir agua. Me dijeron que unos 75 kilómetros. Supuse que podía cubrir ese camino en menos de tres días. Cuando saqué un mapa y comprobé que tendría que caminar por lo menos el doble, ya era demasiado tarde para dar la vuelta y regresar. Agaché la cabeza y seguí caminando –sonrió inesperadamente–. De pronto levanté la vista y vi un mango perfecto que las olas trajeron hasta mis pies. Al cabo de un momento recogí una zanahoria, que también estaba en perfectas condiciones. Fue algo extraordinario.»

Llegamos a Nazca poco antes del mediodía y nos detuvimos en el aparcamiento de un polvoriento hotel de carretera en las afueras de la ciudad. Ricardo me había advertido de los peligros de conducir un solo vehículo a través del despiadado desierto, por lo que habíamos acordado encontrarnos con Lucho, el propietario del jeep, y continuar juntos por el camino de la costa. Lucho dirigía una agencia especializada en viajes de aventura y tenía pensado ofrecer esa nueva ruta a los clientes que le pidieran trayectos en vehículos todoterreno. Ricardo necesitaba volver a algunas de las zonas que había recorrido a pie para documentar más extensamente la segunda edición de su libro. Yo quería ver la fauna de las áreas más remotas de la costa y visitar Puerto Inca, el único punto del litoral donde aún se conservan ruinas incaicas de cierta importancia.

Pero antes que nada debíamos reparar el jeep. Lo que había comenzado como un goteo se convirtió en un hilo continuo de gasolina que el vehículo dejaba caer a su paso. Lucho se deslizó bajo el volante, retiró la tapa del cárter y aplicó algo que parecía chicle. Mientras volvíamos a cargar el jeep para marcharnos, Ricardo advirtió un segundo charco, justo debajo del motor. ¿Aceite? Sacamos el filtro. Estaba húmedo, reluciente y aparentemente intacto. Metí un dedo en la charca. Era líquido del motor de arranque. Se había quemado. Lucho se fue a la ciudad cercana en busca de repuestos, y nosotros nos sentamos a esperar.

Con el calor, los mosquitos se habían vuelto lentos e indolentes, pero nosotros estábamos demasiado aletargados para aprovecharnos de su inacción. La ropa que había lavado y recogido medio húmeda antes de salir se secó ante mis propios ojos, tendida sobre los arbustos. Nos derretíamos como chocolate sobre la lona de las tumbonas. Ante mi insistencia, Ricardo cedió y aceptó hablar del año que había pasado con el monje trapense en Bolivia.

«El Viernes Santo ha asumido un significado muy extraño en los Andes bolivianos –comenzó–. Creen que como Cristo está muerto, la gente puede hacer lo que le dé la gana sin tener que rendir cuentas a nadie. Con mis propios ojos vi como todo un pueblo atrapaba en Viernes Santo a un ladrón de ovejas y lo cortaba en ciento cincuenta trozos –titubeó por un momento–. Justicia despiadada en una tierra despiadada.

»Cuando estaba en el monasterio tenía la costumbre de salir a caminar solo por la noche, a veces hasta el alba. Una noche decidí ir a ver unas ruinas lejanas llevando únicamente la pala y un antiguo cascabel que usaba como talismán. De acuerdo con mis votos, iba vestido de blanco –hizo una pausa, frotándose la barbilla–, y tenía barba.

»A mitad de camino me detuve a pasar la noche en la casa de una monja vieja que dirigía un orfanato. Casi inmediatamente después de mi partida la pobre mujer empezó a padecer náuseas y dolores de estómago. Dos días después murió...»

Hizo una pausa y de pronto me preguntó: «¿Sabes lo que es un k'arasiri?». Yo no lo sabía.

«Un espíritu maligno que echa encantamientos a la gente para robarle la grasa del estómago y fabricar velas para la misa o lubricante para las máquinas de coser. Un k'arasiri se puede reconocer de varias maneras. Es un hombre religioso, de piel clara, vestido siempre de un solo color, por ejemplo, de blanco. Lleva un bastón y un cascabel, cuyo tintineo le sirve para adormecer a sus víctimas.»

Poco después de la muerte de la monja empezaron a circular los rumores. Dos chicas dijeron haber visto a Ricardo caminando por la noche y afirmaron que se les habían paralizado las piernas. Poco después las encontraron inconscientes y echando espuma por la boca. Una mujer dijo que había dejado embarazada a una hija suya, que era deficiente mental.

Faltaba poco para el Viernes Santo.

«Yo estaba seguro de que iba a morir y decidí no huir de lo inevitable –me contó Ricardo–. Simplemente seguí haciendo mis cosas, andando por las calles y saludando a todo el que me encontraba. Creo que fue mi confianza lo que evitó que vinieran a buscarme. Esperaban que yo tuviera miedo.»

Aunque se salvó del linchamiento por los pelos, no era bien recibido en el pueblo. Era célibe y no trabajaba con las manos, dos rasgos distintivos de los brujos.

Pero las cosas estaban a punto de cambiar.

«Recibimos la noticia de que el obispo iba a visitarnos al cabo de 25 días para inaugurar nuestro nuevo centro médico, pero todavía faltaban por lo menos cuatro meses para que el edificio estuviera terminado. Me metí de lleno en el proyecto, trabajando día y noche. Dirigí con mano dura a los trabajadores, pero por cada dos ladrillos de adobe que cargaban ellos a la espalda, yo cargaba cuatro. Durante la última semana prácticamente no dormí, pintando y ocupándome de todos los acabados. Lo conseguimos. Al final vino el obispo, estuvo dos horas y se marchó.

»Después de aquello –sonrió–, todos empezaron a tratarme con respeto. Una mujer incluso mandó llamar a sus dos hijos para que salieran a saludarme por la calle.»

LUCHO LLEGÓ EN MEDIO DE UNA POLVAREDA. Nos era imposible conseguir un motor de arranque de repuesto fuera de Lima. Desconectó el que teníamos, lo declaró «reparado» y seguimos viaje.

Llegamos al promontorio rocoso de San Fernando menos de una hora antes de que se hiciera de noche y nos pusimos a escudriñar el cielo con prismáticos en busca de cóndores, las aves más grandes del mundo, cuyas alas alcanzan más de dos metros y medio de envergadura y cuyo peso es de más de 10 kilos. Sabíamos que solían frecuentar aquella parte de la costa, donde se alimentan de las crías, las placentas y los cadáveres de los omnipresentes leones marinos. Ricardo contó hasta veinticuatro cóndores cuando estuvo la vez anterior. Pero aquello había sido antes de El Niño. Ahora en las playas no había gordos leones marinos tomando el sol, sino cráneos blanqueados por la intemperie y dientes rotos. Los pescadores de la zona nos dijeron que el 95% de los mamíferos marinos habían muerto o se habían marchado y que los cóndores habían desaparecido. Escrutamos el cielo en vano.

Resentido todavía por la precaria reparación, nuestro jeep se deterioraba a ojos vistas con el baqueteo de la falta de caminos, la arena y las pendientes resbaladizas. Las frecuentes paradas que nos vimos obligados a hacer para intentar mantenerlo con vida me permitieron recoger los espinosos frutos de un cacto, semejantes a bolas de golf rojas y amarillas sobre el paisaje gris. De vez en cuando subía andando a la siguiente colina y me quedaba mirando cómo el viento arrancaba penachos de arena a las agudas aristas de las dunas. Envidiaba a Ricardo sus semanas de caminante solitario por estas tierras magníficas y sus noches transcurridas bajo las estrellas. ¿Qué sucede después de diecinueve semanas sin más compañía que tus pensamientos? ¿Empiezan a desvanecerse las voces interiores? ¿Dejas de pensar en los impuestos, en lo que debiste decir, o tal vez callar, y en la luz que te dejaste encendida en el piso de abajo? Seguramente la vida será más pura una vez aclarado todo el desorden, teniendo como único objetivo poner un pie delante del otro, bordear el siguiente cabo rocoso, luego el otro y después el de más allá. Las ideas deben de zumbar, iluminarse y arder como insectos alrededor de un farol. Pero al mismo tiempo habrá más espacio para las grandes imágenes, para las esperanzas y los sueños aplazados desde la infancia, para las visiones del futuro y sus infinitas posibilidades.

Aun así, cuanto más sabía de Ricardo, menos le entendía: un emprendedor de inteligencia privilegiada, capaz de destacar en los negocios, y un monje ascético, un eremita de las montañas que volvía la espalda al mundo para encontrar la Verdad en su interior.

Me dijo que llevaba una vida sencilla y que las posesiones personales no le interesaban. En cualquier momento podía deshacerse sin remordimientos de todas las ataduras de la sociedad moderna y volver a la vida en el desierto, pero en su oficina tenía los ordenadores de tecnología más puntera, un aparato de fax y una secretaria contratada a tiempo completo, y no iba a ninguna parte sin el teléfono móvil enganchado al cinturón.

Tenía una comprensión casi extrasensorial de la psicología humana y un interés constante en las personas, pero insistía en no necesitar la compañía de nadie. Aunque había conocido unas diez mil personas en su peregrinación por el litoral peruano, y las recordaba a todas, en su libro no había ni una sola fotografía de un ser humano.

Un enigma.

ERAN YA LAS CUATRO Y MEDIA DE LA MADRUGADA y estábamos sentados detrás de unas rocas al borde de un acantilado solitario. Me acerqué a Ricardo. «¿Pingüinos? –le pregunté, tratando de conservar la calma para no hacer demasiado el ridículo–. ¿En el desierto?» Él asintió solemnemente. Ahí estaban, rígidamente erguidos, formando un triste y apretado grupo en lo más alto del promontorio. El laborioso descenso por la pendiente rocosa fue como un drama a cámara lenta. Para no tropezarse con sus propias patas palmeadas, apoyaban a los lados las aletas como bastones de esquiador. Apareció un león marino. Los pingüinos parecieron consultar entre ellos por un momento qué hacer. El león marino, aburrido, se alejó por las rocas. Los pingüinos reunieron coraje y saltaron al mar, donde mágicamente se transformaron en ágiles bailarinas o en un reflejo de las gaviotas que jugaban con el viento.

Al día siguiente llegamos a Puerto Inca, el Santo Grial del ramal costero del Camino del Inca. Lo que antaño fuera un floreciente puerto pesquero estaba construido en torno a una cala arenosa con aguas de un azul profundo. Las ruinas se distribuían en terrazas sobre las colinas, todo alrededor. Mientras subíamos para verlas, Ricardo emergió del estado casi de trance en que había caído durante aquellos agotadores días de viaje en el jeep. Me dijo que Puerto Inca estaba conectado con Cuzco por un importante camino de la época incaica. Los mensajeros reales eran capaces de llevar pescado y mariscos frescos a la mesa del emperador, a casi 500 kilómetros de distancia, en apenas 36 horas. Más importante aún, por ese camino viajaban a los Andes grandes cantidades de algas marinas, ricas en vitaminas y yodo –la cura para el bocio–, para completar la deficiente nutrición de los pueblos de las montañas.

Se desconocen los motivos que impulsaron a los habitantes de Puerto Inca a abandonar su bellísima cala. Por todas partes entre las ruinas se veían fragmentos de piezas de cerámica. Puede que la epidemia de viruela matara a la mayor parte de los habitantes del pueblo y que los escasos supervivientes huyeran. O tal vez la caída del imperio dejara a los pescadores sin mercado donde colocar sus capturas. O quizá se agotara su fuente de agua dulce (como sucedió a los chimú en el norte), obligándoles a abandonar el mar y sus riquezas. Lo que dejaron atrás resulta impresionante: casas que encajan unas con otras como las piezas de un puzzle, un vasto complejo de templos con salas rectangulares que aún conservan los techos de piedra y almacenes semejantes a colmenas, cuyas cámaras estuvieron llenas a rebosar de pescado, pulpos, almejas, cangrejos y algas. Las paredes de piedra de estas cámaras estaban cimentadas con una mezcla de ceniza, conchas marinas quemadas y cáscaras de arroz, un poderoso insecticida natural que les permitía conservar durante meses el pescado seco.

Pasamos el día trepando por las colinas y finalmente nos alejamos por el Camino del Inca en dirección al desierto, a la luz de la luna llena. Ricardo había accedido a acompañarme en los primeros kilómetros del recorrido a pie hasta Cuzco.

Con su amable presencia, el tiempo se me pasó como un juego de niños. Desprendía una serenidad inmune al cansancio físico o a la fatiga emocional. ¿La habría adquirido en un monasterio, después de meses de callada meditación, o la habría recogido simplemente algún día de su viaje, como aquel mango flotando entre las olas?

Mientras subíamos la montaña, me quitó la pesada mochila de la espalda y se la echó al hombro. Fue un simple gesto, pero de pronto me hizo comprender lo mucho que ansiaba viajar con alguien capaz de compartir esos momentos de triunfo y de cansada camaradería. Me retrasé uno o dos pasos y seguí andando detrás de él en la oscuridad, para que no viera mis lágrimas.

CAPÍTULO 15

EL LUGAR MÁS SAGRADO

NOTAS DE CAMPO: Estuvieron ASÍ de cerca de expulsar a los españoles...

C UZCO SE ENCUENTRA AL FONDO DE UN VALLE, a unos 3.400 metros sobre el nivel del mar. Es el ombligo de los Andes, el centro del imperio inca. La ciudad muy bien pudo haber sido el origen del mito de El Dorado que impulsó a los exploradores a recorrer y saquear a lo largo y ancho de América del Sur. En la cúspide de su gloria, muchos de los edificios de Cuzco tenían la fachada revestida de pan de oro. En el templo principal, llamado Coricancha, había un gigantesco sol de oro que según cuentan reflejaba los rayos del astro de la mañana y rivalizaba en brillo con el auténtico Sol. Dentro del Coricancha, el «recinto dorado», había un jardín con réplicas de llamas de tamaño natural y reproducciones de panochas de maíz, flores, abejas, mariposas y tierra batida, todo de oro macizo. La exquisita obra de los muros estaba oculta detrás de 700 placas de oro, cada una de las cuales pesaba dos kilos. No resulta sorprendente, por lo tanto, que los españoles pusieran rumbo directamente hacia esa ciudad en cuanto acabaron con Atahualpa.

Pese al riesgo de conservar a un inca en el poder, los conquistadores advirtieron la importancia de tener bajo su control a un personaje de sangre real, para asegurarse la obediencia de la población indígena. Con gran habilidad, Pizarro eligió a Manco Inca, hijo de Huayna Capac, el padre de Atahualpa. Manco había apoyado a Huáscar en la sangrienta guerra civil que enfrentó a los dos hermanos, y gozaba por tanto de cierta popularidad en el sur. Cuando Pizarro y sus hombres llegaron a Cuzco, muchos de los habitantes de la ciudad dieron la bienvenida a los españoles como a los restauradores de la dinastía real legítima.

Pero no tardaron en salir de su error. A diferencia de los incas, que permitían a los monarcas de los pueblos conquistados conservar muchos de sus privilegios y gran parte de su poder, los españoles humillaron despiadadamente a Manco desde el primer día. Cuando Pizarro partió hacia la costa para fundar la ciudad de Lima, su hermano menor violó a la esposa favorita del Inca. Al comprender finalmente cuál era su situación, Manco intentó huir, pero fue capturado, devuelto a Cuzco cargado de cadenas y arrojado a los calabozos. Sus carceleros le orinaron encima y le quemaron las pestañas con una vela. Terminó así toda posibilidad de cooperación entre el Inca y su captores.

El monarca probó entonces otro camino. Dijo a Hernando, otro hermano de Francisco Pizarro, que había un altar secreto con una valiosa estatuilla de oro macizo y le aseguró que si le permitía ir hasta allí a rezar, volvería y le regalaría la imagen. Tontamente, el español accedió.

Una vez fuera de Cuzco, Manco llamó a la rebelión. Al ver que un legítimo rey dios volvía a estar al mando, los incas acudieron por millares a unirse al levantamiento. En un extraordinario ejemplo de la capacidad organizativa del imperio, miles de guerreros fueron reclutados, armados, vestidos, alimentados y transportados a las afueras de Cuzco sin que los españoles siquiera lo sospecharan. Cuando Francisco Pizarro recibió en la lejana Lima la primera noticia de la rebelión, Cuzco ya estaba sitiada.

Manco había capturado la enorme fortaleza de Sacsayhuamán, que con sus muros almenados dominaba la ciudad. Desde allí, sus guerreros lanzaban piedras al rojo vivo para prender fuego a las techumbres de paja de Cuzco. Los enfrentamientos se prolongaron a lo largo de casi un año, durante el cual la capital del imperio quedó aislada del resto del país. Los españoles asediados sólo consiguieron sobrevivir gracias a la colaboración de unos pocos indios que les pasaban víveres a través de las filas enemigas. Algunos eran traidores que esperaban congraciarse con los nuevos amos. Otros temían la venganza del Inca por su anterior colaboración con los conquistadores.

Desesperados, los españoles montaron un ataque de 50 hombres a caballo contra la fortaleza de Sacsayhuamán. La táctica fue un éxito, pero Juan Pizarro, el hermano menor de Francisco, perdió la vida en combate. Manco y sus hombres se vieron obligados a retirarse a la fortaleza de Ollantaytambo, más alejada. Grandes bandadas de cóndores carroñeros acudieron a darse un festín con los cadáveres de miles de guerreros incas que yacían en el campo de batalla. La memoria de aquel siniestro espectáculo perdura hasta el día de hoy en la figura de los ocho cóndores que pueden verse en el escudo de armas de la ciudad de Cuzco.

CERRÉ LOS OJOS Y PASÉ LAS YEMAS DE LOS DEDOS por el muro exterior del Coricancha. No pude percibir con el tacto ni una sola juntura en la piedra perfectamente curva. Los incas tenían razón. Para ellos, el valor máximo residía en el trabajo artesano, ya se tratara de paños, piezas de cerámica o muros de piedra. Nunca llegaron a entender la avidez de los españoles por unos bloques de metal informe.

Pero el dinero no tardó en convertirse en un hecho de la vida colonial, y con él, el capitalismo. Lo que la Iglesia y los conquistadores no consiguieron destruir, ha sido lentamente engullido por el insidioso comercialismo. Los muros incas de piedra son tan corrientes en el centro de Cuzco que han acabado por integrarse en el paisaje de la ciudad moderna. Bancos, hoteles, joyerías y agencias de viajes funcionan hoy entre muros incas o alrededor de ellos. Es imposible determinar dónde termina la historia y dónde comienza la época moderna.

Y no sólo los comerciantes se aprovechan de la belleza de los muros. Decenas de jóvenes vestidas con sus mejores galas tradicionales y acompañadas de llamas de ojos inocentes ocupan lugares estratégicos sobre un fondo de piedras antiguas. Su negocio consiste en cobrar a los turistas el equivalente al jornal de un trabajador del campo por dejarse fotografiar. Aunque hace mucho tiempo que Cuzco dejó de ser el centro político de Perú, todavía es un lugar eminentemente sagrado, meca de místicos y aventureros, artesanos y arqueólogos. En la plaza mayor se alinean las agencias de viajes, con carteles que lo ofrecen todo, desde excursiones a pie hasta circuitos a caballo. Las viejas vendedoras agitan sus jerseys tejidos a mano, como lo haría un torero con su capa. Tejidos antiguos, objetos de plata trabajados a martillo y máscaras de dragones. Cuzco tiene para todos algo que ofrecer. Para mí, sentada en la plaza central y mirando cómo se encendían las farolas a modo de perenne árbol de Navidad, ha sido sencillamente el lugar más hermoso que he visto en mi vida.

CAPÍTULO 16

EL TORO POR LOS CUERNOS

NOTAS DE CAMPO: Una lección importante es saber que cuando tengas delante 150 kilos de toro furioso, no te quedes detrás del capote.

CORRÍA EL AÑO 1536. La rebelión de Manco hacía aguas. La derrota en Cuzco había sido un golpe psicológico para la causa del Inca. Convencidos de sus escasas probabilidades de triunfo, muchos de sus seguidores lo abandonaron.

Los leales se retiraron en dirección noroeste por el valle sagrado hasta la enorme fortaleza de Ollantaytambo, donde cavaron defensas y se dispusieron a esperar el inevitable desenlace, que no tardó en llegar. Ese mismo año, Hernando Pizarro se presentó con una fuerza de 70 hombres a caballo, apoyados por una infantería compuesta por numerosos soldados indios y españoles. Los hombres de Manco dejaron caer sobre los asaltantes una lluvia de peñascos y flechas, lanzas y guijarros. En una brillante maniobra, Manco abrió las esclusas e inundó el valle al pie de la fortaleza, impidiendo así el avance de los caballos españoles, cuyos jinetes llevaban pesadas armaduras. Hernando ordenó una retirada que no tardó en convertirse en caótica desbandada, cuando los guerreros incas se lanzaron en su persecución.

Pero el triunfo fue efímero. Poco después, un nutrido cuerpo expedicionario español regresó de Chile y se sumó a la lucha. Ante unas fuerzas de caballería cuadruplicadas, Manco se vio obligado a abandonar Ollantaytambo y retirarse a la selva impenetrable con los escasos seguidores que aún le quedaban. Allí construyeron Vilcabamba, la última ciudadela inca, con más de medio centenar de edificios de piedra de gran tamaño y unos 300 de menores dimensiones. Utilizándola como base, se dedicaron a acosar con táctica de guerrilla las posiciones periféricas de los españoles. Al cabo del tiempo, cuando Manco murió, varios de sus hijos prosiguieron la lucha en su nombre.

En 1572, cansados de aquella espina inca clavada en un costado, los españoles enviaron una expedición para acabar con los últimos vestigios de rebelión indígena. Cuando llegaron a Vilcabamba, encontraron la ciudadela abandonada y totalmente arrasada por el fuego, pero se adentraron en la selva y finalmente hallaron al Inca Amaru, el último de los hijos de Manco. Estaba oculto a orillas de un río, con su mujer gestante. Lo llevaron a Cuzco y, tras someterlo a juicio, lo ejecutaron en la plaza mayor.

LLEGAMOS A OLLANTAYTAMBO JUSTO A TIEMPO para la festividad de los tres Niños Jesús. El comienzo de la celebración no pudo ser más infausto. Los tres pueblos llegaron al mismo tiempo a la plaza mayor, cada uno con su imagen, lo cual provocó una discusión sobre cuál de los tres tenía derecho a entrar el primero en la iglesia. Con los rostros ocultos bajo capuchones de ganchillo, varios fieles empezaron a blandir con intenciones aviesas sus simbólicos látigos. Entre un gran estruendo de caracolas mal afinadas y pesadas nubes de incienso, los hombres de cada cortejo recurrieron a los codazos y empujones para imponer su voluntad. Finalmente, los más ruidosos y más hábiles en clavar los bastones ceremoniales en costillas ajenas se abrieron paso entre la multitud. Parece ser que al menos en Ollantaytambo los mansos no heredarán la tierra.

Nada más volver la esquina, dimos con una prueba mucho más tangible de fuerza y coraje. Seis mil vecinos de la localidad se habían congregado en la ladera, en torno a un descampado circular del tamaño de una pista de hockey rodeado de altas paredes. Veinte toros de temible cornamenta bramaban y golpeaban el suelo en un corral adyacente. Varios hombres en traje rojo con lentejuelas y gruesas hombreras se pavoneaban de aquí para allá a la expectativa. No hubo que esperar mucho para que soltaran al primer animal. Negro como el carbón y furioso como un enjambre de avispas, el toro irrumpió a través del portón y se paró en seco en el centro de la arena, mientras claramente intentaba decidir a cuál de los matadores iba a despachar primero. Todos corrieron a guarecerse tras las barreras protectoras situadas a intervalos regulares a lo largo del muro. El toro golpeó el suelo. Uno de los hombres se adelantó, agitando el capote rosa. El animal cargó, el capote se apartó en un remolino y la multitud gritó entusiasmada. Para no ser menos, los otros toreros saltaron a la arena y al poco tiempo el toro iba de aquí para allá intentando en vano embestir un capote tras otro. Le llevó unos tres minutos comprender la futilidad de sus esfuerzos, después de lo cual sencillamente se plantó en el centro de la plaza, hasta que le pasaron una cuerda por las astas y se lo llevaron por donde había venido, para gran alivio suyo.

No había picas ni espadas a la vista. Eran animales de trabajo y a nadie se le habría ocurrido hacer daño a un toro perfectamente sano sólo por impresionar al público. Únicamente los toreros corrían cierto peligro. Lo único que se interponía entre ellos y más de 200 kilos de músculos y cuernos era un capote no más grueso que una cortina de baño.

«¿Qué te parece?», me preguntó John.

«Creo que podría intentarlo», respondí. En mis entrañas comenzaba a percibir los incipientes gruñidos de la diarrea inducida por el terror.

«Ya, seguro», dijo John, descreído, volviendo la espalda a la faena.

Los organizadores se mostraron igualmente escépticos. «Después», me contestaron, queriendo decir que volviera más tarde, cuando el espectáculo hubiese terminado y todos, incluidos los toros, se hubiesen marchado a casa. Observé a los animales. Uno de ellos era un becerro con cuernos de poco más de siete centímetros y mirada amistosa. «¿Cuándo sale ése?», pregunté. «Tres toros», me dijo un hombre, al tiempo que me enseñaba un número equivalente de dedos. ¡Magnífico! Volví a trepar al muro justo a tiempo para ver cómo un par de cientos de kilos de carne enfurecida caían contra el estómago de uno de los toreros.

Descubrí que había una gran diferencia entre imaginar una jugada y salir al campo a batear. Al menos no iba a tener oportunidad de cambiar de idea. Las paredes encaladas eran demasiado altas para saltarlas.

Un toro, otro más. El torero principal se arrodilló justo delante del portón. Cuando salió el siguiente toro, apartó lentamente el capote hacia un lado. Uno de los cuernos le pasó a menos de tres centímetros de la oreja. John no dejaba de hacerme preguntas sobre el espectáculo, pero yo le prestaba menos atención que al zumbido de un mosquito. ¿Y qué si no lo hacía? Me pasaría el resto de mi vida preguntándome si hubiese podido dominarme en aquella arena. Proyectaría una y mil veces la escena en la pantalla de mi mente, hacia atrás y hacia adelante, en busca de la clave de mi propia cobardía.

Salté.

Me fui directamente a la barrera protectora. «¡Enséñeme!», grité al torero más próximo. Me pasó un capote y me enseñó a balancearlo, apartándolo hacia un lado. *El cuerpo a la izquierda, el capote a la derecha*. Ahora sólo tenía que esperar al becerro de cuernos incipientes.

El siguiente toro irrumpió en la arena como una explosión. Enorme, de ojos malignos y cuernos gigantescos, todavía llevaba colgando la cuerda que a los mozos les había dado miedo quitar. Para mi horror, se fue en dirección al único hombre en la arena que no llevaba puesto un traje de torero: un borracho barrigón que se protegía esgrimiendo una tabla de unos dos metros de largo. El toro empujó al borracho contra la pared, mientras trataba de apartar la tabla con uno de los cuernos. La muchedumbre prorrumpió en estentóreas exclamaciones. Varios toreros corrieron a distraer al animal. Yo contuve el aliento. El único que no parecía preocupado era el borracho, quien durante toda la confrontación mantuvo una mano levantada con los dedos congelados en el signo de la victoria. Muy bien, pensé. Si hasta un borracho puede hacerlo, no puede ser muy difícil.

Pues lo era. En el fondo, esperaba que diez años de practicar el judo me sirvieran para mantener el tipo. Pero cada vez que aquellos cuernos afilados se precipitaban en mi dirección, lo único que podía hacer para no quedarme clavada en el suelo con los brazos rígidamente extendidos hacia adelante y rezando para que aquel capote rosa de supermán me protegiera milagrosamente de media tonelada de carne en movimiento era recitar como un mantra lo que me había dicho el torero: *El cuerpo a la izquierda, el capote a la derecha.* Afortunadamente, por muy mal que lo hiciera, el toro seguía el capote. El mundo a mi alrededor volvió a colocarse poco a poco en su sitio. Percibí en la boca el sabor del polvo que me estaba tiñendo los dientes de un marrón sucio y sentí entre los dedos el tacto del capote andrajoso. Una voz solitaria empezó a destacar entre los rugidos de la multitud.

«¡Eres una imbécil!»

Me volví y vi a un australiano de pie sobre el muro, con una cerveza en la mano. «¿Qué has dicho?», grité.

«¡QUE ERES GILI&%$$*S!»

«¿Por qué no bajas a decírmelo aquí?», le pregunté. La muchedumbre gritó, aplaudió y prácticamente lo tiró a la arena. En ese momento comprendí por qué estaba yo allí. Era el payaso. A partir de entonces, los toreros se pavonearon con su valentía y sus trajes de luces, mientras el borracho y yo importunábamos a los toros... siempre que nos daban la espalda. Cuando todo iba bien, nos abrazábamos y entrechocábamos las palmas, y cuando yo me equivocaba, él me rescataba. Los toros casi pasaron a un segundo plano, entre los gritos de entusiasmo de la multitud. Parecía tan fácil. *El cuerpo a la izquierda, el capote a la derecha.*

De pronto un toro pasó a mi lado, volvió la cabeza en el último segundo y me cogió firmemente por las costillas. Me levantó del suelo con el extremo curvo del cuerno y me tiró por encima del hombro.

El mundo se volvió espeso y viscoso. Los sonidos a mi alrededor se enlentecieron, como un disco que sonara a una velocidad equivocada. Sentí la sangre resbalando por un costado y cierto alivio al pensar que el color rojo del chaleco impediría que la gente la viera. Concentré toda mi atención en el difícil trabajo de respirar. No quería que los organizadores de la corrida advirtieran lo sucedido y se arrepintieran de haberme dejado bajar a la arena.

Respirar. Busqué la protección de una barrera. Poco a poco el ruido y los rostros de la multitud volvieron a ingresar en el campo de mis percepciones y descubrí con sorpresa que aún tenía la sonrisa congelada en la cara. Respirar. Se estaba volviendo un poco más fácil, excepto por las dos costillas debajo de un pecho, que me dolían como si alguien estuviera tratando de hacérmelas saltar con una palanca.

En ese momento, el borracho se deshizo de su fiel tablón y corrió detrás del toro con las manos vacías. Aprovechando un repentino giro del animal, lo aferró por los cuernos, le apoyó la monumental barriga contra el morro y se plantó. El toro se paró en seco. Media docena de mozos corrieron a pasarle al toro una cuerda por el cuello y apartar a empujones al borracho. Me quedé boquiabierta. Pese a todas sus payasadas, era el hombre más valiente de la plaza. Recordé haberlo mirado antes desde el muro y pensar que si él podía hacerlo, entonces yo también podía. Me equivocaba de medio a medio, pero la idea me había infundido el coraje necesario para hacer frente a mis temores. Él me había enseñado cómo hacerlo.

Aquella noche empezó el dolor lacerante que me lanzaba de un lado a otro de mi estrecha litera como un barco en el mar. Pero no fue nada en comparación con el agónico picahielos que sentí clavado en la carne al día siguiente, cuando me eché a la espalda la mochila cargada para emprender el camino hacia Machu Picchu. Aquellos maravillosos peldaños de piedra, tan perfectos, y tan perfectamente empinados, se volvieron de pronto interminables, resbaladizos y de peligrosas y afiladas aristas. Empezó a llover. Sabía que a ambos lados del camino colgaban lánguidas las más extravagantes orquídeas, que por las piedras tapizadas de musgo aterciopelado fluían arroyuelos de agua cristalina y que no era raro ver una o dos serpientes enroscadas a las ramas de los árboles. Pero no vi nada. Tenía los ojos centrados en el sendero, como la mira de un rifle.

Pasaron las horas en el goteo incesante de la lluvia intermitente. A mediodía coronamos el paso montañoso e iniciamos el largo descenso hacia el valle que se extendía del otro lado. Por mucho cuidado que pusiera al andar, el peso de la mochila me comprimía la caja torácica como un acordeón. Lo que durante el ascenso me había parecido dolor, se convirtió durante el descenso en un recuerdo agradable.

Por fin dimos con el refugio donde pensábamos pasar la noche. No era más que un grano en la ladera de la montaña, ocupado ya por una horda de excursionistas malhumorados, cada uno de los cuales disponía de poco más de dos metros cuadrados de suelo de tierra, donde ya se amontonaban las mochilas húmedas y la ropa que olía a sudor de varios días. Estuve a punto de echarme a llorar ante la sola idea de pasar una noche acostada en el suelo sin dormir y entre la basura de otros cincuenta turistas. Enseguida encontré a los que cargaban el material de John, que acababan de dejar su mochila y se disponían a prepararse un té.

«¿Cuánto falta para llegar a Machu Picchu?», les pregunté.

Se lo pensaron unos instantes y sacudieron la cabeza. Ya eran las dos. Íbamos a tener que cubrir la misma distancia que habíamos recorrido hasta ahora en menos de la mitad de tiempo.

No era el egocentrismo lo que me impulsaba, ni tan siquiera el dolor, sino la visión del lujo y la más perfecta comodidad. Mientras investigaba sobre Machu Picchu, conocí al dueño de un hotel de cinco estrellas instalado justo debajo de las ruinas que nos había ofrecido alojarnos en su establecimiento como invitados suyos. Después de cuatro meses de jergones infestados de chinches y duchas heladas, el Hotel Pueblo se me antojaba idéntico al paraíso.

«Abrid la marcha –dije a nuestros ayudantes–. Llegaremos, cueste lo que cueste.»

Emprendieron el camino en una especie de trote, llevando la carga en equilibrio con las dos manos echadas a la espalda. Una vez más, todo mi mundo se redujo a un punto, centrado esta vez en las nervudas pantorrillas del hombre que tenía delante. Calzaba sandalias baratas y a pesar de la carga se movía con la gracia etérea de un caballo. Dejé que mis pensamientos se perdieran en la delicada maquinaria pulsante de sus tendones y ligamentos.

Con gran esfuerzo superamos un último tramo de escaleras y franqueamos una antigua puerta de piedra. Machu Picchu se extendía a nuestros pies. El espectáculo me dejó sin el escaso aliento que aún conservaba. Incluso nuestros ayudantes se detuvieron para mirar.

En ese momento, un autocar salió del estacionamiento al pie de las ruinas y se alejó montaña abajo. Sólo quedaba uno. Si lo perdíamos, íbamos a tener que andar otras tres horas hasta el pueblo.

Descendimos a toda velocidad por el sendero zigzagueante. Las hipnóticas pantorrillas desaparecieron detrás de un recodo y no volvieron a aparecer. Llegué jadeando al aparcamiento, me monté como pude al autocar y vi cerrarse las puertas con un sonido semejante al de un cadáver cuando cae al suelo.

Debo confesar que siempre había albergado un sentimiento de desdén hacia los hoteles de lujo. Creía que los auténticos viajes implicaban necesariamente incomodidad, largos retrasos, heridas abiertas y un montón de bichos que mordían y picaban. Pero nada más pisar la recepción del Hotel Pueblo me convertí en cuerpo y alma a la causa del lujo. El recepcionista parecía auténticamente feliz de vernos, pese a los charcos de agua que nuestro material y nuestra ropa mugrienta dejaron en el vestíbulo. En nuestras habitaciones había chimeneas en las que ya ardía el fuego, agua caliente en abundancia y camas mullidas y confortables, ideales para curar un cuerpo maltrecho. Cada doloroso paso había merecido la pena.

Acababa de decidir que nunca en mi vida abandonaría aquella habitación, cuando me pasaron una llamada del Instituto Nacional de Cultura. «La autorización para acampar por una noche en Machu Picchu le ha sido concedida —me comunicó una voz seca—. Por una noche.»

¡Toda una noche en Machu Picchu! Si había un lugar capaz de lograr que el imperio incaico volviera a la vida, ese lugar era Machu Picchu. Podría recorrer las escalinatas como en épocas remotas. Podría bailar junto a las murallas a la luz de la luna. Sin turistas, sin guías. Sólo yo y los dioses de la montaña.

«Esta noche», dijo la voz del teléfono.

¡Oh, no! De pronto la cama se volvió más mullida y el fuego más acogedor. El cuerpo me dolía como si me hubiera atropellado un toro furioso.

«Tendrá que recoger los papeles de la autorización en la entrada, a las cinco en punto.»

«Allí estaré», respondí, intentando sonar animada y agradecida.

Llegamos a primera hora de la tarde, cuando la primera horda de los 20.000 turistas que Machu Picchu recibe mensualmente empezaba a retirarse montaña abajo. Subí al punto más elevado y me quedé contemplando con literal altanería cómo los guías conducían a sus rebaños de visitantes hacia el estacionamiento de autocares. En unas pocas horas más tendría todo el lugar para mí sola. Como si acabara de pedirlo, las nubes se abrieron y un resplandeciente arco iris se dibujó en el cielo. Los dioses de la montaña estaban de mi parte.

Casi tan fascinante como las propias ruinas es la historia de su descubrimiento, o, más concretamente, de su redescubrimiento. Hiram Bingham tenía 35 años y enseñaba historia latinoamericana en la Universidad Yale. Era un apasionado estudioso de las tradiciones incaicas y una autoridad en la vida y la obra del caudillo revolucionario Simón Bolívar. Durante una expedición a lomos de una mula desde Lima hasta Buenos Aires, Hiram oyó rumores de unas ruinas llamadas Choqquequirau, la «cuna del oro». Le dijeron que estaban perdidas en las montañas, del otro lado del caudaloso río Apurímac, en una región cubierta de selva impenetrable. Estaba seguro de que tenía que tratarse de la legendaria Vilcabamba, la última ciudadela de los incas. ¿Pero por dónde empezar la búsqueda? Trescientos años de tradición oral habían distorsionado la realidad hasta el punto de que ya comenzaba a rozar la mitología. Los polvorientos escritos de los cronistas del siglo XVI tenían muy poco que añadir. Sólo decían que Vilcabamba se encontraba en algún sitio de la frontera entre los Andes y la Amazonia, cerca de una roca blanca, a cuyos pies fluía un manantial de aguas negras. Con tan escasa información, Hiram salió en busca de la cuna del oro.

En la antigua aldea inca de Ollantaytambo, a la sombra de la fortaleza en ruinas, su perseverancia dio frutos. Los trabajadores de una plantación de caña de azúcar le hablaron de un lugar llamado Rosaspata, donde según ellos había un peñasco blanco sobre un manantial, junto a un templo en ruinas. La descripción coincidía exactamente con la de los textos antiguos. Hiram supo que estaba cerca. Preguntando aquí y allá llegó a las ruinas de Choqquequirau, una impresionante fortaleza construida en terrazas, con muros donde cada piedra encajaba a la perfección con todas las demás. Era un descubrimiento monumental, pero cuando regresó y admitió que entre aquellos muros no había el menor rastro de oro, su noticia no suscitó más que decepción.

Aun así, Bingham preparó una segunda expedición a la selva. Para encontrar quien se la financiara, recurrió a la Universidad Yale y buscó en su agenda los nombres de antiguos compañeros de estudios pertenecientes a familias acaudaladas. No había perdido las esperanzas de encontrar Vilcabamba, la legendaria ciudad perdida de los incas. Sabía que estaba oculta en alguna parte, del otro lado de río Apurímac, en un oscuro rincón de la selva «que la propia naturaleza ha creado como refugio para los oprimidos».

La expedición partió de Cuzco y finalmente llegó a orillas del río Urubamba. Por pura casualidad, apenas dos años antes habían inaugurado una nueva carretera a través de la selva. El paisaje era impresionante. Los abruptos acantilados, las empinadas pendientes y la densa vegetación eran suficientes para que incluso los viajeros más intrépidos y experimentados evitaran apartarse de las sendas conocidas. El equipo levantó el campamento. Una noche, mientras Bingham cenaba en una taberna local, el propietario del local le habló de unas ruinas muy bien conservadas en la ladera de una montaña cercana. El explorador recibió la noticia con escepticismo. Ya había seguido varias pistas similares y no había descubierto más que chozas de campesinos en ruinas. Aun así, ofreció al hombre un dólar de plata a cambio de que le condujera hasta allí a la mañana siguiente.

El 24 de julio de 1911 amaneció frío y lluvioso. Los otros miembros de la expedición declinaron la invitación de acompañar a Hiram a la montaña porque tenían pensado hacer la colada u ocuparse de otras tareas del campamento. Bingham se puso en marcha en compañía del tabernero y del oficial enviado por el Gobierno peruano para controlar sus actividades. Para atravesar el Urubamba tuvieron que arrastrarse por un puente improvisado de troncos finos y alargados, atados entre sí con una soga.

Cuando hubieron escalado unos 600 o 700 metros, encontraron una cabaña con un fuego particularmente acogedor. Seducido por la calidez del ambiente y la animada conversación, el tabernero decidió quedarse y pedirle a su hijo de poco menos de 10 años que guiara a Bingham el resto del camino.

El explorador perseveró. Y lo consiguió. «De pronto me encontré ante unos muros de piedra del más depurado y perfecto estilo incaico», escribió en su diario.

Ahí está la diferencia entre Bingham y yo. Yo habría dicho «¡Guau!», y después habría gritado «¡Yupiiii!».

Bingham recorrió una plaza ancha, contempló las fuentes y visitó el templo del sol, el mausoleo real y docenas de casas. «Las sorpresas se suceden a un ritmo vertiginoso», escribió. Dos enormes piedras fundacionales con 32 aristas en tres dimensiones. Una piedra poligonal en el lugar donde los sacerdotes incas ataban simbólicamente al sol para que no se marchara al llegar el solsticio de invierno. «Parecía un sueño increíble.»

Hiram Bingham murió convencido de haber descubierto la legendaria Vilcabamba. Estaba equivocado. Pero si Machu Picchu no era la última ciudadela del pueblo inca, ¿qué era entonces? El lugar no aparecía mencionado en ninguna de las crónicas españolas, porque en la época de la conquista ya había sido abandonado. A juzgar por la cantidad de alimentos que podían producir sus terrazas dedicadas a la agricultura, probablemente no hubo nunca en Machu Picchu más de un millar de habitantes. La falta de agua era una amenaza constante; cuando el acueducto de la ciudad se secaba, había que transportar el agua desde el río, que fluía unos 750 metros más abajo. Durante cierto tiempo, los arqueólogos pensaron que podía tratarse de una ciudad sagrada de las vírgenes del Sol, ya que el 80% de los esqueletos hallados eran de mujeres. Aunque se encontraba a gran altura en la montaña y estaba rodeado en tres frentes por el río Urubamba, Machu Picchu no podía ser una fortaleza porque carecía de auténticas construcciones de defensa. Además, no tenía sentido levantar una ciudadela tan complicada en un área que carecía por completo de importancia estratégica y aportaba una contribución menos que marginal a la producción agrícola.

Cuando los arqueólogos procedieron a la datación de los muros de piedra, averiguaron que Machu Picchu había sido construida 100 años antes de la llegada de los conquistadores españoles, en la época de Pachakuti. Probablemente Machu Picchu fue la residencia de verano de aquel antiguo emperador.

Estaba sacando a rastras nuestro equipo de la casa del guarda de Machu Picchu cuando sentí los primeros síntomas de una infección urinaria. Tomé una dosis de antibióticos y volví al trabajo.

Una hora después, los últimos turistas se habían ido ya y mi irritación interna se había convertido en dolor punzante. Los antibióticos no estaban causando el efecto esperado. Buscando un poco encontré otro medicamento, más potente que el anterior, y me lo tomé mientras contemplaba cómo el último autocar iniciaba su largo descenso montaña abajo. Estábamos solos.

Pasó lentamente otra hora. Empezó a llover. John esperaba sentado en el bar, tamborileando la barra con las yemas de los dedos, mientras yo monopolizaba los servicios a la espera de que los antibióticos hicieran su efecto. La vejiga ulcerada me empezó a sangrar y la temperatura no dejaba de subirme. Había tardado seis semanas en conseguir aquella autorización y era sólo por una noche. No podía abandonar. Pedí a John que se adelantara con un ayudante e instalara la tienda.

La lluvia y la niebla no llevaban trazas de mejorar. Nos esperaba una noche oscura y tormentosa. Ahí quedaba mi retirada mística entre los dioses de la montaña. ¡Si todavía hubiera habido gente viviendo entre los viejos muros de piedra! Habríamos comido patatas blandas y humeantes, regadas con cerveza casera, y habríamos pasado la noche conversando animadamente alrededor de un fuego acogedor.

Entonces era eso. A mi fantástica experiencia inca le faltaba un ingrediente fundamental: los incas. Los habitantes de Machu Picchu habían desaparecido hacía siglos, pero yo sabía de un lugar donde la gente aún vivía a la antigua usanza: Ollantaytambo. LOS DOS DÍAS SIGUIENTES FUERON DE AUTÉNTICA AGONÍA, sólo aliviada por la suntuosa opulencia del Hotel Pueblo. Por fin me sentí suficientemente recuperada para regresar a Ollantaytambo, a las calles olvidadas de su ciudad vieja, donde campesinos del color de la tierra conducían llamas cargadas con la diaria ración de leña. Los dóciles bueyes de los alrededores no parecían siquiera emparentados con los salvajes animales de cuernos malignos que recordaba de la última vez que estuve allí. En Ollantaytambo no hacen falta las aceras porque el vehículo más ancho para el que fueron construidas sus calles era una llama preñada. Sus lavaderos de piedra están abiertos las veinticuatro horas del día para hacer la colada, bañar a los niños y pelar patatas. Prácticamente en todas las esquinas se puede comprar cerveza casera por menos de 30 centavos, y la risa y la camaradería son gratuitas.

Me senté junto a un lavadero y me quedé mirando cómo pasaban los animales por el empedrado instalado a mano, piedra a piedra, hace cientos de años. Las figuras y los sonidos fueron paulatinamente cuajando en una imagen coherente: el clip-clop de los cascos y el sonido mate de otras patas más suaves, el áspero cacareo de los gallos alejando a potenciales adversarios y los cordiales pero lacónicos saludos entre vecinos de toda la vida que regresaban de trabajar en el campo. Pero lo más llamativo de todo era la ausencia de ciertos sonidos. No había sirenas, ni de policía ni de bomberos. Nada de teléfonos que sonaran, ni aparatos de fax, ni hornos microondas. No se oía el ruido de ninguna cisterna. En el interior de aquellas casas sencillas no resonaba el zumbido de fondo de la televisión, sino únicamente el sereno chasquido del fuego encendido para cocinar, combinado tal vez con el runrún de un molino o los agudos chillidos de las cobayas. En ese mundo, la gente sólo se visitaba si tenía algo que decirse. Cocinaban y comían alrededor de un fuego y por la noche se sentaban juntos para hilar o tejer, o simplemente para conversar y mascar unas hojas de coca. Me pregunté si todas nuestras comodidades (aire acondicionado, correo electrónico, televisión e incluso teléfonos) no se habrían infiltrado en nuestras vidas como ladrones, para robarnos parte de nuestra humanidad.

Pasé la mano por la fachada rugosa de una casa, deseando estar en el otro lado. En la distancia se oían unos discos viejos de vinilo que sonaban en un aparato que seguramente habría conocido épocas mejores. Tal vez fuera un bar donde sirvieran chicha y pudiera encontrar un poco de compañía. Seguí el sonido por las calles cada vez más oscuras hasta llegar a un callejón estrecho, donde unos hombres vestidos con ponchos rojos tejidos a mano salían con dificultad por una puerta de no más de un metro de altura, para orinar contra la pared y volver a entrar. Eran indios quechuas endomingados y, al parecer, estaban bebiendo como para levantar a un muerto.

Estuve a punto de darme la vuelta y marcharme por donde había venido. Los indios tienen una desconfianza casi lobuna tanto de los extranjeros como de sus compatriotas establecidos en la gran ciudad, una actitud profundamente enraizada en el recuerdo de los abusos y humillaciones que han recibido de los españoles y prácticamente de todas las autoridades gubernativas desde la conquista hasta el presente. La mayor parte de su pueblo sucumbió a las enfermedades europeas, la guerra, los conflictos civiles y los trabajos forzados. Así pues, no es sorprendente que conserven un empecinado apego a su propia lengua ni que rechacen toda intromisión en su vida privada.

Pero de pronto uno de los hombres se adelantó hacia mí y me hizo un gesto, invitándome a pasar por la diminuta puerta. Yo vacilé, hasta que una voz detrás de mí exclamó: «¡Ole!». Un viejo de sonrisa desdentada me dio una palmada en la espalda. Quizá la corrida de toros no había sido tan mala idea después de todo. Los seguí al interior de la casa.

Era una boda. Los novios estaban rígidos, de pie detrás de

una mesa, saludando a las visitas con expresión grave, adecuada para la solemnidad del acontecimiento. Eran islas de sobriedad y cordura en un océano de cerveza casera, cascadas de música, remolinos de bailarines y carreras de niños en busca de chapas de botellas. Formaban una bonita y luminosa pareja, vestidos con varias capas superpuestas de intrincados tejidos. Cuando di la enhorabuena a la novia con unas pocas palabras en quechua, su sonrisa resplandeció como la luna llena. «Eres un hombre afortunado», dije al novio, quien sonrió con transparente orgullo. Comprendí entonces que el suyo no era un matrimonio de conveniencia, sino por amor.

Bailamos y brindamos por la feliz pareja. Me sorprendió verles ponerse los anillos de bodas, el único acto cristiano que había presenciado hasta entonces, pero el gesto no estuvo acompañado de ningún discurso ni ceremonia, y de hecho pareció poco más que una excusa para beber otro vaso de cerveza. Las mujeres solteras estaban sentadas contra una pared, tiesas como paraguas, y cuando hablaban de los hombres se tapaban la boca con una mano. Recordé mi noche en Machu Picchu y perversamente me sentí agradecida por la lluvia y la enfermedad que me habían traído hasta allí. Ningún tiempo transcurrido entre piedras solitarias podía compararse con aquello.

Al final me despedí y regresé a mi pensión. Las calles de Ollantaytambo estaban vacías y silenciosas, pero ahora sabía lo que pasaba detrás de aquellas paredes. Recorrí con la mano las piedras desiguales. De algún modo parecían más amistosas, más vivas, como si llevaran impresas no sólo las huellas de las manos de sus constructores, sino el aliento de sus habitantes.

CAPÍTULO 17

VIDAS ANTIGUAS
EN TIEMPOS MODERNOS

NOTAS DE CAMPO: Sangre y corazón crudo de alpaca para el desayuno. No mi taza de té.

LOS INCAS LLAMABAN A SU IMPERIO TAHANTINSUYU, «La Tierra de las Cuatro Provincias». La mayor de las cuatro, Collasuyu, se extendía al sur de Cuzco y abarcaba la porción meridional de Perú, toda Bolivia, las regiones andinas de Argentina y todo Chile hasta el actual emplazamiento de Santiago. Durante siglos sus habitantes se resistieron al dominio incaico. Eran los colla, quienes dieron su nombre a la región, y los aymará, cuyo idioma todavía se habla en toda la región. En 1420, Pachakuti emprendió una campaña para someter a todas las tribus en torno al lago Titicaca. Poco después, el Inca Topa inició la construcción del famoso camino meridional, de casi 3.500 kilómetros de largo, que llegaba hasta Chile.

Nada más salir de Cuzco, el Camino del Inca asciende hasta el desolado altiplano y, tras un sinuoso recorrido, desemboca en una llanura pantanosa donde se extiende «el mayor lago de las Indias», al decir de los antiguos cronistas españoles. Situado entre dos ramas de la cordillera andina, el lago Titicaca tiene unos

130 kilómetros de longitud y unos 65 de ancho. A 3.812 metros sobre el nivel del mar, es el lago navegable con mayor altitud del mundo.

Llegué a Puno justo cuando el sol empezaba a borrar la escarcha nocturna acumulada sobre piedras blancas como esqueletos. La ciudad era pálida. Tal vez fuera la escasez de oxígeno, pero los edificios parecían grises y descoloridos como cadáveres de una semana. O puede que los arquitectos de Puno construyeran sus casas pensando en reflejar el paisaje de rocas yermas, hierbas espinosas y laderas barridas por el viento.

Y entonces vi el lago. Brillaba como un zafiro engarzado en plomo. Era tan azul que hacía daño mirarlo, pero más daño hacía quitarle la vista de encima. Era un lugar donde nacen los mitos.

Cuenta la leyenda que el primer Inca, Manco Capac, apareció a orillas del lago Titicaca acompañado de su esposa y hermana, Mama Ocla, y empuñando un cayado de oro. Su padre, Inti, el dios del Sol, le había dado instrucciones de recorrer el mundo hasta que llegara a un lugar donde su cayado desapareciera por completo al hundirlo en el suelo. Después de muchos días de viaje, llegó a un valle donde la tierra blanda y fértil se tragó su cayado de oro. Allí fundó una ciudad sagrada, Cuzco, que en quechua significa «ombligo», destinada a convertirse en el centro del imperio incaico.

El lugar preciso de la primera aparición de Manco Capac continúa siendo motivo de debate. Hay quien dice que salió de una cueva en la isla del Sol, mientras que otros afirman que surgió de las propias aguas del lago. Otros dicen que los ocho incas, cuatro hermanos y cuatro hermanas, fueron enviados por Inti al mundo subterráneo y emergieron de unas cuevas cercanas a Paccaritambo, a unos 30 kilómetros al sudoeste de Cuzco.

Como era de esperar, las autoridades de Puno prefieren creer que Manco Capac nació del lago y pisó tierra firme por primera vez en el lugar donde hoy se encuentra el puerto de la ciudad. Así lo afirman todos los años al reproducir el viaje de una semana que hizo Manco a través del lago en una embarcación de juncos especialmente construida para la ocasión. Es lo que yo había venido a ver.

Un moderno yate motorizado apareció en el horizonte. Al poco tiempo pude distinguir dos majestuosos guerreros incas de pie en la proa, disputándose el espacio disponible con una docena de técnicos de televisión que mantenían fijos los objetivos de las cámaras sobre un tembloroso barco de juncos, en precario equilibrio sobre la estela que dejaba la embarcación a motor.

El yate atracó junto a una isla cualquiera y un Manco del siglo XX desembarcó seguido de su esposa hermana. Entonces dio comienzo la batalla de los cámaras. Abriéndose paso a codazos, dejaron atrás a las mujeres indígenas que desplegaban alfombras tejidas a mano para el cortejo real. A empujones se situaron en primera fila, apartando sin miramientos a los niños que se les cruzaban en el camino y atropellando con sus equipos a mujeres indias con rostros semejantes a árboles milenarios.

Poco a poco me alejé de aquella escena deprimente. El suelo bajo mis pies parecía vivo y esponjoso, como si caminara sobre un trampolín. Estábamos en una isla flotante, una masa de totora que requiere una constante renovación por arriba mientras se va pudriendo por abajo.

Me quedé mirando cómo una anciana amarraba su pequeña embarcación y pasaba a la orilla. ¿Cómo sería su vida? Nacer, crecer, criar una familia y al cabo morir en un espacio mínimo. Pasar el día cortando juncos, pescando y cuidando del fuego para cocinar. Vivir sin electricidad, teléfono, televisor ni ninguna otra ventana al mundo exterior, para, una vez al año, recibir la invasión repentina y simultánea del pasado y el futuro a partes iguales: los guerreros incas y los equipos técnicos de la televisión.

La mujer echó un vistazo a la plaza, decidió que nada de lo que estaba pasando era asunto suyo y entró en su choza.

A LA MAÑANA SIGUIENTE, LA LLEGADA DE MANCO a Puno sirvió de excusa para más discursos y dio pie a un colorido desfile de bailarines que lo escoltaron hasta el estadio. Sacaron una alpaca e hicieron que diera la vuelta al estadio para que todos la vieran. Después hicieron que el nervioso animal se arrodillara, lo degollaron, le sacaron el corazón y lo levantaron hacia el cielo con los dos brazos extendidos. Todos los que estaban alrededor mordieron un trozo y tiraron el resto a un fuego ceremonial.

Aquella tarde subimos hasta la blanca y gigantesca estatua de Manco Capac que domina la ciudad, con la idea de filmar una introducción para los acontecimientos del día. Mientras John se quejaba de los graffitis que estropeaban toda la base, yo subí hasta sentarme sobre los blancos pies descalzos de la estatua.

«Éste es Manco Capac, el primer Inca, enviado por su padre el dios del Sol para gobernar el mundo –desgrané yo–. ¡Y mañana vamos a verlo en persona!»

«¿Está bien así?», pregunté, sin demasiadas esperanzas.

«Espantoso –respondió John con franqueza–. Repítelo.»

Lo repetí, sintiéndome tan rígida y ridícula como la estatua que tenía encima. Toma dos. Tres. Cuatro. Cinco. «Parece que estés anunciando coches de segunda mano», dijo John.

Toma seis. «Hola. Aquí estamos con Manco Capac. Mañana vamos a conocer a Papá Noel. Yo me llamo Mary Poppins, pero se me ha olvidado el paraguas. ¿Cómo voy a bajar de aquí?»

«¡Estoy rodando!», dijo John.

«Es que de verdad no sé cómo bajar», insistí.

«Vale, lo dejamos», dijo John mientras plegaba el trípode.

Bajé correteando por la ladera, ansiosa de hacer los preparativos finales para el acontecimiento con el que había soñado desde que vi por primera vez un misterioso rebaño de animales que fluía como oro líquido a través del altiplano yermo y descolorido. Nos habían invitado a una aldea olvidada llamada Picotani para participar en una fiesta cuyas raíces se hundían en la época incaica. Íbamos a asistir a un rodeo de vicuñas.

CAPÍTULO 18

EL VELLOCINO DE ORO
DE LOS ANDES

NOTAS DE CAMPO: Por fortuna las vicuñas no muerden. Pero patean como mulas y saltan como venados.

LAS CUATRO DE LA MADRUGADA. Me quedaba justo el entusiasmo suficiente para arrastrarme fuera de la cama caliente y subirme a la parte trasera de un camión helado. No volví a la vida hasta las ocho, cuando el sol empezó a quemarme las mejillas con el espinoso resplandor de las grandes altitudes. Me metí en la cabina delantera, donde estaba Marco, el funcionario responsable de las vicuñas de la región y de su rodeo anual.

A sus 26 años, Marco parecía demasiado joven para ser un auténtico veterinario y demasiado mayor para el entusiasmo que se le inflaba como una burbuja cada vez que hablaba de sus adoradas bestias. Las vicuñas, me comentó con orgullo, tienen el vellón más fino del mundo, mejor todavía que la alpaca o el mohair. Su lana suave se considera un tesoro desde épocas remotas. Sólo el Inca y sus nobles podían vestir prendas confeccionadas con lana de vicuña. Los rodeos han cambiado poco desde aquellos tiempos. Todavía acuden cientos de campesinos para formar cadenas humanas que se extienden hasta donde alcanza la vista. Entre todos conducen a los animales hasta un corral de piedra, donde los atrapan, los aligeran de su abrigo de vellón y los dejan ir.

El pelaje de las vicuñas es algo más que una simple curiosidad de considerable valor económico. Es un testimonio contemporáneo del legado incaico. Con un millar de pelos por centímetro cuadrado, es una fibra natural fina y ligera como la tela de araña. Los incas valoraban los tejidos más que ninguna otra cosa. Una de las principales tareas de las vestales del Sol consistía en hilar y tejer la lana de vicuña en prendas perfectas, que el Inca Supremo vestía una sola vez y luego quemaba en un ritual, cometiendo así un sacrilegio comparable al perpetrado por los españoles cuando fundieron las estatuillas de oro de los incas en lingotes corrientes de oro.

Cuando los conquistadores hubieron saqueado la mayor parte del oro y la plata del imperio, desplazaron su insaciable codicia hacia las desventuradas vicuñas, cuyo vellón estaba considerado como «la seda del Nuevo Mundo». Su persecución las llevó al borde de la extinción. En 1966, del millón de vicuñas que habían llegado a ser en el pasado, no quedaban más de 5.000 ejemplares. En un último y desesperado intento por salvarlas, el Gobierno peruano organizó a los campesinos para que volvieran a hacer los rodeos y comenzó a controlar directamente la recogida del vellón, que se subasta en los mercados internacionales. Los beneficios se entregan a las cooperativas locales. De la noche a la mañana, las vicuñas se convirtieron en un recurso estrictamente protegido, y los furtivos pasaron a ser la especie en extinción.

Nos detuvimos en una pequeña tienda arrinconada en una esquina de una aldea sin nombre en el altiplano interminable. Dentro, una mujer arrugada esperaba a los clientes, acuclillada como una araña entre bolsas de caramelos, plumas de guacamayo, amuletos y terrones de azúcar. Por detrás de la oreja de la mujer, una serpiente disecada nos miraba con sus órbitas vacías desde un estante, junto a una andrajosa piel de zorro colgada de la pared. Marco y la vendedora intercambiaron unas frases entre susurros.

«Un pago», me dijo él. Habíamos entrado a comprar unas ofrendas para que la Madre Tierra nos concediera un buen rodeo. La vieja empezó a sacar a puñados de un tarro de plástico los caramelos preferidos de la Madre Tierra, aunque al parecer también le gustaban las galletas. Si teníamos suerte, no notaría que las figurillas de plata no eran más que hojalata pintada. La diminuta llama de plomo parecía una ofrenda lógica, pero la gallina grande de plástico estaba un poco fuera de lugar. También nos llevamos un camión de juguete, un puñado de macarrones sin cocer y una bolsa de confites de colores. La mujer estuvo un momento rebuscando en un cajón, y finalmente nos tendió triunfante algo que parecía un caballito de mar disecado. «Un feto de llama», dijo. Lo envolvió con exquisito cuidado y lo puso encima del montón.

Aparentemente, la Madre Tierra no se anda con remilgos. Aprecia una botella de cerveza –o dos, o tres–, le gusta aspirar tabaco en polvo y no le hace ascos a un par de jarras de vino. Como todo buen campesino andino, es muy exigente con las hojas de coca. Sólo acepta las mejores: frescas y sin defectos, guardadas en un saquito tejido a mano, con su gajito de lima.

Después volvimos a acomodarnos en el camión y emprendimos la trabajosa marcha hacia la diminuta aldea de Picotani. El motor carraspeaba y tosía, intentando deshacerse de la gasolina sucia que habíamos comprado junto con las hojas de coca de inmaculada perfección. Diversos grupos de flamencos en lagunas poco profundas y rebaños de algodonosas llamas poblaban un paisaje ondulado y sin árboles. Pocos animales pueden sobrevivir en el aire tenue y el clima hostil que se da en estos parajes, a más de 4.000 metros de altitud. Los curtidos campesinos viven de los rebaños y complementan su monótona dieta con chuño, patatas desecadas por congelación, y con charqui, finas tiras de carne seca y salada de antigua tradición andina, que los españoles no tardaron en adoptar.

Nos asignaron la enfermería del centro cívico del pueblo. Según rezaba un cartel, las suturas se cobraban a 30 céntimos el punto y las inyecciones, a 25 cada una. «¡Cuidado con la fiebre amarilla!», advertía otro de los carteles a todo aquel que supiera leer. «VACUNE A SUS HIJOS», aconsejaba el mismo cartel unas líneas más abajo, a una altitud donde los mosquitos son más raros que los turistas y tienen aún menos probabilidades de resistir con vida una noche a la intemperie.

Tuvimos el tiempo justo de dejar nuestras cosas antes de que nos viniera a buscar una robusta mujer quechua, con las típicas largas trenzas negras y faldas amplias. Se llamaba Victoria. Las piernas cortas la propulsaban por el camino empedrado a un ritmo que me era imposible mantener sin jadear por falta de oxígeno. Al parecer, su poncho informe ocultaba un par de pulmones de proporciones industriales.

Me dijo que sí, que tenía una casita en Picotani, pero que pasaba la mayor parte del tiempo en el campo. Me volví para contemplar la media docena de casas de piedra y me pregunté a qué llamaría «campo» mi interlocutora. Se ganaba la vida criando llamas y alpacas, como casi todos sus vecinos. Una vez por semana, a las dos y media de la madrugada, venía un camión que recogía a quienes quisieran ir de compras al pueblo más cercano y los traía de vuelta por la noche. Victoria nunca había llegado más lejos. No había ido nunca al cine ni había visto un árbol. Su hijo de 12 años quería ser profesor de inglés, aunque nosotros éramos las primeras personas de habla inglesa que había visto en su vida. A pesar de su aislamiento, o tal vez como consecuencia de él, Victoria sentía una curiosidad insaciable por el mundo exterior. Me preguntó cómo era la vida en Estados Unidos. Yo no sabía por dónde empezar. ¿Las ballenas? ¿La televisión? ¿Los semáforos? Al final dio igual. Empezamos a hablar de ruecas y husos de hilar y acabamos utilizando ponchos para explicar los velos de las musulmanas e imitando el paso torpe de los pingüinos. Me parece que no creyó ni una sola palabra de lo que le conté, pero su hijo me miraba con ojos grandes y redondos. Supe que algún día se montaría al camión semanal para nunca más volver.

La ceremonia en honor a la Madre Tierra se celebró en una habitación desnuda, detrás del corral vacío. Formamos un círculo con las manos en los bolsillos, golpeando de vez en cuando con los pies para no sentir que el suelo de cemento estaba más frío que una cubeta de hielo. El chamán que dirigía la ceremonia desenvolvió nuestras compras, alisó minuciosamente cada trozo de papel de periódico –la noche iba a ser larga– y ordenó con meticuloso cuidado las ofrendas: primero las galletas, con el lado salado hacia arriba, después los caramelos, el chocolate, los terrones de azúcar, los confites, más caramelos... Yo estaba como hipnotizada por los dulces, pero no era la única que codiciaba la propiedad de la Madre Tierra. A mi lado estalló un pequeño motín cuando llegó a la mesa la bolsa de un kilo de hojas de coca. Los presentes se pusieron a ordenar las hojas con gran entusiasmo: el extremo en punta hacia adelante y el lado más verde hacia arriba. De vez en cuando se oía murmurar: «Ésta no le gustaría a Mamá». Y veía que alguien se metía subrepticiamente en la boca una hoja rota o desgarrada. Yo misma lo hice. Las hojas eran secas y amargas, absorbían la humedad de la boca y soltaban trozos pequeños que se metían entre los dientes. «No las mastiques –me susurró Marco–. Déjalas entre la encía y los dientes.»

Rápidamente, Victoria se encargó de iluminarme. «Hacen falta unos 30 minutos para formar una bola», me dijo, indicándome lo que tenía que hacer para conseguir una bola del tamaño de una nuez, que hay que dejar del lado interior de la mejilla. Después tenía que mascar durante 45 minutos, ni uno más ni uno menos. Finalmente, tenía que retirar de la boca con los dedos la bola masticada y tirarla a la basura. Las hojas de coca nunca se tragan, me dijo con firmeza mi mentora, ni tampoco se escupen. Se mascan cinco veces al día y proporcionan un marco temporal en una sociedad que básicamente funciona sin relojes. La duración de una mascada se considera una unidad de tiempo. No es raro oír, por ejemplo: «Son dos mascadas de aquí a la casa del tío».

Según Victoria, el hábito de mascar coca comenzó cuando la Santísima Virgen María perdió a su hijo en la cruz. Muerta de dolor, se internó en el monte y, sin pensarlo, recogió unas hojas de coca. Abstraída en sus tristes pensamientos, se las puso en la boca y descubrió que aliviaban su pena. Se dice que mascadas según los rituales adecuados, las hojas son tan reconfortantes como los brazos de una madre.

Los pueblos andinos emplean desde hace siglos las hojas de coca como estimulante suave, semejante al café, para aplacar el hambre, aliviar la fatiga y favorecer la concentración. La práctica de masticar coca acelera ligeramente el ritmo cardíaco y produce una vasoconstricción leve en las extremidades que contribuye a mantener la temperatura basal del organismo. Además de ser a la vez un anestésico y una medicina, la coca proporciona minerales muy necesarios para las comunidades establecidas a gran altitud, que rara vez consumen hortalizas verdes.

Desde el punto de vista social, su papel es todavía más importante. El equivalente europeo o norteamericano más próximo es la costumbre de reunirse para tomar un café, aunque masticar hojas de coca tiene más connotaciones que el simple hecho de compartir una dosis de cafeína. Mascar juntos unas hojas de coca es algo así como servir el café, agradecer al Ser Supremo la gracia otorgada e intercambiarse las tazas. Es una forma de indicar que hay un problema grave y de conseguir que la otra persona se siente y le dedique a uno toda su atención. O también, para aquellos que no desean reconocer sus dificultades, mascar coca e invocar en voz alta a los dioses de la montaña en presencia de la familia y los amigos es un método indirecto de pedir ayuda. Rechazar la hoja es un acto de hostilidad semejante al de no estrechar una mano tendida. Compartirla es un medio aceptado de sellar un contrato, que de esa forma se convierte en un lazo sagrado.

Pero más importante aún, mascar coca es ser un runa, un habitante de la montaña. Varias veces al día, quienes mastican coca se definen como miembros de una comunidad. A través de los años, la coca se ha ido afirmando como el signo más completo y definitivo de la identidad indígena. Cuando un hombre se va a la ciudad, abandona el hábito de mascar coca y renuncia así a sus raíces.

EL CHAMÁN SEGUÍA TRABAJANDO. Una vez terminada su casita de caramelo, recogió un montón de hojas de coca, extendió por encima un poco de grasa de llama y completó la ofrenda con una pizca de incienso en polvo. Después la levantó por encima de la cabeza, se la presentó a los dioses y la dejó con cuidado junto a la pila de caramelos. Otro montón de hojas. Y otro más. Estaba dirigiendo el *sami* de las hojas de coca –su esencia vital– hacia el lugar del que dependía la salud, la suerte y la vitalidad de la aldea. La coca es el sacramento andino por excelencia. Incluso la llaman «la anfitriona». Define la relación entre la tierra, el pueblo y sus antepasados. Al utilizar la coca para mantener abiertos los canales adecuados de comunicación con las potencias superiores, el chamán hace posible la transferencia de la energía procreadora de los ancestros a la siguiente generación. La coca es la clave de la vida misma.

La ceremonia se animó todavía más con la aparición de una botella de un líquido claro, que fue pasando de mano en mano a través del círculo de los presentes, hasta que llegó a mí. Ingenuamente, eché un trago. En un instante me arrasó el fondo de la garganta, me incineró las amígdalas y me cayó en el estómago como un cóctel Molotov. Hasta que no la pasé al siguiente, no me di cuenta de que también me había tragado, sin darme cuenta, la bola de hojas de coca, del tamaño de un huevo de paloma.

El chamán recogió un puñado de hojas y todos se adelantaron expectantes. Según me dijo Marco, había llegado el momento de averiguar si la Madre Tierra veía con buenos ojos el rodeo del día siguiente.

A la primera tirada, la mayor parte de las hojas cayó con el lado gris hacia arriba. Mal signo. El chamán se detuvo durante un momento a considerar las potenciales implicaciones del desastre, pero de pronto advirtió que una de las hojas había caído un poco fuera del paño adivinatorio. No había valido. Las recogió para intentarlo de nuevo.

Por segunda vez, las hojas se empecinaron en caer boca abajo. El chamán levantó la vista al cielo, cerró los ojos y mantuvo una silenciosa conversación con la Madre Tierra y los dioses de la montaña.

Finalmente consiguió que la mitad de las hojas cayera mirando hacia arriba. Dio por buena la tirada. La Madre Tierra estaba satisfecha. Sacó una cuerda, ató la ofrenda y salió del recinto como una exhalación. Todos salieron corriendo detrás.

«¿A qué viene tanta prisa?», pregunté jadeando.

«Tenemos que quemar la ofrenda a las doce de la noche –respondió Marco–. Allá arriba», añadió, señalando un punto en la oscuridad donde yo recordaba haber visto una montaña bastante respetable.

«¿Estás de broma?», le dije. Eran las doce menos veinte. ¿Acaso la Madre Tierra llevaba reloj? ¿Teníamos que correr montaña arriba para llegar a las doce en punto de la noche a una cita con la Madre Tierra, en una cultura donde el tiempo se medía por el crecimiento del vellón de una alpaca?

Una vez allá arriba, vaciaron en el suelo un saco de estiércol de llama semejante a canicas y vertieron encima media botella de aguardiente. Tras una explosión, la pila empezó a arder con una llama de color blanco azulado. Por mi parte, presenté silenciosas excusas a mi esófago por haberme bebido antes aquel líquido infernal. Pusieron la ofrenda en el fuego y los caramelos comenzaron a arder alegremente, entre la grasa de llama. Agitaron varias botellas de cerveza y con ellas rociaron indiscriminadamente a todos los presentes. Después nos quedamos por ahí, golpeando el suelo con los pies y consumiendo lo que quedaba de aguardiente y hojas de coca, hasta que el fuego lentamente se consumió y se apagó.

El rodeo estaba programado para el alba, en unas pocas horas. Mi único deseo era reptar al interior de mi mullido y abrigado saco de dormir. Pero no, nada de eso. Finalizada nuestra labor, volvimos a la habitación helada y nos pusimos a bailar al son de las quenas y las flautas andinas.

A las cuatro de la mañana me pude ir a dormir. El rodeo empezó tres horas más tarde.

EL CORRAL HERVÍA DE ACTIVIDAD. Centenares de campesinos llegaban en camiones, motocicletas, a caballo o propulsados por un par de robustas piernas. Las mujeres más emprendedoras habían plantado sus tiendas para vender refrescos dulces como el arrope y pan de una semana. En un campo cercano se organizó un partido de fútbol. De inmediato las mujeres y los hombres se segregaron, y el primer grupo quedó completado por un enjambre de niños y el segundo, por la cerveza.

El doctor Martínez, presidente de la CONACS, llegó a mediodía ataviado con vaqueros y gorra de visera como si fuera un entrenador de la liga infantil de béisbol. Pronunció rápidamente los imprescindibles discursos previos al rodeo y, en un tiempo récord, nos envió montaña arriba.

Las vicuñas, me dijo el doctor Martínez, figuran entre los pocos animales con glóbulos rojos ovalados, una adaptación genética que confiere mayor densidad a su hemoglobina y permite que circule más oxígeno por su organismo.

¡Glóbulos rojos ovalados!, pensé. *¡Ésa debe de ser la solución!* El aire de la montaña era tan tenue que me sentía como si estuviera respirando a través de una pajita. Me dije que las vicuñas nos habían sacado una gran ventaja en la escala evolutiva.

«Las gallinas –prosiguió el doctor Martínez– comparten la misma característica.»

Victoria iba por delante de nosotros moviendo las piernas como émbolos. Ella también tendría hemoglobina ovalada.

Alcanzamos la cima de una cresta rocosa y nos pusimos a desenrollar varias cuerdas largas con cintas colgadas, para asustar a las vicuñas y obligarlas a entrar en el corral. Victoria iba de un lado para otro, organizando a todo el mundo. «¡Tensen las cuerdas! ¡Escóndanse detrás de esas piedras! ¡Más rápido! ¡Más rápido!» El doctor Martínez lo contemplaba todo impertérrito. Los hombres habían salido una hora antes en camiones para empezar a sacar a los animales de sus escondites en la montaña. Todavía faltaba bastante para que apareciera la primera vicuña por la cima de la colina.

«Hay una leyenda sobre el origen de las vicuñas –dijo el doctor Martínez. Tenía el timbre de voz y el ritmo de un narrador nato–. Cuando los españoles llegaron a América del Sur, trajeron el catolicismo. Temiendo verse desplazados por aquella fe nueva y extraña, los apus, los dioses de la montaña, convocaron una reunión para analizar la situación. Al final llegaron a la conclusión de que los conquistadores sólo estaban interesados en el oro. Si no encontraban oro, se volverían a su tierra por donde habían venido. Los apus decidieron entonces que cada vez que vieran españoles cerca de una mina de oro, transformarían todo el mineral en vicuñas de vellón dorado, que se alejarían galopando por el altiplano.»

La primera vicuña apareció muy por encima de nuestras cabezas, recortada su silueta contra el fondo de un cielo amenazador y oscuro. Le siguieron otras dos y, al poco tiempo, fluían por las pendientes empinadas en pequeños grupos de diez a veinte, más ágiles que las más elegantes gacelas. Eran del color de la miel iluminada por el sol. Victoria dio un brinco y nos urgió a todos a avanzar. El doctor Martínez me hizo señas para que volviera a sentarme en la hierba. Faltaba por lo menos una hora para que los hombres que venían detrás de las vicuñas nos alcanzaran. Teníamos tiempo para otra historia.

El doctor Martínez me explicó que cuentan que hubo una vez un rey ya entrado en años que se enamoró perdidamente de una bellísima doncella. La joven no quería saber nada de él, por mucho que él hiciera para conquistarla. Después de muchos meses, cansada ya de su insistencia, ella le dijo que cedería a sus deseos si él le regalaba un vestido confeccionado completamente de oro. El rey mandó llamar a los mejores artesanos de su reino, pero todos le dijeron que era imposible hilar el oro. Desesperado, ofreció una elevada recompensa a quien lograra crear una prenda ligera y flexible con el brillante metal. Quienes lo intentaran y no lo consiguieran serían castigados con la muerte.

Entonces, un día, cuando regresaban de otra vana visita a los tejedores del reino, el rey y la doncella se detuvieron junto a un río para pasar la noche. Ella le dijo que iba a bañarse y él pensó que si no podía tenerla, al menos podría verla desnuda, por lo que se escondió en la orilla para espiarla. Mientras esperaba, el rey se quedó dormido y recibió en sueños la visita de un dios de la montaña. «Eres una vergüenza para tu pueblo –le dijo el apu–. Tendrás un castigo acorde con tu crimen: de ahora en adelante, podrás vestirte con la mujer que tanto deseas, pero nunca lograrás hacerla verdaderamente tuya.»

El rey se despertó justo a tiempo para ver cómo la joven salía del lago. A medida que emergía del agua se iba convirtiendo en vicuña, y al final se alejó galopando. Los dioses de la montaña la declararon sagrada, para que sólo los reyes y la nobleza pudieran lucir prendas tejidas con su dorado vellón. Pero también decidieron que nadie podría domesticarla jamás.

Y aún continúa siendo salvaje. Las vicuñas se precipitaron galopando valle abajo, reunidas en una atronadora marea, en un río de oro líquido. En la cresta rocosa que se extendía sobre nuestras cabezas, pequeños puntitos humanos formaban una guirnalda, cerrando filas detrás de los animales. Más arriba todavía, el cielo viró del gris al negro, como si los dioses de la montaña se hubieran irritado ante nuestra osadía de importunar a sus bestias sagradas. Levantamos nuestra cuerda con las cintas de plástico de colores y echamos a correr. En el valle a nuestros pies se había congregado una masa tan densa de animales que las vicuñas ya no tenían espacio para correr. La cadena humana que se cerraba por detrás las obligaba a seguir andando. Al final se pararon en grupos compactos justo a las puertas del corral, resoplando y empujando, reacias a dar el último paso hacia el cautiverio.

Una bolita blanca golpeó el suelo junto a mis pies. Luego cayó otra, dura y redonda como un canto rodado. Era granizo. En pocos minutos, el tiempo había cambiado de manga corta y protección solar a triple capa de ropa interior. El estruendo ensordecedor de un trueno se propagó por el valle. Todos gritaban que debíamos darnos prisa. Más que guisantes, las piedras ya parecían canicas. Con un repentino movimiento de la cadena humana, las vicuñas entraron en el corral. Entonces todos echamos a correr, cubriéndonos la cabeza, en una caótica huida en busca de un refugio. Nunca pensé que el granizo pudiera hacer tanto daño. Nos guarecimos bajo el alero del cobertizo de las esquiladoras, contemplando el cielo amenazador que parecía pesar sobre nuestras cabezas. Las vicuñas tenían el lomo cubierto de escarcha. Plegaban hacia atrás las orejas y se apretaban unas contra otras para protegerse del viento.

La inesperada tormenta puso punto final al trabajo de la jornada. No había nada que hacer, excepto bailar y beber hasta que el sol secara los vellones. Pero no importaba: el rodeo había sido un éxito espectacular. Más de 1.600 animales, la mayor cantidad de vicuñas que hubiesen atrapado nunca en Picotani.

A LA MAÑANA SIGUIENTE NOS PUSIMOS EN MARCHA a primera hora. No quería perderme el corte de un solo pelo del lomo de ninguna de nuestras 1.626 vicuñas. El corral se fue llenando de taciturnos campesinos que regresaban de la juerga nocturna. Los hombres y las mujeres permanecieron estrictamente separados, mientras los organizadores distribuían puñados de hojas de coca y pasaban lista. Cada aldea estaba obligada a aportar un número determinado de voluntarios. Este sistema, llamado *mit'a*, o trabajo compartido, es otro vestigio de la época incaica. En tiempos de los incas, cuando una tribu se incorporaba oficialmente al imperio pasaba a deberle al Inca y al dios del sol un tributo anual de trabajo, que podía pagar reparando caminos, sirviendo en el ejército o labrando las tierras reales. Hasta el día de hoy, las aldeas del altiplano siguen utilizando el trabajo como moneda de pago, en un complejo sistema de intercambios entre parientes políticos, vecinos y amigos. Los campos casi siempre se labran colectivamente y por lo general se tienen en cuenta las perspectivas de futuro trabajo compartido cuando se arregla un matrimonio o se nombra un padrino. La reciprocidad dentro de la comunidad, ya se trate de hojas de coca o de trabajo, continúa siendo la barrera protectora contra el mundo exterior.

Yo escuchaba la letanía de nombres tratando de entrenar la lengua para desgranar las complicadas sílabas desprovistas de vocales y sembradas de oclusivas glotales, semejantes a ráfagas de ametralladora.

Llevaba meses practicando las oclusivas glotales del quechua. Al principio las había visto escritas. Son esos extraños apóstrofes que aparecen inesperadamente en las palabras más corrientes. Supuestamente deben sonar como si el hablante hubiese conseguido silenciar un eructo, pero sin llegar a reprimirlo. Yo sólo conseguía reproducir ese sonido (por no hablar del doble apóstrofe, todavía más temible) si me golpeaba con fuerza el esternón cada vez que llegaba a una p, una k o una q.

Pero la antigua lengua de los incas me tenía reservadas otras sorpresas. Los hablantes del quechua lo expresan casi todo con sufijos. Sus frases suelen ser de una sola palabra, pero una palabra larguísima. Tan LARGA como *Much'ananyakapushasquaku-puninyataqsumamarki.* Básicamente, empiezan por una palabra sencilla (por ejemplo, «hierba»), a la que van añadiendo sílabas al final como quien añade vagones a un tren. Primero el sufijo del plural, seguido de otro sufijo que indica ausencia. Después, en rápida sucesión, «toro», «hambre» y «sufrir». Por último agregan un último sufijo pluralizador, para que el verbo no se sienta solo. *Quihuacunaillaihuanhuagracacunacayarcanchu.* «Los toros tienen hambre cuando no hay hierba.» Fácil, ¿no?

Todo esto me parecía complicado, pero no insuperable, mientras no hice más que estudiar el idioma en los libros. Pero entonces me crucé con mi primer anciano en una aldea andina, le di los buenos días y escuché su respuesta. Tenía algo que ver con el mercado, pero para decirlo utilizó al menos tres oclusivas glotales.

Cuando terminaron de pasar lista, las vicuñas fueron declaradas oficialmente secas. Después de otra hora de democrático debate andino, con todos los participantes mascando hojas de coca, cinco hombres cogieron una tira de arpillera y se lanzaron al compacto mar de animales, pasando entre ellas como la lanzadera de un telar, para separar una docena de vicuñas del rebaño principal. Yo me quité la chaqueta y salté al corral.

Una vicuña pasó junto a mí. Con las dos manos me aferré al vellón, a ambos lados de su lomo, y allá nos fuimos las dos. Saltaba como una condenada sobre sus musculosas patas de venado y yo iba trastabillando detrás. Con los dedos enredados en el vellón, bastó que el animal diera su primer giro brusco para que los pies se me levantaran del suelo y acabara medio volando, como una cometa. No estaba nada claro quién había atrapado a quién. «¿Alguien podría echarme una mano?», grité en español cuando pasamos junto a los hombres que sujetaban la valla de arpillera. Es posible que no hablaran español, pero de todos modos no hubieran podido decir nada inteligible porque se estaban riendo a carcajadas. Finalmente, después de dar otro par de vueltas por nuestra minúscula plaza, la vicuña y yo nos separamos. Yo acabé hecha un guiñapo en el suelo, mientras que mi compañera, libre ya del parásito de 60 kilos que se le había pegado al lomo, saltó ágilmente la tira de arpillera y volvió a unirse al rebaño.

Ahí debía de estar el problema, me dije. Seguramente había elegido sin darme cuenta al Hércules de las vicuñas. Decidí quedarme un momento a la expectativa y elegir un animal más acorde con mis posibilidades.

Pero muy pronto tuve que reconocer que para atrapar una vicuña se necesitan dos personas: una para coger al animal por el largo cuello, y otra para acercarse por detrás y aferrar el asa que la vicuña tiene como rabo. Una vez inmovilizada de esa forma, la vicuña puede hacer muy poco, excepto saltar, mientras sus dos captores se agarran firmemente a los dos extremos, como si estuvieran sacudiendo una manta.

Me bajé de la valla y fui en busca de alguien que quisiera colaborar conmigo en el trabajo. Ningún voluntario. Al parecer, mi valor como «mejor anécdota para los próximos meses» era muy superior que cualquier contribución útil que pudiera hacer al rodeo propiamente dicho. Iba a tener que arreglármelas sola.

Esta vez elegí un animal pequeñito, más o menos la mitad de grande que el Hércules. No me resultó difícil cogerlo por el cuello, pero inmediatamente empezó a retroceder, dejando el rabo fuera de mi alcance. Después de varias vueltas mirándonos a los ojos, con los tipos de la arpillera doblándose de risa a escasa distancia, conseguí pasarle un brazo por debajo del vientre y levantarlo. «¿Adónde lo llevo?», pregunté a los hombres. Uno de ellos echó un vistazo a mi captura y me señaló una docena de crías a la espera de que las marcaran en una oreja. Nos pusimos a la cola.

Mi vicuña era más o menos del tamaño de un doberman. Al principio me pareció fácil llevarla en brazos, porque de ese modo impedía que me pateara. Por desgracia, los músculos me empezaron a flaquear cuando aún seguíamos en la cola, por lo que tuve que apoyarla en el suelo y probar mi habilidad en el adiestramiento de vicuñas. «¡Sentada!», le ordené. Se resistió un poco, pero la tenía firmemente agarrada por la parte delantera del cuerpo. Por fin se dejó caer sobre los cuartos traseros, mientras yo le acariciaba la cabeza y le decía tonterías como «buena chica». Espié por el rabillo del ojo a los tipos de la arpillera para ver si nos estaban mirando. Sí que lo hacían. La vicuña eligió ese preciso instante para saltar verticalmente por el aire, aprovechando hasta la última gota de energía almacenada en sus elásticas patas. Puede que las vicuñas tengan la hemoglobina de las gallinas, pero sus patas son de saltamontes. Salí catapultada hacia arriba y aterricé de espaldas, con las piernas y los brazos aferrados aún a la vicuña. Como aquélla me pareció la posición más estable que habíamos encontrado hasta ese momento, nos quedamos así.

No podía creer lo fluidos y gráciles que llegan a ser los movimientos de estos animales. Pueden cambiar de dirección como un colibrí, saltar más alto que un hombre y eludir a toda carrera una maraña de brazos extendidos como el más experimentado esquiador de slalom. Nunca muerden, casi nunca escupen y, a diferencia de las mulas, sólo dan coces en defensa propia. Con sus largas y preciosas pestañas y su suave vellón, son abrazables como osos de peluche y juguetonas como delfines.

Cuando llegamos al principio de la cola, a mi pequeña amiga le marcaron la oreja y le examinaron los dientes, antes de dejarla salir a un corral exterior. Como mi siguiente captura fue mucho más grande, me indicaron que me pusiera en otra cola. Al cabo de veinte minutos de auténtica lucha libre, me encontré cara a cara con un anciano y su ajado cuaderno de escolar. «¿Macho o hembra?», me preguntó vocalizando lentamente. Yo había pasado un brazo por debajo del cuello de mi vicuña y con la otra mano le estaba agarrando firmemente la cola. Apenas podía asomar la cabeza por encima de su lomo, y cada vez que el animal intentaba saltar me golpeaba el maxilar inferior contra el superior. «No lo sé. A ver si usted lo puede ver», le respondí, haciendo verdaderas proezas para no morderme la lengua mientras hablaba. El viejo se inclinó hacia adelante con infinita lentitud. «Macho», dictaminó finalmente, y así lo consignó en su cuaderno.

Por fin atrapé una vicuña con el vellón suficientemente largo y me indicaron que fuera al cobertizo de las esquiladoras, una colmena de actividad, oscura y polvorienta. Un motor de gasolina hacía funcionar cuatro máquinas esquiladoras, que los operarios utilizaban para separar a los despatarrados animales de sus maravillosos vellones. La lana se llevaba después a una trastienda, donde varias mujeres sentadas alrededor de una mesa igualaban los mechones, descartaban algunos pelos y formaban con el resto mullidas bolitas. Sentí con los dedos el suave vellón. Hasta ese momento había abrigado la secreta intención de comprar alrededor de un kilo de vellón (por valor de unos 300 dólares), para hacerle a mi madre un exclusivo jersey de lana vicuña que yo misma pensaba hilar y tejer. Pero sólo cuando lo hice comprendí que las fibras medían menos de cinco centímetros de largo. Para que la lana no se deshiciera sola, sería preciso hilarla con la precisión de una máquina.

A última hora de la tarde, casi todas las vicuñas estaban esquiladas o marcadas. Salí para unirme a la fila de mujeres cuya tarea consistía en mantener a los animales en una esquina del corral exterior, hasta que llegara el momento de devolverles la libertad.

Los campesinos de los Andes suelen desconfiar de los forasteros, como era de esperar después de quinientos años de conflictos con funcionarios ávidos de poder y misioneros autoritarios. Aquellas mujeres no eran ninguna excepción. Deliberadamente hicieron caso omiso de mis saludos en español y en quechua y no hicieron el menor gesto de incluirme en el grupo. Sintiéndome sola y rechazada, me alejé unos pasos de la fila, saqué mi huso y me senté a hilar. Noté que de vez en cuando miraban subrepticiamente en dirección a mí, pero yo hacía como que no me daba cuenta. Hablaban entre ellas. Muy pronto, el esfuerzo de transformar el suave vellón en algo parecido a la lana me absorbió por completo.

«¡Caramba!», atronó una voz que me hizo saltar del asiento. Una robusta mujer con cuerpo de patata gigante se cernía sobre mí, con la mirada fija en el huso. Me lo arrancó de las manos y rápidamente limpió la lana de todas las impurezas con sus dedos retorcidos. «¡Así no se hila!», dijo en una mezcla de quechua y español. «¡Más rápido!» Hizo chasquear el huso, que se puso a girar como un trompo, tan rápido que empezó a zumbar audiblemente. «¡Más largo!» La fibra fina como la seda se expandió entre sus dedos y se retorció en el huso, formando hilos de lana milagrosamente compactos y uniformes. «¡Sujétalo así!», me ordenó, condimentando todos sus comentarios con palabrotas en los dos idiomas. La estuve observando durante varios minutos y finalmente le indiqué por gestos, con la mayor humildad, que estaba preparada para intentarlo por mi cuenta.

Pero no hubo manera. Mantuvo firmemente el control de mi lana y no la dejó ir hasta que llegó la señal de soltar las vicuñas y nos vimos obligadas a movernos. Pero incluso entonces le pasó el huso a otra campesina: cualquier cosa antes de permitir que una torpe extranjera cometiera el sacrilegio de estropear el sagrado vellocino de los Andes.

Las vicuñas se precipitaron hacia la libertad en cuanto se abrió una brecha en la línea. Me quedé mirando cómo corrían, o mejor dicho, cómo fluían, entre el ruido atronador de sus cascos. Desplazándose como un río de mercurio por las praderas sin árboles, no pararon hasta llegar a lo más alto de la cresta rocosa, donde sus siluetas se recortaron contra el cielo del crepúsculo. Otra vez estaban donde tenían que estar.

NUESTROS PLANES DE REGRESAR A PUNO inmediatamente después del rodeo se vieron aplazados por culpa del camión, que llevaba todo el día medio desmontado junto al corral. El cojinete de una de las ruedas estaba más allá de toda esperanza de reparación. Con su callada eficacia habitual, Marco lo había organizado todo para que nos llevaran hasta la tienda de la santera. Con suerte podríamos tomar el último autocar a Puno y llegaríamos a tiempo para dejar a John en un hotel cercano al aeropuerto.

John tenía libre el día siguiente y pensaba irse directamente a Lima. Aunque sabía apreciar una caminata por los rincones más apartados de los Andes, era evidente que prefería hacer surf en las playas de la capital y probar la cocina de los mejores restaurantes limeños. Dos de sus tablas de surf habían encontrado un lugar permanente en casa de un amigo suyo en las afueras de la capital, y dedicaba todos los ratos libres a disputar la mejor posición en las olas con otros fanáticos enfundados en neopreno.

Yo preferí quedarme en Puno. Marco me había hecho una oferta que no podía rechazar: la prueba de que Manco Capac había pasado por allí cuando iba en busca del lugar donde fundar su imperio.

A LA MAÑANA SIGUIENTE, MARCO SE PRESENTÓ en mi hostal a las siete. A pesar del cansancio acumulado en los dos últimos días, se había levantado al alba, había ido a buscar un cojinete de repuesto para el camión y se lo había dado a uno de sus empleados, que a su vez se había ofrecido para llevarlo a Picotani en bicicleta: un viaje de 12 horas, casi todo el tiempo cuesta arriba.

No era la primera vez que veía a la gente del lugar respondiendo a la serena autoridad de Marco. Aunque era de la ciudad, los campesinos lo consideraban uno de los suyos. Hasta las vicuñas parecían calmarse bajo sus manos amables. Había pasado toda la vida en Puno, pero soñaba con salir a estudiar al extranjero. De momento tenía que quedarse en casa de su familia para cuidar a su padre, viejo y enfermo. «Tal vez algún día...», me dijo con añoranza.

Pero mientras tanto había un sitio que quería que yo viera. Recorrimos a pie un paisaje semejante a gigantes castillos de arena, medio derruidos por las olas. Inesperadamente, vimos surgir entre los promontorios rocosos una torre de piedra, alta como una casa de dos pisos. Marco me señaló una pequeña serpiente labrada en uno de los bloques perfectamente cuadrados. «Ésta es la insignia real del primer Inca —me dijo—. Manco Capac dejó una estela de estos signos labrados a lo largo de su recorrido hasta Cuzco.»

La propia torre tenía una historia todavía más interesante.

«Las chullpas son antiguas cámaras fúnebres construidas por

los machakuna, los antiguos», me explicó Marco. Se trataba al parecer de una raza de gigantes que vivieron a la luz de la luna antes de que existiera el sol. Cuando llegó el momento de que los hombres habitaran la Tierra, salió el sol y por todas partes se derramó la luz del día, que desecó a los antiguos y deshizo su carne. Desde entonces, los machakuna guardan un comprensible rencor a los humanos y aún intentan vengarse de vez en cuando seduciendo en sueños a las mujeres embarazadas para provocarles abortos e inducir malformaciones en los niños que esperan. El maléfico viento que sopla desde los lugares donde yacen sus huesos causa en quien lo recibe escalofríos y accesos de tos.

Los machakuna no han desaparecido, sino que viven en un mundo paralelo al nuestro. Cuando la luna llena reanima sus huesos, regresan a este mundo, donde comen, beben, se visitan unos a otros y labran sus campos. En el mundo sincrético de los pueblos andinos, hasta los machakuna tienen su lado bueno. Los indios prefieren plantar patatas cerca de las tumbas de los antiguos, porque creen que el mismo viento que enferma a los humanos fertiliza las plantas de patatas y las hace crecer.

Subimos hasta los castillos de arena y exploramos las cámaras fúnebres abiertas en la pared de piedra caliza de la montaña. Marco me habló de la vez que había venido de acampada con unos amigos, del eco de la música en las rocas y de las sombras que bailaban como fantasmas sobre la piedra. Cinco años atrás había encontrado una cueva con el esqueleto de un niño. Había sellado la entrada con arena para protegerla de los saqueadores de tumbas, y lo había hecho tan bien que ni siquiera él mismo consiguió encontrar de nuevo la cueva. Se alegraba de que así fuera.

En mi búsqueda de caminos y reliquias incaicas, había olvidado lo que era pasar la tarde con un nuevo amigo. No filmamos nada que fuera a valernos un premio ni encontramos ninguna momia digna de la portada de *Time*, pero yo me llevé algo mucho más valioso: un día apacible y feliz para atesorar en el recuerdo.

CAPÍTULO 19

UN LUGAR SAGRADO

NOTAS DE CAMPO: Imagina que pudiéramos vivir en el Edén...

Y A CONOCÍA EL LUGAR DONDE MANCO CAPAC había hundido su bastón de oro en el suelo para fundar el imperio incaico. Incluso tenía cierta idea de la ruta que pudo haber seguido para llegar hasta allí. Ahora había llegado el momento de remontar sus pasos hasta donde todo había comenzado, el lugar que los incas llaman su Edén: la isla del Sol.

Hay quien dice que fue allí donde nació el Sol. Los españoles creían que en la isla se ocultaba la legendaria fuente de la eterna juventud. Actualmente, la isla del Sol tiene 5.000 habitantes, que viven y trabajan la tierra tal como lo hicieron sus antepasados y hablan aymará, una lengua que ya existía mucho antes de que llegaran los incas. Se encuentra justo en el centro del lago Titicaca, al lado de la isla de la Luna, donde antaño vivían las vestales del Sol. La moderna geografía política ha partido por la mitad al «lago más grande de las Indias». La cueva sagrada de donde emergió Manco Capac se encuentra ahora en suelo boliviano.

Tomamos un barco hasta el pueblo de Cha'llapampa, cerca del extremo norte de la isla, y encontramos la cueva tras dos horas de arduo recorrido a pie. Era alta como un edificio de dos o tres pisos, pero no parecía suficientemente profunda como para que no entrara la lluvia. Nuestro guía nos señaló dos jaguares, prueba de la presencia de la deidad suprema.

«¿Dónde?», pregunté.

«Ahí –me dijo–. Un ojo, las fauces, una oreja.»

Primero intenté verlo desde la entrada de la cueva. Después retrocedí tres metros y finalmente me situé a unos 15 metros de distancia. Nada, no veía nada. Para mí el sitio era una oquedad como cualquier otra en una pared rocosa poco impresionante.

Decidimos probar suerte en el palacio del Inca, al otro lado de la isla. En realidad no era un palacio, sino un centro administrativo construido como un complicado laberinto de muros y pasillos. Las obras maestras de Machu Picchu y de Cuzco me habían malacostumbrado. El palacio me decepcionó. Salí para sentarme cerca de la entrada y contemplar a los niños que volvían a casa con sus rebaños de ovejas y sus improvisados cayados de madera. Parecían extras en una película de Hollywood.

El templo del dios del Sol se encuentra en una colina solitaria que domina las orillas del lago Titicaca. Otra decepción. Por alguna razón esperaba algo más espectacular en un lugar tan sagrado. En el lento recorrido de regreso nos cruzamos con mujeres que conducían a las ovejas por los estrechos senderos y llevaban corderitos envueltos en pañoletas anudadas. Chozas con techumbre de paja asomaban sobre las verdes colinas, como dispersos granos de arroz. Una red de sinuosos senderos recorría el paisaje ondulado. No había coches ni carreteras. Era la cuna de los incas. Intenté imaginar cómo sería conocer el lugar exacto del Edén.

En la distancia, los campesinos avanzaban paso a paso por el campo, sembrando el maíz tal como lo habían hecho sus antepasados hace un millar de años. La isla emanaba serenidad. Por fin empecé a comprender. Un lugar realmente sagrado no necesita complicados monumentos de piedra. Ya se trate de la cuna de una nación poderosa o simplemente de un tranquilo rincón en el mundo, es un santuario.

Pasamos aquella noche en casa de una pareja de isleños. Él tenía 74 años y ella, 69. No hablaban más que aymará, el idioma de sus antepasados preincaicos. La cara de él era una telaraña de arrugas, oscura y reluciente como la caoba. Ella tenía las manos retorcidas como un tronco seco y dedos que hablaban de toda una vida de labores manuales. Su casa parecía el interior de un horno de panadería: paredes ennegrecidas y sin ventanas en un recinto no más grande que la cuadra de un caballo. La puerta era más estrecha que mis hombros y tenía que ponerme a cuatro patas para entrar.

Impregnadas de humo y residuos de cocción, las alquitranadas telarañas del techo parecían estalactitas. Los escasos pucheros aún estaban condimentados con la costra de la comida de la semana anterior. La anciana y yo encontramos un lenguaje común en la cocina y el hilado, turnándonos para hacer girar el huso o revolver el guiso. Su rostro se iluminaba con el cálido resplandor del fuego cada vez que miraba a la niña de dos años abrazada a las piernas de su marido. No, no era su nieta, me dijo. No habían sido bendecidos con niños propios. Era hija de una sobrina suya y se la habían enviado para que cuidara de ellos cuando envejecieran. Al principio me pareció una decisión cruel, pero viendo cómo el anciano le servía la comida a la pequeña, le ajustaba la gorrita y le acariciaba la cabeza con sus manos arrugadas, cambié de idea. Con gestos y dibujos en el suelo de tierra, me dijeron que había una escuela al final del camino y que la niña iría cuando tuviera edad de asistir a clases. Mientras tanto, podía perseguir a las gallinas, mirar a las ovejas y a los dos cerdos del corral y explorar toda la isla, sin temer a los extraños, los coches, los camiones, las drogas ni tan siquiera las revistas pornográficas.

Dormí en una de las chozas que utilizaban como despensa, bajo unas gavillas de maíz colgadas del techo y sobre una pila de mantas de alpaca. El viejo vino con un farol para preguntarnos si todo estaba en orden. Sin soltarse de su pierna, la pequeña me miraba fijamente, con grandes ojos castaños. Una vez más, la mano correosa del anciano se posó suavemente sobre la cabecita de la niña, en una leve caricia tan antigua como el tiempo mismo.

Un lugar sagrado.

CAPÍTULO 20

PERDIDOS EN LA SELVA

NOTAS DE CAMPO: Cuatro horas después seguían perdidos en algún lugar de la selva boliviana. Organicé a todo un pueblo de unos 300 habitantes y estuvimos buscando hasta las dos de la madrugada. A la mañana siguiente, a las seis, todos volvieron a salir otra vez...

LA PAZ, A LA VUELTA DE LA ESQUINA DEL LAGO TITICACA, es la prima pueblerina de Lima, con estrechas calles empedradas allí donde la capital peruana tiene avenidas de cuatro carriles. En Lima se diría que cada conductor lleva un teléfono móvil pegado con Velcro a la oreja, mientras que en La Paz los taxistas tienen que parar de vez en cuando para llamar desde teléfonos públicos de anticuario, instalados en los puestos de chucherías. En Lima sobran las tiendas de diseño. En La Paz, la ropa se vende en mercadillos callejeros, junto a largos mechones de cabello natural con caspa incluida, que las mujeres indias compran para alargar sus típicas trenzas. Los *fast-food* de La Paz son carretillas cargadas de racimos de uvas o de patatas humeantes, envueltas en hojas de banano. No se ve un solo perro de raza definida. Sólo chuchos.

La Paz también tiene su ración de coches de la marca BMW y de altos edificios de cristal y hormigón, pero debajo de la fina piel del capitalismo de mercado late un corazón antiquísimo. Los habitantes de La Paz han conseguido combinar lo viejo con lo nuevo en una continuidad sin cicatrices ni interrupciones, como puede verse con meridiana claridad en la feria de Alasitas.

Una vez al año, La Paz convierte varias manzanas de la ciudad en un monumento al minimalismo. El festival de Alasitas es una celebración descarada de los deseos materiales. El público va de puesto en puesto, comprando versiones en miniatura de todo lo que quisiera conseguir en el transcurso del año siguiente: coches, camiones, secadoras de pelo, casas y máquinas de coser. Pero comprar réplicas a escala no es suficiente para que los sueños se hagan realidad. Hay que llevar las miniaturas a la bruja más próxima (convenientemente instalada entre puesto y puesto) para que lo bendiga todo con incienso, campanillas y un chorro de aguardiente.

Furtivamente me acerqué a un hombre que cargaba entre los brazos una torre de camiones y autobuses. ¿De verdad esperaba que los vehículos le llovieran del cielo, con carburadores en buen estado y matrícula a su nombre?

«No, no. Hay que trabajar para conseguirlo –me dijo–. Espero poder ampliar mi negocio el año próximo. Tengo pensado comprar otros tres camiones.» Llevaba cuatro en las manos. Dejaba un margen para la esperanza.

«Pero también hay que tener fe –añadió cuando le llegó el turno de colocar su valiosa carga entre el humo del incienso–. El trabajo por sí solo no es suficiente.»

Aunque en la feria se podía conseguir de todo, desde sandalias de goma hasta edificios de apartamentos, algunos artículos tenían obviamente más demanda que otros. En casi todos los puestos se podían comprar fajos de billetes en miniatura. Los dólares tenían mucha más aceptación que la moneda local, lo cual no era de extrañar, ya que un millar de bolivianos se cotizaba a 80 centavos. Los pasaportes extranjeros se vendían como rosquillas, lo mismo que los títulos universitarios. Y para quienes podían permitirse comprar una bendición con garantía especial, allí estaba la gran estatua de piedra del mismísimo Egeko, de pie en el centro de la feria.

Egeko es el dios de la abundancia y la fertilidad, una especie de gnomo cuya estatua mide unos tres metros de altura. Aquel día tenía la cabeza envuelta en una maraña de serpentinas y confeti, y de la nariz le caían todo el tiempo gotas de cerveza, como si estuviera resfriado. Recibir una bendición es sus proximidades inmediatas asegura una buena suerte extraordinaria. Si además la bendición coincide con las doce campanadas del mediodía del primer sábado del festival, la buena suerte queda prácticamente asegurada a todo riesgo, con garantía firmada por el mundo de los espíritus.

Estuve paseando entre las interminables hileras de puestos, buscando algo que de verdad quisiera conseguir en el transcurso del año siguiente. Viajo demasiado para tener una casa. Un camión me parecía más una carga que un motivo de alegría. El dinero no me hubiese venido mal, como a cualquiera, pero tampoco sentía que me faltara. Ya tenía pasaporte y un título universitario. No, lo que estaba buscando no lo podía encontrar entre las coloridas miniaturas de la feria de Alasitas.

Llevaba cinco largos meses viajando. Estaba cansada de ver a la gente entrar y salir de mi vida como luciérnagas y de luchar por establecer vínculos significativos a través de la confusa estática intercultural, sólo para tener que despedirme, preguntándome si la nueva amistad iba a sobrevivir alimentada por el correo electrónico y por alguna ocasional llamada telefónica hasta mi eventual regreso por aquellas tierras. Echaba de menos a la familia y a los amigos, cómodos y reconfortantes como una segunda piel.

El dios Egeko debía de estar de buen humor aquel día, porque mi deseo estaba a punto de hacerse realidad.

Chuck es un ingeniero informático que conocí hace 10 años, cuando todavía llevaba las ruedas de principiante en mi primera ala delta. Cuando me partí la nariz en un catastrófico aterrizaje, él estaba ahí para limpiarme la cara. Después pasamos mucho tiempo juntos, tirando piedras por la rampa, cuando tuvimos vientos adversos durante seis semanas seguidas. En algún momento entre el accidente y el aburrimiento nos hicimos amigos.

Chuck es un rebelde que ha hecho carrera en el sector privado. Lleva dos decenios escalando puestos en una empresa de ingeniería, pero en lugar de corbata luce una frondosa barba que le llega hasta el pecho. Pasaron años antes de que me confesara que tenía un doctorado.

Es un auténtico tecnófilo, pero no de los que se compran el más fantástico equipo de audio y se queman las meninges a fuerza de decibelios, sino de los que enchufan el laboratorio fotográfico casero al PC, que a su vez han conectado a la tostadora y a la cafetera.

En su casa se acumulan las cosas que lleva 30 años recogiendo: cantos rodados, novelas medio desencuadernadas, herramientas oxidadas y revistas viejas. Es un museo personal con etiquetas que sólo un parapsicólogo sería capaz de descifrar. De vez en cuando añade una pluma a las que guarda en una jarra sobre la repisa de la chimenea. Dice que son sus recuerdos alados.

Nunca olvida ponerse el cinturón de seguridad, pero si el viaje es largo, suele apoyar un libro en el volante para leer mientras conduce.

En parte es un montañero nato. Pero también le gusta la bicicleta. Y el excursionismo. Sabe de primeros auxilios. Y a veces, para bailar, se pone la falda de escocés.

Una vez me enseñó a bailar el vals describiendo por el salón un auténtico torbellino. Con otras parejas sigo siendo bastante torpe, pero entre sus brazos soy capaz de fluir como el agua sobre un lecho de cantos rodados. Conduce a su dama con tanta confianza como un general en el campo de batalla. Enfundado en su falda.

Pese a cierto anhelo de partir a la aventura en tierras extrañas, mi amigo Chuck, a sus 46 años, aún no había desplegado las alas de sus recuerdos emplumados para salir a recorrer el mundo.

Yo le había propuesto que viniera con su novia a reunirse conmigo en Bolivia. Me llamó a La Paz para decirme que ella no iba a poder venir, pero él tenía doce días libres. De pronto mi agotamiento desapareció. Chuck iba a prestarme una mirada fresca para redescubrir el mundo a mi alrededor. A cambio, yo podía ofrecerle una forma relativamente segura de experimentar un mundo totalmente extraño para él.

Llegó a las seis de la mañana. Yo navegué hacia su abrazo como navega un buque hacia el puerto en plena tempestad. Mis huesos se disolvieron en una sensación de alivio y gratitud. Cuando finalmente me aparté, me di cuenta de que había engordado por lo menos ocho kilos. La gripe, me dijo. Las fiestas. Un invierno con demasiada nieve. Por primera vez me pregunté si aquel hombre, que siempre llevaba material de acampada en el coche y solía estar preparado para todo, tenía la más remota idea de lo que le esperaba.

Una hora después estábamos bajando por la vertiente oriental de la cordillera Real, en dirección a los Yungas, la neblinosa y selvática región de valles y quebradas que se extiende desde el yermo altiplano hasta la Amazonia impenetrable. Los incas habían descubierto oro en los ríos Mapiri y Tipuani. Cuando los españoles se enteraron, inundaron la zona de trabajadores forzados hasta convertirla en una de las principales regiones productoras de oro de todo el continente.

Pero los Yungas conservan aún la clave de otro importante legado de los incas. En la zona se encuentran gran parte de los cultivos legales de coca de Bolivia. Al ser a la vez la materia prima de la cocaína y la base de la cultura andina, las hojas de coca simbolizan mejor que ninguna otra cosa el choque entre lo antiguo y lo moderno, entre la vida indígena y las costumbres occidentales.

A mitad de camino nos detuvimos en un puesto de control de la policía, cuyos perros olfateaban la fila de camiones que teníamos delante. Mientras esperábamos que llegara nuestro turno, me puse a conversar con el teniente responsable del puesto.

Según me dijo, la carretera que estábamos siguiendo era la única ruta directa de La Paz a la frontera con Brasil, lo cual la convertía en la autopista boliviana de la droga. Con sólo recorrerla, un cargamento de cocaína multiplicaba por ocho su valor.

El teniente me permitió subir a uno de los enormes camiones de diez ruedas que estaban inspeccionando. Los soldados se abalanzaban como ratas sobre la carga, rasgando el cartón de las cajas y golpeando los bultos en busca de dobles fondos. Separaban las etiquetas de las latas y examinaban las tapas de los envases. Con mucho cuidado perforaban los panes de mantequilla y examinaban el residuo aceitoso frotando los dedos. Inspeccionaban uno a uno los sacos de harina alineados contra uno de los lados de la caja del camión. Me sorprendieron su atención al detalle y su dedicación. Sólo Colombia y Perú superan a Bolivia en producción de cocaína, y su trayectoria en la aplicación de la normativa antidroga no es precisamente brillante. Aun así, esos hombres trabajaban en un camión abierto, en medio de la llovizna persistente, abriéndose paso sin una queja a través de varios cientos de cajas. Cuando hubieron terminado, taparon los agujeros y repararon lo mejor que pudieron los pequeños destrozos que habían causado.

El teniente tenía tanta paciencia con mis preguntas como sus hombres con el cargamento. Sí, estaban buscando cocaína, pero también prestaban atención a los ingredientes empleados en el procesamiento de las hojas de coca, que pueden ser muchos, desde cemento hasta detergentes. Incluso un bidón de 20 litros de gasolina necesita documentación oficial para viajar por esta carretera. Ese mismo día habían confiscado 75 litros de trementina al pasajero de un autocar, y 10 días antes habían encontrado 22 kilos de cocaína escondidos entre una remesa de tablas de planchar.

El tiempo y el esfuerzo dedicados a inspeccionar cada camión dependían de su origen, su carga y su destino. El que teníamos delante se dirigía a la frontera con Brasil, por lo que el escrutinio tenía que ser particularmente intenso. Si bien los perros eran útiles, se fatigaban enseguida y no podían trabajar más de 15 minutos seguidos. Había que confiar en las pocas herramientas que los soldados llevaban en el bolsillo (punzones, alicates y abrelatas), y en la intuición. El teniente se incorporó y casi sin prestar atención a lo que estaba haciendo probó un neumático de repuesto, dejando que saliera un poco de aire.

«¿Qué pasa cuando sorprenden a alguien con cocaína?»

«Depende –me dijo–. A menudo no son más que campesinos que han recibido algo de dinero a cambio de transportar un cajón de fruta en la furgoneta. Les pedimos que colaboren con nosotros para atrapar a los verdaderos responsables.»

Evidentemente, creía en lo que estaba haciendo y estaba orgulloso del trabajo de sus hombres. Hacía poco que le habían trasladado de la selva de Chaparé, donde dirigía patrullas para destruir los laboratorios de fabricación de cocaína que proliferan entre los cultivos ilegales de coca de las regiones selváticas del este de Bolivia.

...Laboratorios de fabricación de cocaína... «¿Podríamos acompañar a una de esas patrullas?», pregunté.

«Tendrían que hablar con el jefe de la FELCN para conseguir autorización –me contestó–. El general Pérez. En La Paz.» Lo apunté cuidadosamente.

Chuck no pareció muy entusiasmado cuando le comenté la inesperada posibilidad, y John aún menos. Guardé la nota entre las páginas de mi pasaporte antes de volver a montarme en el jeep.

Para entonces el cielo era de un azul resplandeciente, el sol había empezado a calentar y la ladera de la montaña se había animado con una miríada de pequeñas cascadas que abrían huecos intermitentes en el verde oscuro de la vegetación. Recordé el fantástico viaje en el techo del tren en Ecuador y en vano traté de limpiar el polvo de la ventana de nuestro jeep alquilado. Cuando comprendí que aquello era imposible, pedí al conductor que parara en el siguiente desvío y me puse a hacer autostop. El primer camión que pasó nos ofreció un paseo sobre el techo de la cabina. El jeep se dispuso a seguirnos a cierta distancia.

La carretera se adaptaba como un guante de cirujano a las dimensiones del camión. No había arcén, sino directamente un abismo de varios cientos de metros. En algunos sitios podíamos tirar una piedra y contar hasta cinco antes de que tocara el suelo.

Nuestro conductor tuvo que dar marcha atrás para dejar pasar a un camión cargado de fruta hasta los topes, cuyos tripulantes, en señal de inmerecido agradecimiento, nos lanzaron una papaya de kilo y medio que de inmediato se convirtió en nuestro almuerzo. Avanzábamos entre cantarinas cascadas que se derramaban por las paredes cortadas a pico y entre brillantes bromeliáceas rojas aferradas a las rocas cubiertas de musgo.

Bajamos en una lenta espiral hacia los Yungas, las cejas de la Amazonia, una región verde y exuberante interrumpida aquí y allá por un mosaico de campos de coca. Cuando llegamos al fondo del valle, la carretera cambió como una persona al entrar en la madurez: se volvió más amplia, lisa y serena. Nos bajamos del techo de nuestro camión y sin mucho entusiasmo volvimos a nuestro sucio jeep.

El chófer se hacía llamar don René. Tenía 70 años, una herradura de pelo gris metálico firmemente abrazada a la cabeza calva y unos modales abruptos que dejaban traslucir que el hombre no podía o no quería escuchar ninguna opinión que no fuese la suya. Durante la cena nos agasajó con varias anécdotas de sus anteriores clientes: las dos suecas que pese a sus consejos habían insistido en salir a dar un paseo y al final habían tenido que andar más de ocho kilómetros para llegar al lugar donde él las estaba esperando, o los fotógrafos que llegaron tarde a la cita con el chófer y tuvieron que arreglárselas solos para volver. Don René se reía a mandíbula batiente de sus propios chistes, pero a mí sus bromas sobre gringos que siempre salían mal parados me dejaban totalmente fría.

A la mañana siguiente nos levantamos de madrugada para ayudar a una familia de los alrededores en la cosecha de hojas de coca. Aquellos campesinos figuraban entre los escasos propietarios de arbustos legales de coca, con todas las plantas debidamente documentadas e inscritas en los registros oficiales. Según me dijo el padre de familia, el papeleo era muy caro, por lo que sólo podían permitirse cultivar dos campos minúsculos. Había probado a producir naranjas y café, pero ninguna planta era tan resistente a las enfermedades y a las inclemencias del tiempo como sus arbustos de coca. El nivel de vida de la familia había empeorado considerablemente desde el comienzo de los planes extranjeros de erradicación de los cultivos de coca. «¿Por qué nos hacen esto?», nos preguntaba casi retóricamente, mientras nos inclinábamos codo con codo para recolectar aquellas hojas semejantes a las del té. Sus manos se movían en una nebulosa de dedos agrietados y encallecidos, dejando atrás tallos desnudos y sacos llenos. Mis arbustos parecían sacudidos y destrozados, como si hubieran sido víctimas de un pequeño pero empecinado huracán.

«Estábamos bien hasta que los extranjeros empezaron a fabricar cocaína. Ahora nos responsabilizan a nosotros y quieren prohibirnos las hojas de coca que han sido parte de nuestra cultura desde... –hizo una pausa y al final se encogió de hombros–, ...desde el principio del tiempo.»

Tenía razón. En el litoral se han hallado bolsas de coca en enterramientos que datan del año 500 de nuestra era. Cuando los primeros misioneros españoles llegaron a América del Sur, advirtieron la importancia de la coca para la religión indígena e hicieron todo lo posible para erradicar su consumo. Pero los conquistadores, más interesados en el oro que en salvar almas, vieron en la coca una oportunidad. Gracias a la práctica de masticar coca, era posible hacer trabajar a los mineros a un ritmo inhumano. La producción de hojas de coca se multiplicó por cincuenta. Cuando el Gobierno español comenzó a gravar la cosecha con un impuesto, la coca se convirtió en una de las fuentes de ingresos más importantes del Nuevo Mundo.

Después vino la cocaína. Sintetizada por primera vez de las hojas de coca en 1860, se convirtió inmediatamente en la medicina milagrosa de Occidente. La publicidad la presentaba como cura para la adicción al opio, anestésico y tónico para la salud en general. El vino de coca y los cigarrillos impregnados en cocaína tuvieron un éxito enorme. La Coca-Cola, en su fórmula original con cocaína, salió a la venta como tónico para el cansancio y el dolor de cabeza. Finalmente, se prohibió a comienzos del siglo XX, pero para entonces la droga ya se había implantado. Incapaz de controlar la demanda dentro de sus fronteras, el Gobierno de Estados Unidos decidió combatirla en sus lugares de origen. Los aviones de la FDA empezaron a rociar herbicidas sobre los campos de coca, y los militares procedieron a arrancar los arbustos y a quemar los laboratorios de producción. Pese a sus esfuerzos, Bolivia continúa siendo el tercer productor mundial de cocaína.

Pero nada de eso significaba demasiado para el campesino que tenía a mi lado. Él sólo sabía que una cosecha resistente y rentable había sido declarada ilegal. Aun así, cuando terminamos el trabajo, me estrechó la mano, nos agradeció nuestra ayuda y se fue andando por el sendero hacia su humilde casa, sin aparente rencor hacia nosotros.

LA TARDE NOS SORPRENDIÓ OTRA VEZ en el sinuoso camino de la montaña. Con la esperanza de repetir la agradable experiencia del día anterior, nos pusimos a hacer autostop montaña arriba sin atender los consejos de don René. «No les recogerá nadie», nos advirtió, blandiendo un dedo acusador delante de mi nariz.

Le pedimos que nos esperara en el siguiente desvío (por si resultaba que tenía razón), dispuesto a seguir al primer camión que viera con nosotros sentados en el techo. «Idiotas», masculló antes de largarse.

En 10 minutos, los cielos se abrieron. Chuck protegía con un paraguas la cámara de John, mientras yo me empapaba bajo la lluvia tratando con creciente desesperación de que nos recogiera algún camión. Don René tenía razón. Cinco, diez, quince vehículos pasaron a toda velocidad sin que sus conductores hicieran el menor gesto de echar el freno. Ya había decidido acostarme atravesada en la carretera cuando vi que John describía un amplio giro para seguir con la cámara a otro de los muchos camiones que pasaban sin detenerse. En su esfuerzo por mantener seca la cámara sin ponerse delante del objetivo, Chuck dio un paso atrás y desapareció repentinamente y sin un ruido. Cuando lo alcancé, él ya estaba trepando por la pared del barranco. Las huellas de las botas sobre el barro acababan en una hondonada, unos tres o cuatro metros más abajo. Me sonrió, se limpió las manos embarradas en una hoja y volvió al trabajo.

Seguía lloviendo. Teníamos las manos arrugadas y los pies empapados. Finalmente admitimos la derrota y nos pusimos en camino para reunirnos con don René. Para gran inquietud nuestra, no había nadie esperándonos en el primer desvío. Recordé la expresión hosca de nuestro chófer y tuve la desagradable premonición de que los gringos estaban a punto de llevarse otro chasco. Al ver que se aproximaba otro camión, saqué el pulgar. Asombrosamente, el vehículo se sacudió y se detuvo unos 15 metros más adelante. Nos precipitamos a subir por la escalerilla, dando las gracias a gritos. Como estábamos demasiado ocupados tratando de organizar nuestro material, nuestros codos y nuestras rodillas sobre la baca de la cabina del camión, no nos dimos cuenta de que estábamos parados. Otro camión delante de nosotros había provocado un larguísimo atasco. El conductor luchaba con un gato herrumbrado. No tenía un neumático pinchado, sino dos, en un tramo del camino donde era absolutamente imposible pasar si uno no se apartaba. A nuestras espaldas seguía creciendo el atasco. Cuando por fin consiguió desmontar los dos neumáticos pinchados, alrededor de un centenar de vehículos formaban una sinuosa serpiente alrededor de la montaña, y sus nerviosos ocupantes contemplaban con aprensión los nubarrones de tormenta mientras caía la noche.

Su nerviosismo estaba más que justificado, pues nos acercábamos al tramo de carretera más tristemente célebre de Bolivia, la llamada Carretera de la Muerte, un camino de montaña de un solo carril donde mueren alrededor de 100 personas todos los años. También fue allí donde se produjo el peor accidente de tráfico que se recuerda en América del Sur. Ocho años antes de nuestro paso por el lugar, un flamante camión con su feliz, y algo achispado, propietario y los 110 pasajeros que se apiñaban a bordo se precipitó por un abismo de más de 60 metros de profundidad al salirse de la carretera en una curva cerrada.

A lo largo del camino se ven cruces de madera (los bolivianos las llaman «signos de advertencia») que marcan los sitios donde ha habido accidentes. Al parecer, los vehículos llueven con tanta regularidad de las alturas que ha surgido una pequeña industria consistente en esperar al pie del precipicio y despojar a los coches y los cadáveres de los objetos de valor antes de que lleguen las ambulancias y la policía.

Me puse a conversar con los preocupados conductores, debatiendo con engañosa calma la peligrosa situación en que nos encontrábamos. A diferencia de los demás, yo sabía que podía andar tranquilamente hasta el siguiente desvío, subirme al jeep de don René y seguir viaje.

El inesperado retraso había obligado a John a agotar su reserva de baterías, por lo que Chuck se ofreció para ir a buscar a don René y traer otras nuevas. Regresó una hora más tarde con las manos vacías. Había recorrido toda la fila de camiones parados y había llegado bastante más allá, sin que don René apareciera por ninguna parte.

Los neumáticos de repuesto (tan gastados como los pinchados) estaban por fin en su sitio. Trepamos a nuestra estrecha cesta de metal cuando los últimos jirones del día se borraban del cielo. A medida que caía la oscuridad, fue como si nuestro mirador en el techo de la cabina del camión empezara a atraer todas las ramas colgantes, las enredaderas y los saledizos rocosos. El conductor se pegaba cuanto podía a la pared de la montaña, y nosotros agachábamos la cabeza para evitar en lo posible las ramas bajas de los árboles.

Empezaba a preguntarme lo que íbamos a hacer cuando coronásemos el paso montañoso. Si nos veíamos obligados a conseguir otro camión que nos condujera de regreso hasta La Paz, nos esperaba una noche muy larga. Habíamos pasado ya una docena de desvíos vacíos y empezábamos a aceptar la deprimente idea de que don René se hubiera marchado a casa sin nosotros. Entre los tres inventábamos excusas. Tal vez nuestro chófer había seguido viaje hasta el puesto de control de la policía para tomar un café y comer algo. ¿Pero no habría notado entonces que no subía un solo vehículo por la carretera? ¿No habría regresado para averiguar lo que estaba pasando? Tal vez todos los desvíos estaban ocupados por el atasco. No, imposible. Tenía que haberse detenido en uno de ellos mucho antes de que empezaran a pararse los coches.

Nuestras explicaciones se estaban volviendo cada vez más improbables cuando, de pronto, detrás de una curva vimos aparecer su jeep amarillo mostaza. Le hicimos gestos desesperados y vimos cómo se incorporaba al denso tráfico, varios camiones detrás del nuestro. ¡Qué alivio! Entre curva y curva, fue adelantando a un vehículo tras otro hasta situarse detrás de nuestro camión. Le hice señas para que parara en el siguiente desvío y pedí a nuestro conductor que se detuviera y nos dejara bajar. Justo en ese momento, don René aceleró, nos adelantó y siguió tranquilamente.

«¿Qué hace?», pregunté aturdida, con la mirada fija en las luces traseras del jeep. Si a nuestro camión o a cualquier otro delante de nosotros se le pinchaba un neumático, nos quedaríamos otra vez atascados y sin posibilidad de continuar. Don René encontró otro hueco en el tráfico, hizo un nuevo adelantamiento y desapareció. Era como estar en una balsa en medio del mar, viendo cómo el buque que supuestamente venía a rescatarnos se esfumaba en el horizonte. Nos quedamos en silencio, estupefactos.

«Al menos ahora sabemos dónde está», dijo finalmente Chuck.

Una niebla reptante vino a añadirse a la oscuridad, mientras tratábamos desesperadamente de apartar las ramas invisibles que amenazaban con descolgarnos de nuestro inútil mirador. Al final decidimos echarnos boca abajo y agarrarnos con fuerza de los oxidados barrotes de la baca. La larga oruga de luces subía lenta y serpenteante por la neblinosa ladera. Dos horas después, con los dedos rígidos, soltamos nuestros barrotes y nos fuimos en busca de don René. Lo encontramos cenando en una taberna de carretera. Estaba fuera de sí de ira porque le habíamos hecho esperar durante horas junto a la carretera.

Le explicamos lo de los neumáticos pinchados. ¿Por qué no nos había esperado en el siguiente desvío tal como le habíamos dicho?

Estaba ocupado, y el otro también, masculló.

Pero Chuck había ido andando hasta más allá del atasco y había encontrado dos desvíos vacíos, le señalé.

Empezó a soltarnos un largo y airado discurso semejante al anterior. Miré la hora. Eran casi las diez de la noche, demasiado tarde para tratar de llegar al Camino del Inca.

«Don René –dije–, estamos todos muy cansados. Simplemente llévenos de vuelta.»

Pasó una hora antes de que comprendiera que la explicación a los bruscos virajes que estábamos experimentando no era la densa niebla, sino las gruesas gafas de don René, que en lugar de estar sobre sus narices reposaban tranquilamente sobre el salpicadero del coche. Cuando llegamos a La Paz sanos y salvos, mi cólera se había transformado en profundo alivio. Don René no era más que un pobre viejo cansado al final de un largo día. Y al final todo había salido bien. Le di una buena propina, le pedí disculpas por haberle hecho esperar y me fui directamente a la cama.

AL DÍA SIGUIENTE NOS PREPARAMOS PARA RECORRER a pie lo que probablemente es el tramo más extraordinario que aún se conserva del Camino del Inca. Empieza en el altiplano boliviano, a dos horas de La Paz. Desde allí sigue subiendo, hasta alcanzar los 4.500 metros en un paso montañoso. Después baja, baja y sigue bajando, desde la piedra hasta la hierba y desde ahí hasta los arbustos y los árboles. Desde el gris hasta el castaño y el verde selvático. Desde las ásperas y yermas altiplanicies hasta la Amazonia, el fértil corazón de Bolivia. Cuando empecé a buscar un chófer que nos llevara hasta la cabecera del camino, John sugirió que contratáramos a don René.

«Estás de broma», le dije. Perdonar no es lo mismo que olvidar, y don René no era lo que se dice de fiar.

John presentó una serie de argumentos que en realidad se reducían a uno solo: el propietario del jeep, el jefe de don René, era un buen amigo suyo y necesitaba el dinero. Según John, don René conocía el Camino del Inca como la palma de su mano y podía ayudarnos a alquilar llamas para que cargaran el material. Por la tarde habíamos llegado a un acuerdo satisfactorio para ambos. Contrataríamos a don René, pero no llevaríamos la pesada Betacam de John. De ese modo, si no conseguíamos animales de carga, podríamos llegar hasta el paso montañoso por nuestros propios medios.

Don René aceptó llevarnos, pero llegó con dos horas de retraso. Salimos a toda prisa con la esperanza de llegar a la cabecera del camino hacia mediodía. La carretera no tardó en deteriorarse en una pista pedregosa sin el menor signo de vida. «¿Sabe de algún sitio donde podamos alquilar un par de mulas?», pregunté cautelosamente a don René. «Más arriba», masculló. Cada vez resultaba más evidente que nunca en su vida había estado por allí. Cuando llegamos a la cabecera del camino, el último animal de tiro había quedado por lo menos 20 kilómetros atrás.

Chuck aún no se había aclimatado a la altitud. El paso a 4.500 metros se erguía sobre nosotros, envuelto en la niebla. Sin mulas que cargaran el material, la expedición empezaba a volverse peligrosa. «Lo intentaré», dijo Chuck.

Dependíamos absolutamente de don René, quien debía acudir a recogernos al otro lado del paso. Le dibujé un mapa, indicándole claramente el punto de encuentro. Esperábamos verlo allí al día siguiente, entre las cuatro y las seis de la tarde. En ese momento Chuck se echó al hombro la pesada mochila y le volvió la espalda a don René. Esta vez no había margen para una nueva anécdota sobre gringos que se llevan un chasco. «NO se vaya sin nosotros –le dije–. Aunque tenga que pasar la noche ahí, NO SE VAYA hasta que lleguemos.»

Seguimos el valle hasta que llegamos al Camino del Inca. Incluso Chuck quedó como fulminado nada más verlo. De más de seis metros de anchura, hecho de piedras que encajaban perfectamente y pulido por cientos de años de lluvia. Unos canales cuidadosamente labrados en la piedra drenaban el agua de la superficie brillante. Era una obra de arte, una escultura modelada por inhumanas manos humanas. Era como si sus constructores hubieran encontrado la forma de fundir la piedra y colarla en moldes gigantescos. Éste era el camino del que hablaban los cronistas cuando escribieron: «Aunque en muchos sitios está arruinado y destruido, todavía revela la espléndida empresa que fue y el poder de los incas que ordenaron su construcción... Dudo que en la memoria del hombre haya otro camino comparable a éste». Era la respuesta a mis sueños, la visión que me había estado persiguiendo desde que tracé por primera vez aquella delgada línea roja en el mapa de mi habitación.

La neblina nos envolvió. El aire se tornó más tenue, obligándonos a parar cada pocos pasos para respirar. Las horas pasaban lentamente. Por fin, las capas de niebla se disiparon y pudimos ver un gran montón de piedras y, un poco más allá, una cruz amarilla de metal. Habíamos llegado a la cima.

El montón de piedras era un tributo a los dioses incaicos. Los viajeros que atravesaban el paso sabían que añadir una piedra a la pila era la forma más segura de aplacar la ira de los dioses de la montaña y asegurarse un buen descenso. La cruz era el intento de la Iglesia por convertir un lugar pagano en un sitio sagrado para la fe católica, después de fracasar en su esfuerzo de siglos por erradicar las antiguas tradiciones. Depositamos nuestras piedras y seguimos adelante.

Cuando coronamos el paso, sentí como si el pecho se me expandiera, como si de pronto hubiese aumentado la concentración de oxígeno del aire. A partir de entonces, casi todo el camino era cuesta abajo, y Chuck tenía un aspecto estupendo. Anduvimos unas cuantas horas más y finalmente nos refugiamos en una choza medio derruida para pasar la noche. Recogí una buena cantidad de estiércol de llama, con la vana esperanza de secar con gasolina las bolitas húmedas y poder encender así un buen fuego. Pero no lo conseguimos. Nuestra experiencia combinada en economía e ingeniería informática no podía sustituir ni de lejos la mano experimentada de un campesino.

Nos levantamos de madrugada y continuamos bajando por el antiquísimo camino, con la confianza de que sólo nos quedaban unas seis horas para llegar al final. Incluso hicimos un alto en una pequeña cascada para darnos un baño tonificante. A las dos de la tarde todavía no habíamos llegado a la pequeña aldea que, supuestamente, había a mitad de camino, y yo empezaba a preocuparme. «¿Quién te dijo que el camino se recorría en 12 horas?», pregunté a John. «Wolfgang», respondió. El dueño del jeep. Yo lo había visto una vez. Era gordo y tenía más de 50 años. Probablemente nunca había visto este camino. Aceleré el ritmo de la marcha. Hacia las cuatro de la tarde pude determinar exactamente dónde estábamos: en un lío. Chuck empezaba a dar señales de agotamiento. «¿Puedes ir un poco más rápido?», le pregunté.

Se quedó pensativo. «Ahora voy al 97% —me respondió—. Supongo que podría llegar al 103.»

Mostré el mapa a John. «¿Podrías adelantarte y tratar de alcanzar a don René antes de que decida volverse solo a casa? —le pregunté—. Yo iré detrás con Chuck.»

John sacudió la cabeza. «Estoy cansado. Ya verás como don

René nos espera.»

«¿Podemos al menos dividirnos entre tú y yo la mochila de Chuck? El pobre no puede más.»

John volvió sacudir la cabeza. «Yo ya tengo bastante carga.»

Alivié a Chuck de toda la carga que pude. «Me voy a buscar a don René –le dije–. Por nada del mundo llegaremos a Challa, el lugar acordado para reunirnos, antes de las seis.» Me adelanté a toda prisa por el sendero.

Al cabo de dos horas llegué al final de una larga y abrupta pendiente. Varios niños me contemplaban impasibles desde la puerta de su casa.

«¿Es esto Challa?», pregunté casi sin aliento.

Una niñita sacudió la cabeza.

«¿Falta mucho?» añadí.

«Dos horas –me dijo, pero después de mirarme bien corrigió–. Tres.»

No podía ser verdad. Desplegué el mapa. Si faltaban tres horas para... entonces... ¡Ay! Ni siquiera estaba segura de que Chuck pudiera subir esta última pendiente. ¿Cómo iba a pedirle que anduviera otras dos horas más? Dejé escondida la mochila y fui a buscarlo.

Aunque jadeaba y estaba pálido como un muerto, no dejaba de poner un pie delante de otro tratando de subir la pendiente. El sudor salino le había formado una costra gris en las raíces de su frondosa barba. Tenía los ojos hundidos, con esa mirada de los viejos que viven perdidos en sus recuerdos. Estaba envejeciendo ante mis propios ojos.

Esperé a que llegara al final de la pendiente para darle la noticia. «Faltan dos horas –le dije–, según caminan los bolivianos. Para nosotros son tres.»

Ya eran más de las seis. Si seguía andando a toda velocidad, podía llegar a Challa antes de las ocho. A Chuck le preocupaba que nos separásemos cuando ya estaba a punto de caer la noche. A mí tampoco me gustaba la idea de dejarlo atrás. Si John se negaba a llevar parte de la carga de Chuck, ¿qué pasaría si tenía que parar y acampar para pasar la noche?

Pero, por encima de todo, me sentía avergonzada. Chuck había confiado en mí lo suficiente como para entrar a ciegas en un mundo desconocido: un país cuyo idioma desconocía y un largo recorrido a pie por una región salvaje y remota. Le había prometido animales de carga y no se los había proporcionado. Lo había arrastrado hasta un paso que no estaba preparado para acometer. Había calculado mal la duración del trayecto y había contratado a un conductor poco fiable que tal vez ni siquiera nos estuviera esperando al final del camino. Ya había tenido ese tipo de contratiempos en otras ocasiones, pero nunca se lo había hecho pagar a un amigo. Chuck tenía un aspecto lamentable. Yo deseaba más que nada en el mundo que hubiera un coche esperándole en Challa, para poder ofrecerle una cena caliente y una cama confortable en La Paz. Quería redimirme.

Discutí con él para que me dejara adelantarme y él volvió a depositar su confianza en mí. Una vez más. Esta vez no podía defraudarlo.

Me eché la mochila a la espalda y me despedí. Cuando desaparecí de su vista, me instalé en un trote lento que resultaba tolerable cuando iba cuesta abajo, algo molesto caminando en llano y doloroso como llevar mil agujas clavadas en las pantorrillas cuando había que luchar contra la gravedad, en los tramos cuesta arriba. La última luz del crepúsculo se desvaneció cuando me desvié del curso del río y comencé a subir la última pendiente, larga y empinada, hasta las distantes lucecitas que titilaban sobre mi cabeza. La mía era una carrera desesperada y a cámara lenta contra reloj. Estaba segura de que don René se marcharía en cuanto dieran las ocho... y sólo faltaban treinta minutos.

Llegué a la primera hilera de casas a las ocho en punto. Salieron a recibirme esos incansables centinelas de la era pretelevisiva: una pandilla de niños andrajosos. De inmediato ofrecí una suma escandalosa de dinero al primero que encontrara a un viejo de pelo gris, medio calvo, con un jeep amarillo mostaza. Se dispersaron como ratoncillos, y a medida que se fue difundiendo la noticia, más exploradores se incorporaron a la búsqueda. En quince minutos estaban de vuelta. Sí, el viejo de pelo gris había estado esa tarde en el pueblo. Pero ya se había ido. La niña mayor me sugirió que fuera a la central del teléfono, una única línea conectada con un puesto de control de la policía, situado a unos veinte minutos de distancia del pueblo. Los agentes tenían que haber visto pasar a don René tanto de ida como de vuelta, si era cierto que había regresado a La Paz.

El joven a cargo del único teléfono de Challa me miró sorprendido cuando me extendí cuan larga era en el suelo mugriento de madera, mientras esperaba que me pasara la llamada. Con gran gentileza me entregó el auricular. Sí, don René había pasado junto al control policial en dirección a Challa hacia las siete menos veinte, y una hora después había regresado a La Paz: el tiempo suficiente para cenar unas salchichas con patatas y preguntar sin mucho entusiasmo si alguien había visto a tres gringos. Al parecer, no había hecho caso a las sugerencias de que bajara por la misma cuesta que yo acababa de recorrer. Me quedé acostada en el suelo de la central del teléfono, perdida en malignos pensamientos.

Pero don René se había ido y no iba a regresar. Lo siguiente era encontrar a Chuck y a John. Hice correr la voz entre los hombres del pueblo de que pagaba una recompensa a quien saliera a buscar a dos extranjeros: cinco dólares por participar en la búsqueda, veinte por encontrarlos, cien por cargar sus mochilas y traerlos hasta Challa. El partido de baloncesto se detuvo abruptamente. Inmediatamente me vi rodeada por un enjambre de cobrizos aymará que pedían a gritos una descripción de mis amigos. Se organizaron en grupos de cinco, ya que según me dijeron dos no eran suficientes para protegerse de los malos espíritus que atacaban a quienes por la noche se aventuraban por los caminos.

Salieron cinco grupos montaña abajo. Yo reservé un par de habitaciones en la pensión del pueblo y encargué una cena en la taberna. Llevaba una hora y media en Challa. Chuck y John no podían haberse retrasado tanto. Seguramente los vería dar vuelta a la esquina en cualquier momento.

Una hora más tarde, el primero de los equipos de búsqueda regresó sin noticias de mis amigos. Media hora antes, dos hombres que coincidían con su descripción habían sido vistos al pie de la montaña, pero al parecer habían seguido el curso del río y se habían perdido de vista. Se han perdido, pensé. Estarían yendo de un lado a otro por algún rincón de la selva boliviana. Un sollozo sofocado me atascó la garganta. *¿Qué había hecho?*

Poco a poco fueron regresando los otros equipos. Me senté con los que habían participado en la búsqueda y desplegué mis mapas entre el polvo, tratando de comprender la enrevesada mezcla de aymará y español que hablaban.

Para entonces ya era casi medianoche. Organicé una rotación de los equipos de búsqueda para que recorrieran todos los senderos que desembocaban en el pueblo y envié otro grupo a la senda del río. Casi con seguridad Chuck y John habían acampado para pasar la noche.

«Cuando vayáis andando, gritad de vez en cuando: ¡CHUCK! ¡JOHN!», les dije a los hombres.

«¡Cabrón!», ensayó uno de ellos.

«Dejadlo. ¿Qué os parece si gritáis NATIONAL GEOGRAPHIC?», lo repetí poco a poco.

«¡Natunal Joemaic!»

Practicamos varias veces más hasta que consiguieron decirlo bastante bien. Para que no se cansaran de repetir a gritos las mismas palabras, les dije que era un potente encantamiento contra los malos espíritus. Los oí gritar a pleno pulmón mientras se alejaban montaña abajo.

Compré caramelos en la tienda del pueblo y patatas fritas en un puesto. Después me aposté en un balcón desde el cual se podía abarcar con la vista todo el valle y me senté a esperar en la persistente llovizna.

A las dos de la madrugada regresaron los últimos miembros de los equipos de búsqueda. La idea general era que los dos gringos debían de haber seguido por el sendero del río y que tenían que estar en algún lugar de ese camino, un poco más adelante.

Cuando todos se fueron a la cama, me quedé sentada en mi desvencijado balcón, con los caramelos y un refresco apoyados en el suelo, deseando con todas mis fuerzas que aparecieran.

LA BÚSQUEDA SE REANUDÓ con las primeras luces del alba. Para entonces no había nadie en el pueblo que no hubiera oído hablar de los dos extranjeros y su aventura. Cuando las mujeres aymará, normalmente reservadas, se cruzaban conmigo por las escaleras del pueblo, me sonreían y me decían: «Ya verás como muy pronto aparecen tus amigos».

A las diez de la mañana, la mujer de uno de los buscadores bajó corriendo las escaleras. «¡Los han encontrado! –exclamó. Le di un fuerte abrazo–. Están allá abajo, junto al río. Tardarán menos de una hora en subir.»

Planté los codos sobre el borde de mi balcón. Los niños miraban el sendero como si estuvieran viendo la televisión e incluso las mujeres encontraban excusas para levantar la vista de sus tareas y mirar de vez en cuando en dirección al valle. Cuando Chuck y John aparecieron, todo el pueblo los estaba esperando.

No nos llevó mucho tiempo averiguar cómo y dónde se habían extraviado. Después de pasar junto a los dos desvíos de Challa sin verlos, llegaron a una pequeña central eléctrica y pasaron allí la noche, en uno de sus almacenes. A la mañana siguiente venían subiendo otra vez río arriba, cuando uno de los equipos de búsqueda los encontró y los trajo al pueblo. Cuando terminé de oír esta breve explicación, Chuck ya estaba tumbado en su saco de dormir, comiendo caramelos.

«Detesto tener que hacerte esto... No volveré a prometerte nada, pero... Si consigues levantarte y subir dos tramos de escaleras, tienes muchas probabilidades de llegar a La Paz antes de las seis de la tarde –le dije–. Hay un autocar que sale en una hora.»

Mientras recogían sus cosas, recorrí todo el pueblo para agradecer a los exploradores y a sus familias su ayuda. Todos parecían alegrarse sinceramente de que las cosas hubieran salido bien. Los niños corrían a mi alrededor y me cogían de la mano. Los viejos se quitaban el sombrero y me dedicaban amplias sonrisas desdentadas. El dueño de la tienda me regaló refrescos para restaurar las fuerzas de mis amigos, y los agentes del puesto de policía llamaron por teléfono para ver si ya los habíamos encontrado. Todo el pueblo había unido sus fuerzas para ayudar a unos extraños. Sentí cierta tristeza al pensar que tal vez no regresara nunca.

Al día siguiente, mientras repasaba mis pertenencias, me di cuenta de que me faltaba la Nikon. Instantáneamente recordé dónde la había dejado: en la taquilla del autocar, en Challa. Llamé al teléfono del pueblo, pero como nadie me atendió, contraté a un chófer para que me llevara. Durante la última hora del recorrido me preparé para lo más previsible. La cámara estaba asegurada. Podía arreglármelas con una Instamatic por el resto del viaje. El precio de esa cámara equivalía más o menos a cinco años de ingresos de un campesino medio. No podía culpar al que se la hubiese quedado. Aun así, cuando llegué a Challa, no pude evitar bajar las escaleras a toda prisa, con la tonta esperanza...

La mujer de la taquilla se me quedó mirando con expresión vacía. Mi corazón se detuvo por un momento. Pero enseguida su rostro se iluminó al reconocerme. «¡Karina! –dijo–. ¿Cómo están los dos gringos? ¿Mejor? Te dejaste eso –dijo señalando la maleta de mi cámara–. La guardé hasta que volvieras.»

Le di un fuerte abrazo. Ella sonrió.

CAPÍTULO 21

EL VIAJERO

NOTAS DE CAMPO: Cuando se corra la voz, dudo que nadie vuelva a visitarme nunca.

ERA UNA MONSTRUOSIDAD INAUDITA, cubierta del todo con mantas e inundada de flores, con un enorme Niño Jesús de plástico en el capó y veinte armadillos disecados asomando por la ventana trasera y el maletero entreabierto. El cura hizo como que no lo notaba y siguió asperjando a troche y moche con una brocha vieja de afeitar, mientras murmuraba plegarias para sus adentros.

Estábamos en Copacabana para asistir a la anual bendición de todo lo que tuviera ruedas, desde camiones hasta triciclos. A Chuck aún le quedaban dos días para subir al avión que iba a llevarlo de regreso a casa y yo quería mostrarle que Bolivia era algo más que selvas remotas, carreteras estrechas y pasos montañosos. Aquella festividad, con sus elementos católicos y sus raíces paganas, era un ejemplo perfecto de la aparente armonía que todos los bolivianos han conseguido establecer entre sus dos mundos en conflicto.

Una extravagante flota de vehículos rugía bajo una verdadera montaña de flores y brillantes ofrendas de papel. Algunos camiones habían venido especialmente desde Sucre (unas 12 horas de viaje) para conseguir la bendición que iba a asegurarles todo un año sin accidentes.

A nuestro alrededor se arremolinaba la gente bailando al son de la música, con largas faldas plisadas que barrían el suelo de la plaza. Nos abrimos paso entre la densa muchedumbre y entre los puestos de cerveza regentados por robustas vendedoras, que a pesar de lo temprano de la hora ya estaban haciendo un excelente negocio. Muy pronto el estruendo de la celebración quedó atrás y fue sustituido por la solemne voz del sacerdote que oficiaba la misa. Varios cientos de fieles se apiñaban en los bancos de la iglesia sumidos en un reverente silencio. El incienso subía flotando hacia el cielo desde el oscilante incensario que colgaba de la mano del cura. Una fila de mujeres vestidas de negro, primas carnales de los bailarines que bebían cerveza en la plaza, seguían la misa arrodilladas a escasos metros del altar, con flores en las manos y lágrimas en las mejillas. A primera vista, la ceremonia parecía una misa católica corriente, pero cuando miré hacia el fondo de la iglesia vi un cráneo y un tocado de plumas. Poco a poco fui descubriendo otros disfraces: un hombre con cuernos de búfalo y piel de leopardo, y cuatro chicas con mallas plateadas y las faldas más cortas que he visto en mi vida. En las tres últimas filas de bancos se había concentrado el tipo de público capaz de alterar los nervios de cualquier sacerdote.

El cura no les hacía el menor caso. Cuando terminó la misa, su grey se adelantó para recibir la comunión, con los cráneos y las pieles de leopardo bajo el brazo. Cumplido el rito, se persignaron y salieron andando de espaldas hasta la puerta, donde volvieron a ponerse los disfraces y se lanzaron a la calle para unirse a la multitud de alegres borrachines.

Esperé a que la iglesia se vaciara y saliera el sacerdote. Le pregunté si le molestaba que algunos de sus parroquianos se presentaran en la misa disfrazados de demonio.

«En absoluto –respondió–. Cada uno celebra al Señor a su manera. No hay conflicto. De hecho –añadió sonriendo–, dentro de un rato yo mismo saldré a bailar con mi cofradía, la de los Tinkus.» La suya era una peculiar danza que se basaba en ritos precristianos, en la que bailarines y bailarinas llevan látigos para azotarse despiadadamente unos a otros. El cura jugueteó con los extremos de la cuerda que le ceñía la sotana. «Ningún conflicto», añadió.

A imitación del despreocupado clérigo, nos sumergimos en la fiesta. Hicimos estallar petardos caseros, bebimos cerveza entre la estruendosa multitud y fuimos detrás de la inevitable imagen que sacaron en procesión alrededor de la plaza. Recordé lo bien que me había recibido la gente de Latacunga cuando me uní a la fiesta de la Mamá Negra, y deseé que por lo menos una vez Chuck tuviera la oportunidad de dar ese paso que separa al turista espectador del participante. Pero sólo llevaba una semana en Bolivia y su español era más que rudimentario. Tal vez la próxima vez.

Cuando cayó la noche, regresamos a nuestra pequeña pensión. Me fui directamente a la cama, alegando rebeldía estomacal causada por el exceso de cerveza y la carne de los puestos callejeros. Chuck titubeó por un momento, pero luego sacó su flauta. «Creo que voy a salir ahí fuera un ratito más», dijo.

«¿Vas a tocar con una de las comparsas?», le pregunté. Sabía que era un buen músico, capaz de tocar variaciones de una melodía que sólo ha escuchado una vez.

«No –respondió, acariciando con añoranza la flauta–. Creo que solamente voy a escuchar.»

No volví a verlo hasta la madrugada. Para entonces ya me habían dicho que lo habían visto tocando alegremente la flauta en el centro de una de las bandas callejeras, improvisando sobre la marcha con otros músicos y compartiendo un lenguaje común en un país casi desconocido. Entró como una tromba en mi habitación, burbujeante de alegría y más feliz de lo que lo había visto desde que llegó. Describió la noche, la gente y la sensación de universal camaradería, riendo de lo fácil que había sido todo. De inmediato me di cuenta de que había cambiado. Parecía mejor plantado o tal vez se sentía más a gusto. Había abierto una puerta a otro mundo, y tal vez no aquel día ni al día siguiente, pero en algún momento la franquearía. Se había convertido en un viajero.

CAPÍTULO 22

COCAÍNA

NOTAS DE CAMPO: Sonaron dos disparos. «Nos han descubierto», dijo el teniente.

M AÑANA POR LA MAÑANA, A LAS SEIS EN PUNTO», repetí antes de colgar el teléfono. Un comentario al pasar frente a un puesto de control de policía se había convertido en una posibilidad, que tras una retahíla de cartas y llamadas telefónicas se convirtió en realidad. John y yo íbamos a adentrarnos en la Amazonia boliviana (el corazón de la gigantesca industria productora de cocaína del país), acompañando a una de las patrullas antidroga de las fuerzas especiales del ejército boliviano.

Cocaína. El último capítulo de una historia que comenzó 1.000 años antes de que Colón hollara el suelo del Nuevo Mundo. Se han encontrado indicios del uso de las hojas de coca prácticamente en todas las antiguas culturas indígenas, desde Argentina hasta Colombia. Los incas sistematizaron su producción y controlaron su uso. Cuando en 1547, catorce años después de la conquista española, el cronista Cieza de León llegó a estas tierras, escribió: «Por todo el Perú era y es costumbre mascar coca. Los indios la llevan en la boca desde que despunta el día hasta que se van a dormir. En la sierra todo el trabajo depende de la coca. Si no existiera, el Perú sería muy diferente».

El descubrimiento de la cocaína y su posterior prohibición obligó a los gobiernos andinos a abordar la casi imposible tarea de impedir la producción de cocaína, manteniendo intacta al mismo tiempo una antigua costumbre que constituye la base misma de la sociedad indígena y de su identidad. En Chaparé, adonde íbamos, se estaba librando la batalla contra la producción «ilegal» de hojas de coca.

Lógicamente, había cierto riesgo. La gente de narcóticos nos lo había dicho con toda claridad. Por otro lado, no íbamos a tener mejor oportunidad ni un medio más seguro de ser testigos directos de una etapa fundamental en la producción de la cocaína que llega a las calles. En Chaparé se cosechan suficientes hojas de coca como para producir la cuarta parte de la cocaína que se vende en el mundo. Su selvático territorio está plagado de laboratorios que transforman las hojas verdes en blanca pasta de cocaína. Aunque es imposible verificar las cifras, fuentes de la lucha antidroga estiman que más de dos tercios del producto nacional bruto de Bolivia deriva de la producción de cocaína.

Todo ello ha determinado la adopción del llamado «Plan Dignidad», campaña del Gobierno boliviano contra el abuso y el tráfico de drogas, con el objetivo expreso de erradicar la producción ilegal de hojas de coca para el año 2002. El plan consiste en combatir la droga y fomentar los cultivos alternativos, por ejemplo, de cítricos, plátanos, palmitos o piña. De momento, no parece que los esfuerzos realizados estén teniendo mucho éxito.

El principal camino incaico que sale de La Paz conduce al corazón profundo del Collasuyu, el extenso cuarto meridional del imperio. Cuando llegamos al verde y feraz valle de Cochabamba, en la vertiente oriental de los Andes, nos dispusimos a esperar al camión militar boliviano que nos llevaría todavía más al este, a la selva que no sabe de caminos ni de sendas.

Dos días después arribamos a una base militar sin nombre en medio de la jungla indómita. Me senté a la puerta de la oficina del comandante, contemplando una fila de soldados tendidos en el suelo y con la vista fija en la mira de sus M-16, cada uno con una moneda en equilibrio sobre el extremo del cañón. Un instructor iba y venía detrás de ellos. Las armas apuntaban directamente al museo del campamento. Cuando terminaron las prácticas, entré.

Las mesas del museo crujían bajo una cantidad de material confiscado que habría hecho las delicias de aquel teniente del puesto de control de la autopista de la Muerte. Zapatos de doble fondo, con suelas de un blanco sucio y pegajoso. Latas de sardinas, cajas de galletas y termos que todavía goteaban café falso. Planchas, televisores y maletas. No parecía que hubiese límites para los sitios donde es posible esconder un trozo de pasta de cocaína. Largas salchichas blancas asomaban de la cámara de aire en las ruedas de varias bicicletas viejas. Había toda una pared revestida con un gran tablero de madera, que prácticamente se caía bajo el peso de las armas confiscadas: pistolas, revólveres, un par de fusiles y un sinfín de ametralladoras.

Un soldado me hizo señas para que saliera a la puerta. La patrulla estaba lista para partir. Diez hombres armados hasta los dientes esperaban junto a una camioneta. Mientras cargábamos el vehículo, otros grupos iban saliendo antes que el nuestro, con las armas sobresaliendo en todas direcciones como desafiantes puercos espín. Un helicóptero se elevó por el aire y desapareció tras un muro de vegetación.

Nuestra patrulla salió rugiendo de la explanada central de la base y giró para adentrarse por un sendero lleno de baches. Media hora después nos detuvimos en medio de la nada. Los soldados se apearon, comprobaron el estado de sus armas y me señalaron un sinuoso tronco tendido sobre un arroyo y un sendero que desaparecía entre los densos matorrales. Los hombres fueron desvaneciéndose uno a uno, como tragados por la maraña de hojas.

Me sumergí en una penumbra instantánea. Las ramas y los tallos de las enredaderas abrían huecos oscuros entre ominosos tentáculos verdes. El calor era un agobiante parásito que nos sorbía la energía vital. En torno a nuestras cabezas se formaron nebulosas bóvedas de insectos. Los soldados avanzaban a paso militar, a unos seis kilómetros por hora. El sudor me dejaba rastros de babosa por las costillas. Sólo reducíamos la marcha para vadear las frecuentes ciénagas, pasar por encima de gigantescos troncos medio podridos o atravesar corrientes de agua turbia. Al cabo de una hora, llegamos a un campo donde media docena de raquíticas plantas de coca competían por el espacio con la invasora vegetación de la selva. Los soldados se detuvieron y se sentaron a fumar un cigarrillo. Yo esperaba, matando a manotazos las molestas avispillas y preguntándome qué estaríamos haciendo en aquel lugar dejado de la mano de Dios. Se lo dije a uno de los soldados.

«Estamos patrullando todos los senderos», me dijo, se encogió de hombros y dio otra calada al cigarrillo.

Ante mis ojos se presentó una imagen de Bolivia, con Chaparé como una enorme mancha verde en el flanco oriental. Miles de kilómetros cuadrados de selva impenetrable. Esto es ridículo, pensé, mientras iniciábamos el largo trayecto de vuelta. Un ejercicio vano. Me habría sorprendido que de aquella forma fuese capaz de encontrar una sola bola de hojas de coca masticada. Le pregunté al teniente cuántos laboratorios conseguían quemar con ese sistema a lo largo de un año. «Unos 1.200», me contestó.

Después de otras dos incursiones infructuosas por el corazón de la selva, empecé a entender su método. Indudablemente era como buscar una aguja en un pajar, pero la búsqueda era metódica. Los soldados que van delante prestan atención a las huellas, las ramas rotas y todos los signos de movimiento reciente. Como los campesinos van cargados con pesados sacos de hojas de coca, sus botas dejan profundas huellas en el fango. Dado que los laboratorios necesitan miles de litros de agua para funcionar, siempre los construyen cerca de alguna corriente de agua, y a ser posible en terreno firme y llano. La proximidad a los cultivos de coca facilita considerablemente la tarea de acarrear los sacos de hojas. La situación es aún mejor si además hay alguna carretera cerca, porque para fabricar la pasta hay que usar una cantidad considerable de gasóleo. Por todo esto, los mejores sitios vuelven a utilizarse una y otra vez, incluso después de ser descubiertos por los militares. Es un riesgo calculado: se sacrifican algunos laboratorios a las patrullas del ejército, pero la mayoría sigue funcionando.

Los soldados no parecían entusiasmados con su trabajo ni tampoco particularmente descontentos con aquellos interminables recorridos por la selva. Se comportaban como corredores de fondo, o como los carteros cuando entregan la correspondencia. Nadie se quejó cuando llegó y pasó la hora de comer.

Estábamos en marcha desde el alba. Con creciente resignación, vi descender al sol sobre el horizonte occidental. Cuando acababa de renunciar a la esperanza de encontrar un laboratorio, oí que la radio del teniente crepitaba. Por primera vez se distinguían acentos de urgencia en la voz que surgía del otro lado de la línea. Una de las patrullas había encontrado oro blanco.

Volvimos a la camioneta para continuar por la carretera de un solo carril a una velocidad de psicópata. Otra patrulla se nos acercó por detrás y la radio volvió a hablar. Un segundo hallazgo. Llegamos a otro sendero y saltamos de la camioneta para adentrarnos rápidamente en la vegetación. Media hora después todavía seguíamos avanzando por una estrecha y sinuosa senda que se internaba por la jungla, a través de campos de coca y profundas quebradas. Sonaron dos disparos.

«Nos han descubierto», dijo el teniente. Redoblamos el ritmo de la marcha. Un kilómetro y medio más adelante nos detuvimos de golpe. Uno de los soldados había localizado entre los matorrales un saco de 30 kilos de hojas de coca. Unos metros más allá había otros dos, abandonados por los fabricantes de droga en su prisa por esfumarse. Nos estábamos acercando.

Por alguna razón, yo esperaba ver una escena salida de una película de Hollywood: una finca rodeada de altos muros con avanzados sistemas de vigilancia, un ejército de guardias de ex-presión impasible con cananas de munición atravesados sobre el tórax desnudo, y en el interior, un jefe mafioso con marcas de viruela, viviendo entre el lujo mientras dispensaba muerte y drogas a su alrededor. Lo que en realidad encontré fue un pozo rectangular cubierto de material plástico y lleno de hojas de coca en descomposición que olía a estiércol de cerdo.

Mientras sus hombres desgarraban la cubierta de plástico, el teniente me explicó el proceso de fabricación de la pasta. Las hojas de coca se meten en el pozo con 900 litros de agua y ácido sulfúrico. A continuación, los campesinos se ponen a «bailar» sobre las hojas para que el alcaloide pase el agua. Calculaba que en aquel laboratorio en concreto había unos 16 sacos de hojas, lo cual es suficiente para fabricar dos kilos de pasta de cocaína.

«¿Se ponen botas?», pregunté. Solamente estar de pie junto a las emanaciones tóxicas me hacía sentir como si me estuvieran frotando papel de lija por los ojos. Se encogió de hombros. «Cuando las tienen», me respondió.

Una vez que el alcaloide ha pasado al agua, trasvasan el líquido a una cuba, echan cemento y revuelven vigorosamente. Añaden 80 litros de gasóleo a la siniestra poción y la dejan reposar hasta que se separa en tres capas. El estrato correspondiente al alcaloide se pone a prueba dejando caer una gota de permanganato de potasio. Si la gota se coagula, la cocaína está lista para pasar a su propio cubo, donde se le añade un poco de bicarbonato. Después se revuelve un poco más y se filtra a través de un tamiz. La pasta blanca resultante (sulfato de cocaína) se envía de alguna forma a la frontera de Brasil o de Argentina, donde otros laboratorios la refinan y la convierten en el polvo blanco que finalmente llega a las calles de las grandes ciudades.

Habíamos atrapado a esta gente con las manos en la masa. En su prisa por huir, se habían dejado casi 50 litros de gasóleo. Rociamos con el combustible la coca y le prendimos fuego.

«¿En qué época del año se encuentran más laboratorios?», pregunté, por decir algo.

«En Navidad –me respondió el teniente– y en carnaval, cuando la gente necesita más dinero.» Fue una victoria agridulce.

CAPÍTULO 23

LA DANZA DEL DIABLO

NOTAS DE CAMPO: Me acerqué cojeando a la línea de salida, con los labios pintados de rojo, pestañas postizas, minifalda, botas de cuero, tacones... y cuernos.

UNAS TRES HORAS AL OESTE DE COCHABAMBA, en las montañas del centro de Bolivia, se encuentra la ciudad de Oruro. A 3.706 metros de altitud, es más alta todavía que La Paz. Oruro fue fundada en 1606 en torno a la minería de la plata. Hacia 1800, la producción se redujo considerablemente y la ciudad quedó prácticamente abandonada, pero a comienzos del siglo XX le llegó su segunda oportunidad con la creciente demanda mundial de cobre y estaño. En los últimos tiempos, a raíz del descenso del precio de los metales, gran cantidad de mineros han perdido el trabajo y muchos se han ido a Chaparé para dedicarse al cultivo ilegal de hojas de coca.

Oruro es la única población importante del sur del altiplano. El 90% de sus habitantes son indios puros y se hacen llamar *quirquinchos*, «armadillos». Los mordientes vientos del altiplano parecen inspirarles la misma indiferencia que los flojos extranjeros, que no pueden hablar sin jadear y no toleran el frío de la noche, cuando un manto blanco se extiende sobre las calles de Oruro.

Excepto una semana al año. Cuando llega el carnaval, Oruro abre de par en par sus puertas a todo el mundo en una extravagante celebración de folklore, mitología, religión y tradición andinas.

Aunque todavía faltaban nueve días para el carnaval, ya hormigueaba en Oruro una multitud bastante extravagante: bailarines semejantes a setas, con tambaleantes sombreros de dos metros y medio de altura en forma de paraguas; hombres con la cara pintada de alquitrán y frutas de plástico colgadas del cuello y las orejas, y virtuosos del trombón con varias vueltas de serpenteante tubería de bronce enroscadas al cuerpo. Los precios de los hoteles se duplicaron y volvieron a duplicarse. Los recepcionistas dejaron de ser amables. Los dueños de las tiendas empezaron a hacer acopio de globos y crema de afeitar.

Oruro se enorgullece de celebrar el segundo carnaval más importante de América del Sur. Pero no se trata simplemente de una fiesta, sino de una recreación de la mitología histórica, una lección viva y en movimiento del pasado de Bolivia. En la ancestral tradición oral de una sociedad andina que nunca desarrolló el lenguaje escrito, es una forma de recordar las raíces.

¡Y qué historia cuenta! Toda la memoria de Bolivia está cosida al entramado del desfile de Oruro. Las danzas de la Morenada representan las marchas forzadas de los esclavos africanos traídos al altiplano para trabajar en las minas. Los caporales son los españoles que los conducían. Los guerreros de la Amazonia atraen una enorme multitud. Las hilanderas aymará tienen comparsa propia, lo mismo que los incas. Los bailarines sikuri giran sin parar bajo gigantescos sombreros adornados con plumas de ñandú. De vez en cuando pasan osos y cóndores, e incluso se ven unos pocos abogados coloniales, con sus despreciables secretarios. Después viene la Diablada, con complicadas máscaras que representan todo tipo de monstruos, desde dragones con cabeza de serpiente hasta tarántulas con orejas de murciélago. La demoníaca comparsa, integrada por un millar de miembros, representa la invasión del mundo por las fuerzas del infierno. Cuando llega a la plaza central, interpreta una escena derivada de un antiguo auto español del siglo XVI: la batalla de san Miguel Arcángel contra el demonio y los siete pecados capitales. Tras la predecible victoria del bien sobre el mal, los danzantes se quitan las máscaras y entran a la iglesia de la Virgen del Socavón para oír misa.

El gigantesco festival anual de Oruro no se organiza de la noche a la mañana. Los miembros de las comparsas, alrededor de 25.000, practican durante todo el año. Los trajes más complicados cuestan más de 1.500 dólares, en un país cuya renta per cápita figura entre las más bajas del hemisferio occidental. ¿Por qué invierte la gente tanto tiempo y dinero en un espectáculo que no dura más que un día?

«Las danzas están pensadas para armonizar la mente y el cuerpo», me dijo un viejo que contemplaba los preparativos. Tenía un aspecto vetusto bajo el pelo gris y llevaba dos decenios acudiendo año tras año al carnaval de Oruro. Hablaba español, inglés y aymará. Creía en Dios y en la Madre Tierra y había leído a Platón y a Joseph Campbell. «Los bailarines participan en el equilibrio de poder entre las divinidades indígenas y el dios cristiano —prosiguió—. Por eso, al final del desfile, se quitan la fachada pagana y renuevan sus votos de fidelidad a la religión católica.»

No me había dado cuenta de que todo el festival estaba cuidadosamente coreografiado, como una historia popular destinada a confirmar el orden social existente. Lo mismo que hizo el Inca al obligar a todos a adorar a Inti, su dios del Sol.

El viejo sacudió la cabeza. «La historia es para entretenimiento del público; la reinterpretación del mito, para instrucción espiritual. Los que participan en la festividad mueren para la carne y renacen para el espíritu —hizo una pausa y me miró—. Para entenderlo, tendría que bailar.»

Encontré al responsable sentado en su despacho y totalmente inalterado a pesar de la multitud de suplicantes que se agolpaban delante de su puerta con solicitudes de último momento. Según me dijo, las fiestas empezaban a las siete de la mañana del sábado y se prolongaban hasta el domingo por la noche. Aunque aún faltaba una semana, ya estaban engalanando los balcones e instalando graderíos para el público a lo largo de la ruta trazada para el desfile. Parecía un esfuerzo monumental. Me sentí algo avergonzada al pedir que me dejaran participar en un acontecimiento tan fabuloso.

«Ningún problema», me dijo, mientras redactaba un mensaje para el jefe de la policía, quien dirigía una de las comparsas de demonios menos conocidas.

Corrí escaleras abajo con la valiosa nota en la mano. Era sólo una posibilidad, pero nunca se sabe...

«¡Será un placer! –exclamó el jefe de policía–. Pero necesitará un traje.»

Me acompañó personalmente a la tienda de máscaras. Eran magníficas y las había por docenas, cuidadosamente ordenadas en largas filas de cuernos retorcidos y ojos protuberantes. Me probé la más grande de todas, con un dragón encima y una tarántula colgando de cada oreja. Pesaba unos siete kilos y tenía que apoyármela casi por completo en el puente de la nariz. Al cabo de dos minutos me sentía como si hubiera chocado de cara contra el poste de una farola. El dueño de la tienda me agarró suavemente por un brazo y, con gran amabilidad, me explicó que sólo los hombres usaban aquel tipo de máscara. A mí me convenía un modelo más delicado y menudo, más propio de una mujer.

Después nos dirigimos al taller de disfraces. Por un momento había pensado coserme yo misma el disfraz, pero para cambiar de idea me bastó echar un vistazo a la rueda de chicas que cosían laboriosamente miles de lentejuelas a decenas de metros de tela. Angelina, la dueña del taller, era la principal responsable de los disfraces de nuestra comparsa. «¿Peluca rubia o pelirroja?», me preguntó, mientras me medía desde las caderas hasta la cintura escapular. Me tendió una falda ridículamente corta y un par de botas altas hasta la rodilla con tacón de aguja. «Es broma, ¿no?», fue mi reacción. No había llevado tacones desde que... Pensándolo bien, nunca había llevado tacones. Empecé a probarme las botas. Ningunas me estaban bien. Se hubiese dicho que mis pies no tenían nada de delicado ni de menudo. Angelina me prometió un par para la semana siguiente, y antes de acompañarme hasta la puerta me pidió que llegara pronto a los ensayos. Me habían aceptado en la comparsa.

A la mañana siguiente, al alba, me presenté para salir a la calle, al ensayo general del desfile. En una semana exactamente tenía que aprender los pasos que los demás llevaban un año practicando. Angelina llegó con el silbato entre los dientes y me enseñó los pasos. Un-dos-tres, izquierda; un-dos-tres, derecha. De vez en cuando, las dos filas de bailarines formaban dos grandes corros y seguían bailando con profusión de taconazos. Un-dos-tres, un-dos-tres. Un hombre con alas de ángel se detuvo brevemente para indicarme que enderezara los hombros y levantara la barbilla. Un-dos-tres, un-dos-tres. Cuando chocamos con los músicos que iban delante de nosotros, seguimos marcando los pasos sin movernos del sitio. Estábamos acorralados entre dos bandas de metales, rehenes de quienes tocaban la tuba, protagonistas de la epopeya de soplar a través de aquellos tubos estrechos mientras acarreaban por las calles su pesado instrumento, a más de 3.000 metros de altitud.

En una hora, yo no me sentía mucho mejor que ellos. El aire tenue me hacía boquear como a un pez varado en la playa. Cada vez me costaba más esfuerzo dar los taconazos que de vez en cuando exigía el silbato. El hombre con las alas de ángel no dejaba de indicarme que levantara los codos, y Angelina me miraba los pies.

Hubiera podido ser peor. Los integrantes de la Morenada tenían que bailar con unos disfraces semejantes a varias pantallas de lámpara superpuestas. Estaban tan impedidos en sus movimientos que no podían llevarse las manos a la cara para enjugarse el sudor. Las mujeres del grupo de los tobas iban vestidas igual que Pocahontas, y los hombres llevaban tapones en la nariz. Los negritos eran los que lo tenían peor, porque además de un sombrero enorme y unos pantalones anaranjados, llevaban cadenas en los pies y arrastraban una bola metálica.

Me escabullí poco antes de la misa y regresé cojeando a mi habitación. Cuatro horas y media en traje de demonio, a más de 3.000 metros de altitud. ¿Dónde me había metido?

John estuvo desusadamente ensimismado toda la tarde. Durante el ensayo no había prestado la menor atención a los vibrantes colores de los trajes de los bailarines. Hasta la noche no me contó lo que le pasaba.

«Van a operar a mi madre de cáncer de estómago», me dijo.

Me sorprendió que se quedara para decírmelo. En su lugar yo habría saltado al primer avión nada más recibir la noticia. «¿Cuándo te vas?»

Se lo pensó un momento. «Dentro de un par de semanas. Seguiré llamando y me mantendré al tanto.»

Su madre debía de tener unos 70 años. Empecé a decir algo, pero me contuve. Miré sus cejas grises y su nariz aguileña, que para entonces me eran tan familiares, y de pronto me di cuenta de lo poco que conocía a ese hombre.

A MEDIDA QUE PASABA LA SEMANA, Oruro se parecía cada vez más al escenario de un cuento de hadas. Cada vez era más frecuente ver hombres disfrazados de osos lanudos y bandadas de mujeres con trajes semejantes a bolas luminosas de discoteca. La víspera del desfile fui a ver a Angelina para asegurarme de que hubiera encontrado botas de mi número.

«Ven con medias y con los labios pintados –me dijo–. Te esperamos a las seis en punto de la mañana.»

En teoría yo no tenía nada contra las medias. De hecho las usaba a menudo para filtrar gasolina, enderezar tomateras o cazar bichos, pero no veía razón para encerrarles dentro la mitad inferior de mi cuerpo. Pero quién sabe lo que habría hecho Angelina-ojo-de-águila si me hubiese presentado sin medias. Me compré un par.

Eran las cinco y media de la madrugada y las calles ya parecían una pesadilla de sombríos demonios con ojos protuberantes inyectados en sangre y esquivos travestidos con látigos y colorete en las mejillas. Me vestí a toda prisa en la tienda de Angelina: una falda absurdamente corta, un corsé de lentejuelas, la capa del Zorro, una cascada de rizos color rojo fuego... y botas. Monstruosidades puntiagudas, con tacones tan finos como para forzar una cerradura. Me las probé. En la punta se juntaron todos los dedos, y cuando traté de meter el resto del pie en el escaso espacio que quedaba libre detrás, lanzaron un aullido de dolor. Por lo menos dos números más pequeñas. Intenté sin éxito ponerme de pie.

Decenios de adoración a la Virgen habían llegado a desgastar el interior de cada tacón de aguja, hasta torcerlos en un ángulo de 45 grados. No había sentido tan débiles los tobillos desde que me puse mi primer par de patines. Con gran dificultad llegué hasta donde estaba Angelina.

«¿No tienes nada un poquito más grande?»

Sacudió la cabeza. Con toda razón, me recordó que era una danza de penitencia en honor a la Virgen y me entregó una máscara. Era de color violeta oscuro, con cuernos en espiral y diminutas hendiduras para ver. Me la puse. Me presionaba el puente de la nariz, bloqueando el escaso oxígeno que aún podía llegar a mis pulmones, y me hacía sentir como si estuviera mirando a través de una máquina tragaperras. Como pude, salí por la puerta.

Ni siquiera la Virgen de los Milagros podía conseguir que el desfile comenzara a tiempo. Yo desplazaba el peso del cuerpo de un pie a otro, tratando de recordar esas películas de artes marciales en las que los jóvenes aprendices se entrenan encaramados a un poste durante horas como si fueran grullas.

Sonó un silbato. Avancé cojeando hasta el comienzo del desfile y entonces todos nos pusimos en marcha.

El público se distribuía a ambos lados de la avenida, en graderías altas como una casa de dos plantas. Nuestra comparsa iba entre dos bandas de música, cada una de las cuales tocaba a un ritmo diferente. Cada pocos minutos nos dábamos de bruces con los músicos que iban delante y entonces teníamos que seguir bailando sin movernos del sitio o retroceder formando una fila serpenteante al son del silbato. Un-dos-tres, un-dos-tres. Cuando entramos en la zona de influencia de la comparsa rival, me puse a contar en voz alta por debajo de mi máscara.

Una hora después todavía podía distinguir un envoltorio de caramelo tirado por el suelo en la línea de salida. Faltaban casi cinco kilómetros. De pronto me sorprendí mirando fijamente un hueco en las graderías y preguntándome si mis compañeros de comparsa (alrededor de 1.000 en total) echarían de menos a una de tantas diablesas con pestañas postizas y peluca roja. De pronto comprendí cuál era la peor desventaja de formar parte del desfile: 25.000 bailarines con trajes exóticos y lo único que podía ver era la espalda de un señor tocando la tuba, animada de vez en cuando por la visita de un ángel malhumorado, de gesto insatisfecho.

Mucho antes de llegar a la última cuesta de la iglesia, las ampollas de los pies se me habían reventado y se me habían pegado a las medias. La abrupta pendiente compensaba el desnivel de los tacones. Otra vez pisaba terreno llano. «¡Levanta los pies!», me gritó Angelina entre pitidos del silbato. Subimos la cuesta bailando, y bajamos por el otro lado también bailando. Arriba y abajo. Y otra vez arriba. Trotamos en círculos como purasangres, con la cascada de pelo rojo flotando detrás. Después de varias vueltas, oí sonar otra vez el silbato, y allí, delante de mí, surgió una gran cruz blanca. Nunca en mi vida me había sentido tan feliz de ver una iglesia. Me uní a una larga fila de demonios sudorosos, saludé como ellos al cura y entré en el templo.

Se estaba celebrando la misa. En uno de los bancos había una fila de osos y uno de ellos llevaba en brazos a un bebé, que al parecer se había pasado todo el desfile durmiendo. Las señoras elegantes que ocupaban otro banco más adelante hubiesen podido estar en una boda, de no haber sido por los brillantes escorpiones que llevaban cosidos al vestido. Mirando a mi alrededor, vi representaciones de otras muchas alimañas, vestigios del mito original que inspiró el festival de Oruro.

Según la leyenda, la Virgen del Socavón se apareció a los indios para convertirlos. Todo fue bien hasta que la grey recién convertida dejó de hacer sacrificios a sus antiguos dioses. Celosas, las divinidades abandonadas enviaron una invasión de gigantescos lagartos, hormigas y escorpiones para atormentar a los indios. Pero la Virgen bajó en su ayuda y, en el épico combate que se libró a continuación, cortó las cabezas de todas las malignas criaturas y las convirtió en piedra. Prácticamente todos los trajes de la procesión llevan algún recuerdo de la lucha de la Virgen: por ejemplo, una araña, un dragón o una serpiente.

Cuando terminó la misa, todos los presentes se pusieron de pie para pasar delante de la imagen de la Virgen, en grupos de tres o de cuatro. A mi alrededor, las mujeres sollozaban en silencio. Hasta los hombres dejaban caer una o dos lágrimas. Se detenían por un instante y se alejaban andando de espaldas, apretando en una mano la cruz que llevaban al cuello. Sólo entonces lo comprendí. No habían bailado para el público ni para sus amigos. Lo habían hecho para la Virgen, para dar testimonio de su fe. Toda la procesión no era más que un único acto de penitencia para complacer a la Virgen, que la contemplaba desde lo alto. Me volví para ver entrar a la siguiente comparsa, cuyos miembros venían envueltos de la cabeza a los pies en tubos circulares y plumas de colores.

Hoy, la Virgen estaría orgullosa de ellos.

Los bailes prosiguieron toda la tarde hasta bien entrada la noche. Cuando los últimos bailarines entraron con paso cansado en la iglesia, una repentina oleada de público me empujó hacia el centro de la plaza. En cada tenderete había una banda de músicos sudorosos y de mejillas hinchadas tratando de hacer todavía más ruido que sus vecinos. «¡La batalla de las bandas!», gritó un hombre joven, antes de pasarme una cerveza. En la plaza todo el mundo bailaba y bebía sin prestar atención a la inaudita estridencia que se había desatado a su alrededor. Matronas de anchas caderas hacían un buen negocio vendiendo cabezas cocidas de cabra, y cerveza era la única bebida que se podía conseguir.

Bebí la cerveza, comí un ojo y me marché, dispuesta a prepararme para la otra mitad del carnaval de Oruro: una batalla de agua sin cuartel, de una semana de duración. Tranquilamente, compré un impermeable de plástico, una docena de globos llenos de agua y dos botes de crema de afeitar. Confiada en poder defenderme pasara lo que pasase, salí a la plaza...

Y me alcanzaron veinte globos de agua. Devolví uno. Y otros veinte me lanzaron las fuerzas enemigas. Con la crema de afeitar, los resultados fueron similares. Comprendí que la escalada armamentista no iba a funcionar.

Me hicieron falta tres botes de crema de afeitar para comprender las reglas: 1. Sin piedad. 2. Sin rencor. 3. ¡A por los extranjeros! Como a mi alrededor había por lo menos 5.000 bolivianos, ellos seguían escrupulosamente las reglas 1 y 3, mientras que a mí me dejaban la 2.

Pero no era yo la única diana en la multitud. A escasa distancia conseguí distinguir algo que parecía un anuncio ambulante de nata montada. Lo alcancé y me presenté.

«Esto no es precisamente británico, ¿no crees? –replicó la sonriente montaña de crema de afeitar, que enseguida me tendió un brazo–. ¿Damos un paseo?

»La cabeza en alto y la espalda recta –me aconsejaba, y cada vez que se apoderaban de mí las ansias de venganza, añadía–: ¡Con dignidad, querida, con dignidad!»

CAPÍTULO 24

SOBRE RUEDAS

NOTAS DE CAMPO: Había renunciado a la esperanza de que alguien me llevara, cuando dos motociclistas alemanes pararon a escasos metros de donde yo estaba. Salté y les di un abrazo. Se sorprendieron bastante. Les pedí que me llevaran en una de sus motos y accedieron.

AL SUR DE ORURO HAY UN PÁLIDO TERRITORIO inerte de picos rocosos, valles barridos por el viento y reverberantes desiertos de sal. Es el altiplano boliviano, donde el sol abrasador del mediodía levanta ampollas en la piel y las gélidas agujas del aire nocturno atraviesan los pulmones. Una tierra gris. Un cielo gris. Ambos se encuentran a una distancia indefinida que retrocede como un espejismo interminable. Los pocos espíritus inquebrantables que habitan esta tierra olvidada son en su mayoría indios aymará que todavía viven en la morada de sus ancestros. Aún llevan en la sangre el legendario empecinamiento que opusieron a los esfuerzos de asimilación de los incas. Los aymará fueron el único grupo que se resistió a adoptar el idioma de los incas y vivió para contarlo.

Pero su independencia los fuerza a vivir precariamente, al límite de la resistencia humana. Trabajan las minas, labran la tierra o cuidan los rebaños, ganándose el magro sustento entre los aullidos del viento, la sequía, el aire tenue y el frío despiadado.

El altiplano es en realidad un profundo valle relleno con una capa de sedimentos de 4.500 metros de espesor. Por su naturaleza, el terreno debería ser sumamente fértil, pero la constante sequía y la elevada salinidad del suelo han demostrado ser obstáculos prácticamente insuperables tanto para la agricultura como para la ganadería. Los estoicos indios, con el ingenio que los caracteriza, han aprendido a cosechar la sal.

Situada en un remoto rincón del sur de Bolivia, la pequeña localidad de Uyuni se encuentra al borde de las grandes salinas donde se extraen de la tierra toneladas de cristales blancos que se cargan en caravanas de llamas y se llevan al mercado por la ruta de la Sal, a lo largo de 500 kilómetros. Yo esperaba encontrar una de esas caravanas y acompañarla durante una o dos semanas, siguiendo la antigua ruta.

A media mañana conseguí dar con un hombre llamado Tito, que en algún momento había sido jefe de la oficina de turismo de Uyuni. Se ofreció a llevarnos a ver a quien según él era el único campesino que todavía empleaba llamas para transportar la sal a través de los llanos. Rápidamente nos montamos a un camión y salimos hacia el campo desolado.

Encontramos a nuestro caravanero en las altas pendientes barridas por el viento. Inmediatamente, Tito se bajó del camión y se puso a explicarle en quechua quiénes éramos y lo que queríamos. Yo empezaba a preguntarme por qué no le hablaba en español, cuando le oí aconsejarle que me pidiera por lo menos 1.000 dólares al día. Miré los pantalones rotos y los guantes sin dedos del caravanero. Me hubiera encantado ir con él, pero no podía aceptar sus condiciones. Regresamos a Uyuni en silencio.

Si la caravana de llamas no podía ser, al menos podría explorar en moto las famosas salinas. En la plaza central había una sucesión de agencias de viajes que organizaban excursiones. Grandes carteles anunciaban: «¡Súper Ofertas a Través del Desierto!».

«¿Una moto? –me dijeron en la primera agencia–. Imposible. Pero tengo un grupo de ocho turistas que salen esta misma tarde en tres todoterrenos...»

Entré en la segunda, en la tercera y en la cuarta agencia. No parecía que hubiese una gran demanda de transporte sobre dos ruedas. Intenté parar al azar a los motociclistas que pasaban por la calle para preguntarles dónde podía alquilar una moto por un par de semanas. Llegué a presentarme en las oficinas de la televisión y la radio locales para rogarles que pusieran un anuncio preguntando si alguien tenía una moto en venta.

Al final de la tarde estaba sentada en la calle, a las puertas de una de las agencias de viajes, totalmente desesperada. Ni motos, ni caravanas de llamas, ni un solo camión dispuesto a hacer el viaje hasta Chile en plena temporada lluviosa. Por primera vez desde que había empezado el viaje, no tenía la menor idea de lo que iba a hacer.

Entonces oí ruido de motos y me volví con la esperanza de que fuera alguien con quien todavía no hubiese hablado. Dos motociclistas enfundados en cuero giraron la esquina montados en sus máquinas y se detuvieron a escasos tres metros de donde yo estaba. Llevaban un montón de material en las motos, que por las costras de barro viejo se hubiese dicho que habían hecho el camino de ida y vuelta al infierno.

«Hola –les dije–. ¿Tenéis sitio para una pasajera?»

El tipo que tenía más cerca no lo dudó un momento. «Desde luego.»

Le di un abrazo.

«Si no llevas demasiado equipaje», añadió.

Solamente John y todo su material. «No, no mucho», respondí.

Me los llevé a tomar una cerveza y a celebrarlo. Los dos eran alemanes. Martin era un terapeuta ocupacional de 32 años, con más pelo en la cara que en el reluciente y bronceado cuero cabelludo. Había iniciado su viaje en Alaska tres motocicletas antes y se había encontrado con Andi en San Francisco, para continuar juntos hasta la Patagonia. Se trataba probablemente de su último viaje, me explicó con una sonrisa. Su novia, que le estaba esperando en California, quería que sentara la cabeza y renunciara a la vida de vagabundo.

Andi era asistente social y tenía un año más. Hasta hace poco también había pensado regresar a la dicha hogareña, pero estando en Guatemala recibió una carta anunciándole que podía considerarse un hombre libre. Por otra parte, desde que había empezado el viaje no había tenido que reemplazar su moto, una BMW de 650 centímetros cúbicos.

Los dos viajeros se habían conocido cinco años antes, cuando Martin puso un anuncio en un periódico preguntando por alguien interesado en viajar en moto desde Alemania hasta la India en seis meses. Andi llamó, bebieron juntos un par de cervezas y se pusieron en camino. Cinco años después, estaban haciendo su tercer viaje transcontinental.

Los tres reconocimos que es duro ver cómo todos tus amigos se casan y tienen hijos, y estuvimos de acuerdo en que tarde o temprano tendríamos que hacer de tripas corazón y sentar la cabeza. Después nos terminamos la cerveza y salimos a dar una vuelta.

Cuando llegamos a las salinas, el sol rozaba ya el horizonte. Una capa de unos dos centímetros de agua cubría los níveos cristales, reflejando con perfección de espejo las nubes iridiscentes. Andi llevaba la moto con mano firme, aguantando estoicamente que yo me pusiera de pie o me inclinara de aquí para allá para hacer fotos desde el asiento del acompañante. El agua se abría a nuestro paso en temblorosas ondas de fuego reflejado, a medida que avanzábamos hacia la sangrienta bola candente que se ponía a lo lejos. Pero los fulgurantes colores no estaban únicamente en el horizonte, sino a nuestro alrededor, debajo de las ruedas y en la estela que dejaban las máquinas. Fue la primera vez que vi un crepúsculo desde dentro.

Aquella noche pedí a John que tomara un avión para encontrarse conmigo en Chile. Yo tenía pensado atravesar con Andi y Martin el desierto de sal y conseguir una moto en el otro lado. ¡Mis propias ruedas! Ya no más esperas, autobuses atestados ni mulas maniáticas. La libertad de la carretera...

Pero no pudo ser. «Esta tarde he llamado a casa», me dijo John. Acababan de operar a su madre. Estaba en la unidad de cuidados intensivos, con taquicardia. Su padre le había pedido que regresara cuanto antes. Por desgracia ya no estábamos cerca de La Paz. Desde Uyuni, California estaba a varios días de distancia. Tal vez John no pudiera regresar a tiempo.

Mientras él hacía las maletas, yo corrí a comprar billetes para la capital. «Agotados», me dijeron. Abordé a todos los camiones con rumbo al norte para preguntar si nos podían llevar. No había autocares hasta el día siguiente y los conductores que bajaban por la carretera me advirtieron de que había tramos afectados por las lluvias y retrasos de hasta 20 horas. Pedí una cita con el jefe de la estación para contarle el problema de John. Me prometió que hablaría con los revisores en nuestro nombre. Vi por última vez a Martin y Andi, el tiempo suficiente para beber una cerveza y prometer que intentaríamos encontrarnos en Santiago. Aquella noche me presenté en la estación con un billete de 100 dólares en la mano y compré un billete a uno de los pasajeros que esperaban el tren de La Paz. El segundo billete apareció poco antes de que saliera el tren. Lo habíamos conseguido.

Llegamos a La Paz a última hora de la tarde del día siguiente y dividimos nuestros equipajes. Para gran sorpresa mía, John compró un billete de avión a Perú. Me dijo que su madre estaba mejor y que él tenía algunas cosas que solucionar en Lima antes de regresar a Estados Unidos.

«¿Estás seguro de lo que haces?», le pregunté, y me gané la respuesta indignada que merecía. Le pedí que me despertara a primera hora para despedirme, pero cuando me despertó la luz del sol y me levanté, comprobé que ya se había ido.

Prácticamente todo el equipo se había ido con John. De pronto estaba sola, con la mochila y mi pequeña videocámara. Dos días después me había hecho con una moto y estaba en camino hacia la frontera con Chile. Todo recto hasta Santiago: un viaje de más de 1.500 kilómetros por el desierto, sin nada en el camino. La moto se comía los kilómetros y la electrizante línea amarilla se deslizaba bajo mis pies. Por fin tuve tiempo para pensar.

CAPÍTULO 25

LA CRONISTA

NOTAS DE CAMPO: Cieza de León partió desde España hacia el Nuevo Mundo a la temprana edad de 13 años. Durante los 11 años siguientes, sirvió como soldado raso en la exploración y conquista de Colombia. Cuando llegó a Perú tenía 26 años. Para entonces, ya sus notas eran tan voluminosas que tenía que ir caminando para que su caballo las pudiera cargar.

LLEGUÉ A AMÉRICA DEL SUR PARA RECORRER el Camino del Inca. Para el viaje me llevé un mapa con una línea roja ya trazada y una maleta llena de fotocopias de textos españoles del siglo XVI que describían «el camino más largo y magnífico del mundo». No tenía idea de lo mucho que esa espléndida obra de ingeniería, antaño «pavimentada, flanqueada de árboles frutales y bordeada de acequias», había sufrido como consecuencia del desarrollo moderno, la indiferencia y las guerras.

En realidad, el camino ha dejado un legado más importante que el pavimento de losas labradas y las posadas en ruinas. Hizo posible la difusión de la cultura incaica hasta los rincones más remotos del imperio, iniciando una tradición que ha perdurado hasta el presente. En Huanchaco siguen construyendo embarcaciones de junco cuyo diseño ha pasado de padres a hijos durante un milenio. En las montañas sagradas del norte, los hechiceros siguen combinando hierbas para preparar pociones alucinógenas que ayudan a sus pacientes (médicos, abogados y tal vez uno o dos presidentes) a cruzar al mundo de los espíritus. Entre las remotas cumbres andinas, cientos de campesinos forman cadenas humanas para capturar el valioso Vellocino de Oro en una celebración anual más antigua aún que los incas. Y en cada fiesta, incluso en las dedicadas a la Virgen, siempre hay uno o dos brujos.

Los libros de historia se equivocan. El imperio inca nunca fue conquistado. Está vivo y goza de buena salud.

CREÍ QUE ME ESTABA EMBARCANDO en un «viaje heroico», una odisea hacia lo desconocido, llena de obstáculos, triunfos, fracasos y nuevos conocimientos. Y así fue. Sólo que no fui yo la heroína de la historia, sino apenas su cronista. Los verdaderos héroes fueron las personas que conocí en el camino: Buso, que volvió remando a casa a pesar de la agonía del cólera porque tenía una familia que alimentar; Willerman, que renunció a las comodidades de una ciudad moderna para criar a su hijo en el lugar donde quería que estuviera; Anselmo, que algún día recibirá orgulloso la bendición de su padre; Federico, con su paciencia y su trotecillo tranquilo capaz de devorar kilómetros; Welby, con su inquebrantable buen humor en la masa humana del Señor de los Milagros, y el torero borracho que me enseñó lo que era realmente el coraje. Aprendí acerca del poder de la fe, expresada en una festividad católica o en la ceremonia pagana de un hechicero. Sentí la magia en su estado más puro, en la fiesta de la Mamá Negra, en una noche en que no hubo extraños, sino únicamente amigos. Aprendí lo que es la amabilidad en medio de unos disturbios callejeros. Nambija me enseñó lo que era la esperanza. Y también Ricardo, que anduvo tres días y tres noches por la playa hasta que un mango apareció milagrosamente a sus pies.

Todos dejaron sus cosas por un tiempo para echarme una mano. Lo que aprendí de ellos me servirá para seguir adelante.

Mientras sus recuerdos permanezcan conmigo, este viaje nunca terminará.

NOTAS DE CAMPO: Vi tres películas, una detrás de otra, comí dos perritos calientes y dormí 26 horas seguidas.

Da gusto estar en casa.

6,5 meses

5.000 kilómetros

PAÍSES: *Ecuador, Perú, Bolivia, Chile*

IDIOMAS: *Español, quechua*

DIETA: *Cobayas, patatas, chicha (mandioca hervida, fermentada con saliva humana), patatas, charqui, guiso de quinoa, patatas, pelo líquido (harina de maíz y miel), patatas*

MEDIOS DE TRANSPORTE: *autostop, motocicleta, tren, autocar, camión, barca de juncos, caballo, mula, avión, a pie*

ASUNTOS DELICADOS: *cocaína, campos minados, ceremonias con sustancias alucinógenas, accidente de un helicóptero militar, motines callejeros*

VICUÑAS ATRAPADAS: *1.626*

KILOGRAMOS DE PASTA DE COCAÍNA QUEMADOS: *2*

TOROS LIDIADOS: *11*

MINAS DESACTIVADAS: *7*

HELICÓPTEROS ACCIDENTADOS: *1*

OVILLOS DE LANA HILADOS: *9*

TRAMO MÁS PELIGROSO: *en la Carretera de la Muerte, con lluvia y por la noche*

FIGURA PATERNA FAVORITA: *Buso, el patriarca de playa Huanchaco («Las mujeres están para guisar el pescado, no para pescarlo»)*

TRAJE MÁS RARO: *minifalda, corsé, botas rojas hasta las rodillas con tacón de aguja, pestañas postizas, peluca roja y cuernos*

SEGUNDO TRAJE MÁS RARO: *capa naranja, gorra de revisor, cara pintada de negro con grasa y alquitrán, pintalabios rojo y purpurina dorada*

COMPAÑEROS: *6 novios de la Mamá Negra con la cara pintada de negro. 3 unidades de las fuerzas antidroga bolivianas. 825 diablesas bailarinas. 2 testarudos pescadores peruanos. El Caminante. 2 soldados brasileños con problemas. El Mejor Curandero del Norte de Ecuador. Más de 200 manifestantes. El Señor de los Milagros. 3 pueblos en busca de vicuñas. 2 patrullas ecuatorianas de desminado. 1 cámara vegetariano*